認識迪士尼

作者：Janet Wasko
校閱：王乾任
譯者：林佑聖、葉欣怡

弘智文化事業有限公司

Understanding Disney

Janet Wasko

Chinese edition copyright © 2001

By Hurng-Chih Books Co.,LTD.

for sales in Worldwide

ISBN 957-0453-45-1

Printed in Taiwan, Republic of China

大眾社會學叢書發刊詞

張家銘

社會學自從十九世紀由西歐傳入中國之後，已有百餘年的歷史，其思潮幾經轉折，業已大致形成一個完備的學術體系。社會學經世濟民與悲天憫人的特性是很強烈的，特別是馬克思主義一派以降，企圖全然翻轉社會體制，而其他的社會學支派中也不惶多讓，改革社會的想法也都很濃烈。然而社會學卻在學術氛圍之下逐漸形而上，充斥著數不清的專業術語與統計數字，企圖將自幾科學化與制度化，而逐漸忘卻社會學知識的根源在於人、在於社會。這樣一個高度學術化、封閉性的知識系統，往往讓有心認識社會學的大眾不得其門而入。

有鑑於社會學批判性格的重要性，再加上社會學長期在台灣本土無法為社會大眾所接受與了解。於是有了大眾社會學叢書的構想。本叢書希望從國內外社會學著作中選擇具有高度重要性與可讀性的著作，引介給台灣社會，也希望藉由這些作品的引進，讓台灣社會了解社會學所學何事。

本叢書取材廣闊，舉凡文化、政治、身體、旅遊、休閒、風險、消費、人際互動等等不一而足，都是我們所亟欲引介的對象。除了讓社會大眾能夠由輕鬆簡單的社會學著作，了解一些我們從來不以為意的生活瑣事與食衣住行的重要性與趣味性，進而認識社會學之外，也期望引介一些尖端的世界思潮或

重要的思想著作，以期與國人的思想相互激盪，交會出智慧的
火花。更期進一步協助思考、觀照台灣社會的特殊性，幫助吾
人認識身處社會的特殊性與趣味性。衷心盼望社會大眾的迴
響，也歡迎各界在書目方面的推介，讓本叢書更豐富與更有意
義。

目　錄

前言與誌謝

1.在書寫這篇謝詞的同時，我正由新加坡前往日本的旅程中，飛行在3萬6千呎的高空

　　要逃離迪士尼的「神奇魔力」，如果不是不可能，看來也是相當困難的一椿事。即使位在南中國海上3萬6千呎的高空中，我仍被迪士尼的產品所淹沒。飛機上正在放映的影片是〈火星任務〉（Mission to Mars）（觸金石／迪士尼出品），伴隨著幾部經典米老鼠和布魯托的卡通影片。收音機中的節目，包括全部播放迪士尼的好萊塢獎得獎樂手作品的頻道（杜藍·杜藍〈Duran, Duran〉，B. B. Mak和潔西卡李德〈Jessica Riddle〉），而機艙內陳列的雜誌，刊載了華德迪士尼世界兩千年慶祝活動顯眼的廣告。天空購物城（當飛行時可以購物）的目錄中，列有經典動畫的藝術作品，包括米老鼠，布魯托，小熊維尼和他的伙伴們，價位由99美元到325美元，機內還播放「誰想要成為百萬富翁」（Who Wants to be a Millionaire）的益智遊戲，一個由ABC頻道／迪士尼出品的電視節目。

　　同時，坐在我前方的尖叫小孩，正穿著小熊維尼的寬鬆長褲，手上還抓著米老鼠的絨毛玩具。呃，至少這架飛機不是由老鼠之家（The Mouse House）所有。至少還不是。

2.迪士尼與我：將研究者本人置於其研究中是不可或缺的儀式

　　1950年代和1960年代間，我自南加州長大，這意味著與迪士尼的世界有相當程度的親近性。距離我所居住的聖地牙哥（San Diego），迪士尼樂園只需要上一條高速公路的路途，而且《迪士尼的美好世界》（The Wonderful World of Disney）和《米老鼠俱樂部》（The Mickey Mouse Club）則是我必看的電視節目。對我而言，就像大多數的美國小孩一樣，頗多的家庭回憶都和迪士尼扣合在一起，無論是以何種方式。

　　也正因為這個理由，我將這本書獻給我的家庭，特別是我的哥哥，傑克（Jack），他的初戀女友由聖地牙哥搬到洛杉磯，成為當地的米老鼠迷之一，我和他一起分享了相當多的兒時回憶，而他至今仍舊能夠由迪士尼的「神奇世界」旅程中，獲得歡笑和樂趣。

　　我也必須承認，我曾發現自己在加州柏班（Burbank）的「就在華德叔叔的農田」工作（AKA迪士尼的工作室）。這是一連串電影／電視工業工作的終點，並驅使我重新回到學術圈，試著釐清為何娛樂工業以目前的策略施為，並回答娛樂工業在社會中的定位。

　　並且，最後，我發現目前自己所待的大學，其實採用一個迪士尼角色作為吉祥物。不過這要等以後再慢慢聊了……

3.這本書是怎麼來的？

　　數年前，在奧勒岡大學開門有關迪士尼的專題課程是個好主意。那堂課的名稱和這本書的標題相同，而且也涵蓋某些相同的領域。起初，我只是嘗試著將政治經濟學的取徑運用到媒體研究，同時也藉此反駁批評者認為政治經濟學者對於文本分析，觀眾或文化毫無興趣的說法。不過它同時也可能成為廣受

歡迎的媒體研究課程。事實證明確實如此。經過這些年，有數
百萬學生曾協助我透徹分析本書所提及的幾個問題，不但提供
他們對於迪士尼現象的想法，同時也分享他們個別的迪士尼回
憶（某些會在第七章裡徵引）。我要感謝所有選修這門課的人
──不管他們喜不喜歡這堂課。

4.更多的感謝（和不謝）

　　許多其他的謝意必須傳達，有些就免了。我曾嘗試探討不
支持華德迪士尼公司者，也因此習慣某些從事批判迪士尼研究
者的斷然拒絕和冷落。然而，很多人在計畫進行期間，提供我
有價值的看法，看來對於迪士尼近期的發展大家都有相當大的
興趣。較早時，奧勒岡大學中電信與影片所的同仁們不吝惜的
提供我意見與鼓勵，尤其是Carl Bybee（書名是他想的），Ellen
Seiter, Ron Sheriffs, Chris Purdie和Ron Gregg。委派至哥本哈根
大學授課期間，我也由選修那些丹麥版本迪士尼課程的師生們
中，獲得有用的意見。在後來的寫作期間，我取得的無價之寶
是來自Susan Davis, Mark Phillips, Bill Kunz, Eileen Meehan, Kim
Sheehan, Francis Coogan, Jeremy Alden, Liz James和Randy
Nichols等人對於特定議題或草稿形式的迴響。Ellen Riordan,
John Groves和Mark Philips協助本研究的進行；奧勒岡大學的
新聞與傳播學院曾給予我一小筆補助金，讓我可以到巴黎迪士
尼考察。同時感謝奧勒岡大學負責特許與行銷規劃的Matt
Dyste，他和我暢談大學的吉祥物。我還謝謝Tom Guback提供
他的迪士尼檔案，其中包括30年份的年度報告。前幾年實在有
太多體貼的人們（人數實在太多，難以一一指出名字）紛紛傳
文章，簡報和電子郵件給我，而另一群人則提供我包羅萬象的

迪士尼事物（尤其是 Bill Kunz，Deb Merskin 和 Andrew Jakubowicz）。

　　書中的照片是由 Carlos Calderon, Jeremy Alden 和 Andrew Jakubowicz 所提供，而許多其他的同仁也在全球各地的場合中，幫我拍攝有趣的畫面，雖然有些沒有收錄在本書中。我要特別感謝 Martina Russial，因為書中使用了她的獅子王塗鴉；Peter White 那躲起來的米奇的例子；George Reiger〈刺青的人〉（The Tattoo Man），書中刊載了他的照片；最後感謝 James Victore 和我們分享他的海報：《迪士尼滾回老家去》（Disney Go Home）。

　　並感謝帕樂堤出版社（Polity Press）和布列克威爾（Blackwell）的工作人員，他們是那樣的有耐心，專業和有效率。特別感謝 Jean van Sltena, Pam Thomas, Sandra Byatt 和 Gill Motlcy。

第一章

全球化的迪士尼

特別的願望：選擇、追逐他的最終夢想。

感謝：詹姆斯辛普森希望帶他的家人到迪士尼樂園。

一個只剩一年壽命病人的最後願望。

紀錄守衛報（Register guard）

　　1997年的感恩節，一份地區性的報紙頭版，刊出一個感人的故事[1]：「一個癌症末期的病人希望帶著家人到迪士尼樂園遊玩。」這個癌症患者生命旅程的最後願望可以是任何其他事物，但是他選擇了迪士尼樂園，一趟可以代表原初家庭價值的旅行。

　　很顯然的，數以百計的報紙讀者認同他的願望並且努力使這個願望能實現。當這個癌症末期病人的故事披露一個多月後，針對這個故事，這份報紙下了另外一個標題：「垂死病人美夢成真：來自各方的捐獻，使辛普森家的迪士尼樂園家庭旅行得以實現」[2]。

　　我們如何理解這個現象的特殊性與意義所在？為什麼迪士尼主題樂園是一個特別的觀光景點，但是迪士尼卻存在普遍的影響，不分小朋友或大人，都深深被迪士尼所吸引？我們如何解釋迪士尼產品所具備的吸引力？

　　迪士尼王國並不像迪士尼出品的童話故事般，仙女棒輕輕

一揮就神奇的出現，也不只是我們崇拜的偶像。迪士尼作爲小
孩與大人重要的歡笑與娛樂的來源，我們必須更進一步指出迪
士尼的魔法與夢幻其實是人爲的產物，由一個龐大的媒體與娛
樂公司所製造。

自1930年代早期以來，迪士尼出品的許多故事、角色與經
驗都成爲美國主流價值的重要元素。對於其他國家的民衆來
說，迪士尼的故事與想像與美國畫上等號，迪士尼就是美國。
時至今日，迪士尼的電影、漫畫、書籍、玩具、主題樂園以及
其他可以帶給多數（如果不是全部）美國小朋友歡樂的產品，
對於小朋友生命歷程的想法與價值的影響更是不容忽視。許多
成年人參與孩子的休閒活動，忠實的向孩子重複訴說童年曾經
聽過的迪士尼故事、角色、想法與價值，也帶著孩子參觀有關
迪士尼的一切，重溫兒時舊夢。確實的，迪士尼在許多美國人
心中都佔有不可磨滅的一席之地。

迪士尼王國的成立起自於1920年代晚期，一家由華德迪士
尼與羅伊迪士尼兩兄弟成立的小型娛樂公司，開始繪製米老鼠
的卡通影片。這家公司營運成長的速度緩慢，有時候還得遭遇
經濟上的困難，但是最後終於成爲獨立於好萊塢以外的娛樂公
司。迪士尼兄弟沒有主要的工作室。事實上，他們依靠其他配
銷公司來分發他迪士尼的產品，他們利用聲音與顏色的割緣
（cutting-edge）技術的發展，建立起高品質卡通製作的名聲。

儘管迪士尼獨立於好萊塢之外，迪士尼產品與角色的受歡
迎程度是立即而明顯的，事實上，米老鼠（Mickey Mouse）的
出現在1930年代中期確實造成全球的風潮，形成世界性的文化
現象。由於迪士尼電影在許多國家上映，加上採取有計畫的行
銷方式，使得迪士尼得以建立與本身規模不相稱的名聲，一家

小規模的娛樂公司卻成爲全球皆知的娛樂界地標。迪士尼持續的維持得來不易的好名聲，迪士尼採取強侵略性的行銷手段，利用多種行銷通路將產品打入世界各地，使得迪士尼的符號如細胞分裂般快速散佈全球，在1930年代未流行的迪士尼角色也搭上這班順風車。時至今日，迪士尼的產品幾乎已遍佈世界每個角落。

　　現在的迪士尼在娛樂工業中已具備領導地位，迪士尼事業的重心也由過去主要以兒童爲主轉換爲更多樣化的投資，即使迪士尼歷經這樣的轉變，它在家庭娛樂界所建立，代表安全、健康以及具娛樂性的好名聲依然持續著，相較於其他媒體節目的過度強調眞實、暴力以及性，迪士尼出品的節目得到更多良好的評價。因此，即使迪士尼並未支配娛樂工業，但是它的影響力卻是不容忽視，除了有關兒童以及家庭娛樂的老本行，迪士尼更將事業的觸角延伸到其他類型的娛樂事業。

　　1973年，麥可雷爾（Michael Real）在他所寫的《大衆媒介文化》（Mass-Mediated Culture）一書中以「全球化的迪士尼」[3]（Disney Universe）描述迪士尼的重要性，他認爲有三個適當的理由採用這個詞：首先是迪士尼本身就使用這個詞；其次是顯而易見的迪士尼商品的普遍性；最後是迪士尼傳遞的訊息創造出「獨特而且影響全球的意義」。儘管迪士尼宣稱迪士尼只負責創造娛樂產品，但事實上迪士尼早已建構出屬於自己的世界，透過迪士尼影片的不斷播放，迪士尼傳遞本身的理念與價值，迪士尼一方面代表著娛樂產品，包含電影、電視節目到主題樂園，另一方面，迪士尼同時也是迪士尼組織服膺的哲學。因此，我們可以定義所謂「全球化的迪士尼」或者本書的主要討論對象「迪士尼」，包含迪士尼的主題樂園、產品、行銷策

略、管理階層以及基層員工、迪士尼創造的角色與想像以及迪
士尼產物傳遞給閱聽人的文化意義。

　　然而，即使迪士尼是相當有吸引力的主題，研究迪士尼卻
不是件簡單的事。迪士尼擁有的優良名聲，使得美國社會大眾
無條件的給予迪士尼無比的讚許與尊崇，許多人認為迪士尼是
一家獨特而且與眾不同的娛樂公司，迪士尼的產品是那麼的天
真無邪並且能為人們帶來歡樂，民眾普遍認為迪士尼只負責提
供娛樂，就像華德迪士尼不斷提醒人們的。迪士尼企業與領導
人完美的表現，成功的帶給人們快樂的生活，有誰不敬畏這個
娛樂工業的巨人？另外，縱使迪士尼相當關心本身的股價以及
企業目標，但迪士尼的經營面並不能代表整個迪士尼，因此，
雖然迪士尼是以營利為導向的企業，但在某些情況下，把企業
創始人華德迪士尼稱為資本家是要冒些危險的。更進一步來
說，想在地球上站在批評迪士尼的立場並不容易，人們會懷
疑，幹麻把迪士尼看得那麼認真，迪士尼不過是個著名的娛樂
企業罷了！

　　雖然如此，嚴肅的看待迪士尼現象以及堅持迪士尼是合適
的文化或社會分析對象是必須的，透過適當的分析，我們可以
更了解迪士尼企業以及迪士尼出品的產品，更可以對迪士尼所
扮演的文化角色進行評論。事實上，面對迪士尼產品擴散全球
以及迪士尼企業活動的多樣化，我們必須堅持針對迪士尼進行
評論式的回顧。

其他有關討論迪士尼的書籍

　　迪士尼現象的重要性並非到了今天才被重視，討論有關華

德迪士尼、迪士尼企業以及迪士尼商品的出版品相當多，許多
有關迪士尼的書籍事作為迪士尼產品的指南，當我們在亞馬遜
網路書店的搜尋引擎鍵入「迪士尼」後[4]，有多達2922本以迪
士尼為主題的出版品（當然，許多是由迪士尼本身發行的）。
除了書籍之外，許多流行刊物也持續關心迪士尼企業與產品，
這些刊物對於迪士尼現象的剖析同樣具備相當的價值。

　　在學術圈裡，以迪士尼為主題的研究是很特殊的，但是以
流行文化為題材的研究卻很普遍，迪士尼研究被認為與流行文
化研究不相干，迪士尼研究不重要，迪士尼研究只是討論米老
鼠而已。然而，迪士尼研究不等於米老鼠，有關迪士尼的研究
跨越各種學科，有許多書籍與論文以迪士尼為主題，內容也包
含華德迪士尼自己寫的文章、他對卡通製作的貢獻、迪士尼企
業發展的歷史軌跡以及迪士尼的產品及其創造者。

　　在1930年代，文化權威以及電影評論都把迪士尼視為一種
藝術，以文化批判聞名的法蘭克福學派，甚至經常以米老鼠或
唐老鴨作為討論文化工業的實例，除了前面提及麥可雷爾以
外，在1970年代，迪士尼帝國深深的吸引許多傳播學者，進而
產生數個關於迪士尼的經典研究，其中以艾瑞爾多夫曼（Ariel
Dorfman）與亞曼麥特拉（Armand Mattelart）的《如何閱讀迪
士尼》（How to Read Disney）以及賀伯席勒（Herbert Schiller）
的《心靈管理者》（The Mind Manager）最為出色[5]。直到最
近，更掀起一股「迪士尼學」的潮流，許多學者注意到迪士尼
現象在學術上的重要性，加入研究迪士尼的行列之中，並且以
許多不同的切入點，包括修辭學、文學、女性主義以及心理分
析等強調社會議題（例如種族或性別）的面向，也包含人類學
家、藝術家、歷史學家以及地理學家，他們關心迪士尼對於美

學、文化與社會的影響。

　　儘管已經存在如此多樣的迪士尼研究，但是以批判的角度來探討整體的迪士尼現象是必須的[6]。本書首先將廣泛的檢視過去被用來討論迪士尼的不同論點，進而了解全球化的迪士尼，主要的目的在於鼓勵由不同的取徑以及方法，觀察某個特殊的流行文化現象。面對經營規模與受歡迎程度持續擴大的迪士尼帝國，我們必須以政治經濟的角度分析出發，整合文化分析與閱聽研究的洞見，才能對於迪士尼帝國有更清楚的認識，換句話說，我們必須同時強調經濟與哲學，以及產品與消費。以迪士尼作為案例，本書所採取的分析取向是建立在人造夢幻（manufacturing fantasy）的概念之上。

　　本書的章節分布包含下列重點，在第二章中，將把討論的重心放在迪士尼發展的歷史過程，包含華德迪士尼對迪士尼發展的貢獻；第三章將以政治經濟分析的觀點探討今日迪士尼帝國的各個組成部門；第四章則專注在迪士尼企業的運作過程；第五章將回顧對於迪士尼產品的各種分析；第六章將探討迪士尼主題樂園使用哪些技術；第七章將探討不同類型的閱聽人或「迪士尼迷」對於迪士尼的看法，並舉實例說明民眾如何看待迪士尼。儘管本書無法對全球化的迪士尼一網打盡，但藉由不同學科間的整合更了解迪士尼現象的特殊性，一個跨越學科藩籬的研究取向可以使我們對於迪士尼幾十年來的受歡迎程度，以及迪士尼作為美國與全世界主要消費者文化的來源的特殊性作更清楚的理解。

第二章

迪士尼的歷史

在最真實的美國傳統中，透過華德迪士尼所創造的角色，
是他由默默無名到在電影界中所獲得的成功，靠的是他卓
越的想像力、上帝所賦予他的才能以及充足的資源，他有
效的利用這些有利的條件，成為世界知名的娛樂界先驅，
並創造出可愛的、色彩豐富的以及富有教育性的動畫電影
奇蹟。

智慧雜誌（Wisdom）

　　就如同上面這段文字所描述的[7]，迪士尼的發展歷史必須
從華德迪士尼說起，從1930年代早期到1966年華德迪士尼過世
這段時期，迪士尼所出品的卡通影片使得迪士尼成為電影界不
可忽略的一角，並成為社會大眾目光的焦點。但是，即使在華
德迪士尼過世之後，迪士尼王國的魅力依舊不減，許多有關華
德迪士尼的傳記被出版，而這些記載他的事蹟的傳記，又使得
迪士尼被賦與榮耀的光環。就像威廉麥克雷諾（William
McRenolds）觀察到的，「不管在生前或離開人間之後，總有
像宗教般的氛圍籠罩著華德迪士尼這個名字」[8]。
　　許多有關華德迪士尼的故事都是由他本人創造的，並且被
他的家人與迪士尼企業不停地仔細傳頌著[9]，針對這個現象，
理查席柯（Richard Schickel）在1968年提到「華德迪士尼是華

德迪士尼最偉大的發明」[10]，喬泰克索（Joel Taxel）對此也提出回應「華德迪士尼的成功在於他建立一個以卡通電影為主的娛樂王國，並且讓他自己的名字家喻戶曉，甚至比其他所有的迪士尼商品都來得有趣」[11]。

對於美國人來說，華德迪士尼的故事具有一種特殊以及神聖的意義，迪士尼之所以會有這樣的作用，一方面是因為迪士尼以特殊與神聖的方式包裝華德迪士尼，另一方面也是由於旅遊行家、歷史學家以及傳記作家對於華德迪士尼以及米老鼠的傳奇，不停重複的談論[12]。雖然有些關於華德迪士尼的傳記，企圖以心理分析的角度，透過迪士尼的商品來詮釋他，但是這些作品，也多以華德迪士尼的成就作為讚揚他天賦過人的佐證作結[13]。

不只是歷史以永垂不朽的偉人來看待華德迪士尼，還由於他的成就以及伴隨迪士尼而來的迷人魅力，使得把迪士尼的成功歸諸於華德迪士尼，而將焦點由迪士尼的企業型態及面臨的環境移開，例如，知名的迪士尼編年史作家李納馬丁（Leonard Martin）提到「當我們詢問到華德迪士尼為什麼以及如何登上娛樂界的巔峰，而且能夠歷久不衰？多數的答案都可以在華德迪士尼身上找到」[14]。

因此，為了建立了解迪士尼現象的基礎，首先我們必須將有關華德迪士尼的傳記加以分類，排除將華德迪士尼視為完美偉人取向的聖徒式傳記，希望找出他對於迪士尼企業以及產品的真實影響。在華德迪士尼的有生之年中，表面上他擁有公司的經營權，實際上他也掌控迪士尼的運作，他以強力的領導作風來管理整個迪士尼，所以，我們很難把華德迪士尼的生平與迪士尼企業的發展分隔開，當然，了解兩者的歷史對於我們都

是必須的。

　　其次，我們必須釐清華德迪士尼以及迪士尼企業發展所面對的社會背景，針對迪士尼發展的歷史進行工具與結構相互作用的分析。簡單的說，工具（instrumental）取向的分析層次偏重於個別企業家，而結構分析則將焦點放在企業採取的行動與當時政治、經濟等社會背景的關係。如同葛拉罕墨道克（Graham Murdock）主張的，要了解傳播企業的運作動力，這兩個層次的分析是不可或缺的，「我們必須了解企業主有意圖的行動以及社會結構的限制，兩者在各個產品製造過程每個階段的關係」[15]。

　　藉由坊間許多有關華德迪士尼的傳記以及少量有關迪士尼企業歷史的文獻，本章將針對華德迪士尼主掌的迪士尼進行簡單的介紹，以便作為了解在二十一世紀開端的全球化迪士尼的基礎。

華德迪士尼這個人……

一切的開端

　　華德迪士尼於1901年在芝加哥出生，他在家中的五個孩子裡排行老四[16]，父親為了保障家中的經濟來源不於匱乏，在1906年舉家由芝加哥搬到密蘇里的堪薩斯城，1917年，他們又由堪薩斯城搬回芝加哥。華德迪士尼經常回憶起他在密蘇里的馬西林（Marceline）所擁有的田園與鄉村生活，但是，相當矛盾的，部分傳記作家指出迪士尼家只住在馬西林幾年，華德迪士尼與鄉村的關係其實並不強烈。面對這樣的矛盾，毫無疑問

的，華德迪士尼理想化以及浪漫化這些短暫的鄉村記憶，這些
被美化過的記憶使他獲得美國小鎮的支持與鄉村價值。

當一家人搬到堪薩斯城，華德迪士尼和他的哥哥羅伊
（Roy Disney）經常必須為了父親的新事業而從事長時間的送
報工作，並且有時會遭到父親的體罰。羅伊就像盟友般的保護
著幼小的華德，但是當華德也逐漸長大之後，變得由兩兄弟來
照顧這個家，因此，儘管華德也渴望擁有一個溫暖而且快樂的
家庭，但是迪士尼的家庭顯然缺乏這些特質。華德迪士尼的傳
記提到他具備創造力以及樂觀的人格、偏好商業活動的傾向、
極度渴望成功、拒絕有組織的宗教、厭惡貧窮以及重視可以在
生活中直接應用的教育和工作經驗[17]等等的人格特質。

華德迪士尼在十六歲的時候離家，他謊報年紀以便進入紅
十字救護車公司（Red Cross Ambulance Corps），雖然當時第一
次世界大戰已經結束，但他仍在法國各地擔任救護車駕駛以及
其他的職位。1919年，華德迪士尼回到美國，由於興趣的緣
故，他進入一家位於堪薩斯城的商業藝術公司擔任繪圖工作，
並未回到高中完成學業，幾年後，他開始嘗試從事卡通製作，
並且在1922年成立一家屬於他的公司「微笑格蘭電影」
（Laugh-O-Gram Films），開始籌畫結合卡通與真人演出的《愛
莉絲夢遊仙境》（Alice's Wonderland）系列，在這個時期華德
士尼的另一件大事，就是與天才藝術家艾威克（Ub Iwerks）的
合作，艾威克參與迪士尼企業的運作並成為迪士尼未來能成功
發展的重要人物。

華德迪士尼與哥哥羅伊於1923年在洛杉磯相會，他們相聚
的理由，借用迪士尼官方紀錄的歷史來說，「主要是因為希望
事業能蒸蒸日上，當然還有其他不重要的理由」。當華德迪士

尼無法取得使用某個電影工作室的權利之後,他重新製作在堪薩斯城已停止的愛莉絲系列,在紐約的一家公司答應華德播放卡通影片後,他便說服羅伊擔任公司的經理,1923年十月十六日,迪士尼公司正式成立,起初這家公司叫做迪士尼兄弟卡通工作室(The Disney Brothers Cartoon Studio),後來改名為華德迪士尼工作室(Walt Disney Studio),迪士尼公司名稱的轉變,意味著兩兄弟將會對這家公司有不同的影響,華德是公司的龍頭、創造的泉源,站在台前成為眾人目光的焦點並接受大家的喝采;羅伊則隱身於幕後,負責公司的財務以及照料整個公司[18]。

在迪士尼製作了五十六部愛莉絲系列的短篇卡通後,1927年另一個動畫系列的主角誕生了,一隻叫做奧斯華(Oswald)的幸運兔(Lucky Rabbit),然而,當奧斯華系列在1927年推出十部短篇動畫,1928年推出十六部,都獲得不錯的成績後,迪士尼兄弟才發現原來奧斯華的肖像權屬於環球(Universal),同時,迪士尼的卡通製作人員,大部分都被紐約的影片配銷商所挖角。這類情形經常在迪士尼發展史上演,也教了華德迪士尼寶貴的一課:「千萬不要失去自己創造物的控制權。」任何發生在華德生命以及迪士尼的歷史事件,都可以由這個小故事來解釋。

「都是從那隻老鼠開始的」

雖然華德迪士尼失去奧斯華,但卻造就另一個迪士尼傳奇——米老鼠的誕生。關於米老鼠誕生的著名故事版本是這樣的:「當華德迪士尼和他的妻子(當華德擁有一間自己的工作室後,便在1925年結婚)知道他們失去奧斯華的控制權之後,便

搭著火車由紐約出發開始旅行，在旅行過程中，華德創造了米老鼠，起初取名為莫特摩（Mortimer），並且帶著這個卡通人物回到好萊塢，這是一段經常為人所提及的故事。」另一個常被提起的故事版本，紀錄在迪士尼所出版的官方歷史：「那時候在超越（Hyperion）工作室，由於我們失去了奧斯華，當時旁邊還有迪士尼的首席卡通影片製作人員艾威克，華德必須創造新的卡通人物，這個角色被取名為米老鼠，後來成為一隻有名的老鼠」[19]。許多仔細的傳記作家同意米老鼠是由華德迪士尼與艾威克共同創造的產物，但是，大眾卻把主要的功勞都給了華德，艾威克製作兩部米老鼠系列的動畫電影，分別是《瘋狂飛機》（Plane Crazy） 與《飛奔的高卓人》（Gallopin' Gaucho）。這兩部卡通並未公開播放，直到第三部《汽船威利號》（Steamboat Willie）增加同步音效之後，才在1928年的十一月上映。許多紀錄迪士尼的歷史顯示，當華德觀賞在1927年上映，首次將影片配上聲音的爵士歌手（The Jazz Singer）之後，華德的影片就少不了音效的輔助。然而，另一個可能的原因卻是「華德無法賣出他的默劇式卡通電影，而且音效對於電影工業來說具有革命性的意義，因此華德必須將音效加入影片中」[20]。

米老鼠迅速竄紅的程度是無庸置疑的，但米老鼠的成功並非單單只依賴影片配銷商或電影院老闆，更重要的是因為大眾對他的喜愛。在一本由馬克艾略特（Marc Eliot）執筆，頗具爭議性的華德迪士尼傳記提到，在米老鼠贏得大眾喜愛的同時，有許多其他更複雜的動畫短片問世，「然而，迪士尼之所以能有製作動畫電影的能力，不單是紙上談兵可以做到的，而是擁有充分的資金投入，藉由與電影配銷商的合作取得經濟來

源」[21]。迪士尼公司透過與哥倫比亞影片（Columbia Picture）簽訂配銷契約所獲得的利潤，進行額外的米老鼠卡通的製作，雖然米老鼠卡通的製作成本多半沒有超過由契約獲得的利潤，但是每部動畫的製作成本已由原本的5400美元增加到1931年的美金13500美元[22]。

　　由於製作成本不斷升高的緣故，迪士尼兄弟發現他們需要額外的利潤才能維持公司的營運，並且擴大利潤來源的項目，特別是有計畫的推銷迪士尼的產品，第一次同意以米老鼠為主題製作商品便為他們帶來價值300美元的回報，在1929年推出米老鼠筆記本，然而很快的，後來的合約所帶來的利潤便水漲船高。第一份正式的商品合約是與喬治伯格特（George Borgfeldt）公司合作，雖然有許多未經迪士尼授權的商品，卻仍在德國、法國、英格蘭、義大利、捷克以及西班牙各地推出[23]。1932年，迪士尼公司雇用一位有衝勁與革新精神的業務員荷曼卡門（Herman Kay Kamen），由他來領導迪士尼的商品部門，並推廣迪士尼出品的商品。商品對於迪士尼的重要性與日劇增，由公司的部門編制便可發現這種傾向，1929年底，公司被重整為四個部門，分別負責：影片製作、影片錄音、不動產的管理以及製作商品與發放許可其他公司使用迪士尼角色製作商品的權利（之後被稱為華德迪士尼企業）[24]。

　　早期的米老鼠商品類型大部分是玩具或布偶，但是後來便擴大到其他許多常見的產品，最受歡迎的商品是由伊格索公司（Ingersoll-Waterbury Company）出品的米老鼠手錶與時鐘。1930年一月，米老鼠出現在《國王專欄》（King Feature）連載的漫畫，接著，米老鼠與他的卡通人物朋友們更成為《米奇之家庭雜誌》（Mickey House Magazine）（1933年到1940年）、數

量眾多的書籍與報紙上連載漫畫的常客。與美國出版品情況類
似，以米老鼠爲主角的刊物也在其他國家出現，例如義大利的
《托波里諾》（Topolino）與法國的《米奇週報》（Le Journal de
Mickey）。甚至在迪士尼人物商品化之前，米老鼠俱樂部便已
在世界各地出現，在星期六播放白天場次的米老鼠電影吸引小
朋友，迪士尼公司在戲院發放簡介，告訴大家如何參加該地區
的米老鼠俱樂部，1932年，米老鼠俱樂部在全世界已有一百萬
個會員，米老鼠俱樂部的盛行，也帶動迪士尼卡通與商品的風
行[25]。

當米老鼠獲得巨大成功之時，迪士尼工作室也開始籌畫以
《狂想曲》（Silly Symphony）爲主題的另一系列動畫短片，故
事內容以音樂、魔法與想像如何創造心情與情緒爲主題，比起
以往的迪士尼動畫更加幽默。1929年首部狂想曲系列《骨頭之
舞》（Skeleton Dance）上映，接著是《歡樂魚》（Frolicking
Fish）、《猴子的旋律》（Monkey Melodies）以及《北極的滑稽》
（Arctic Antics）。迪士尼也首次使用彩色電視攝影法
（Technicolor）製作全彩（full-color）的卡通影片，狂想曲系列
的《花和樹》（Flowers and Trees）便是第一部全彩卡通，這部
動畫也在1932年獲得影藝學院頒發的最佳卡通獎[26]。另一部值
得注意的狂想曲系列是1933年的迪士尼版本的《三隻小豬》
（The Three Little Pigs），《三隻小豬》在第一年上映不但就帶
來總計12萬5千美元的收入，更掀起一股全國性的熱潮（關於
這部動畫將在第五章作詳細討論）。

許多動畫裡的配角也因爲影片的受歡迎而成爲迪士尼的經
典，例如米老鼠的女友米妮（Minnie Mouse）、米老鼠的狗布
魯托（Pluto）、高飛（Goofy）以及戲份更少的卡拉佩利

（Calrabelle Cow）、荷拉斯（Horace Horsecollar）與壞蛋佩琪
（Pedleg Pete）。唐老鴨（Donald Duck）一開始出現在1934年的
狂想曲系列，後來也成為深受歡迎的迪士尼明星，並且擁有自
己的商品生產線，包含唐老鴨麵包、唐老鴨花生奶油以及唐老
鴨柳橙汁。

　　1934年，迪士尼在本身的超越大道（Hyperion Avenue）雇
用了兩百名員工，並且不斷擴大辦公室、舞台與研究室的規
模，總而言之，迪士尼公司的運作是成功的。

好萊塢萬歲

　　只有少部分的華德迪士尼傳記作家企圖說明迪士尼公司成
功的背景。的確，由於許多對於華德迪士尼的紀錄皆顯示他在
卡通的創新上有相當大的貢獻，自然而然會以為卡通電影是起
自於華德迪士尼[27]，但是瓦特（Watts）暗示到：

> 迪士尼的成功不能被視為與外界無關的事件。迪士尼的成
> 功顯露出二十世紀整體文化改變的一角，受到經濟領域消
> 費主義的興起、社會結構的官僚制與政治上的自由主義的
> 影響，這些巨大的歷史轉型，使得娛樂的意義與成功的定
> 義被重構[28]。

　　的確，動畫電影的普遍流行以及迪士尼卡通電影的成功，
都反映這樣的歷史轉變，迪士尼加入自1910年以來起源於洛杉
磯的動畫電影風潮。由於迪士尼的成功，使得我們經常忽略一
個事實，就是與其他掌控電影界的鉅子相較之下，迪士尼的規
模與影響力並不大。在1930年代早期，電影界是由五家整合的

公司所掌控—福斯（Fox）、派拉蒙（Paramount）、Loew's、
RKO與華納兄弟（Warner Brothers）—這些大公司自己負責製
作以及配銷影片到美國各地所屬的電影院放映，至於其他的小
電影公司例如：聯合影業（United Artist）、哥倫比亞
（Columbia）與環球（Universal），則透過電影界的五巨頭
（Big Five）從事製作與配銷影片的工作[29]。

　　雖然迪士尼工作室極受大眾矚目，並且迪士尼的影片的確
獲得相當不可思議的成功，比起巨人般的大型電影公司，迪士
尼只能算是短小的侏儒，這些大型電影公司每年出品上百部的
電影，這些電影也為這些公司帶來可觀的報酬與收益。在與聯
合影業的影片配銷約定下，每年出品二十到二十五部的動畫短
片，每部平均獲得五萬美元的收入，並帶來一萬兩千美元的收
益，由於迪士尼本身無法配銷影片，所以每部短片的淨利也降
低。1930年代期間，迪士尼每年的利潤很少超過五十萬美元，
而這些收益還必須在投資回接下來的動畫製作。

　　葛曼尼（Gomery）提醒我們迪士尼兄弟能夠在競爭激烈
的電影界生存，可總結為三個原因：第一、影片由主要的電影
公司配銷（1929-1931，哥倫比亞、1931-1936，聯合影業、
1936-1954，RKO）；第二、製作不同於一般的卡通電影，例
如主攻短片的部分以便使用新開發的音效與著色技術；第三、
來自商品合約的收入（價值較低的商品，迪士尼收取2.5%的版
稅，較高的商品則抽取5%）[30]。因為這些原因，迪士尼可以降
低對由大型電影公司所掌控的好萊塢的依賴程度。

好萊塢的傳奇人物

　　相較於當時的電影鉅子，儘管迪士尼算是小型公司，但是公司的規模已經比以往來得大。由於相關產品受到大眾歡迎，以及公司領導者廣泛受到讚揚的緣故，迪士尼的成功被誇大了。布萊曼（Bryman）描述華德迪士尼是一位具備卡里斯瑪（Charisma）與超人特質的領導者，「華德迪士尼指出對於商品需要的洞見，吸引別人支持他的洞見，並且組織由他的追隨者所組成的狂熱團體」[31]，布萊曼指出華德迪士尼有強烈的雄心壯志，永不停止的積極態度以及努力工作與嚴格的高品質產品堅持。

　　但是另一方面，即使對於華德高度讚美的傳記，也不免指出華德權威、易怒和苛求的一面，許多迪士尼的員工稱呼華德為慈善的指揮者（benevolent director）以及指出他會用許多令人吃驚的方式來貫徹他的命令，更多的負面評論指出華德叔叔在各種層面上皆表現出極端掌控與固執的一面[32]。然而，毫無疑問的，華德迪士尼這個人的特點還包括「不論推銷自己或公司的產品，他都能有卓越的表現」[33]，華德特別熟練於建構自己努力工作與具備堅毅精神的形象，大眾傳播媒體報導不停報導華德的故事，並以「電影界的艾傑」（Horatio Alger of cinema）的傳奇故事以及天助自助者來稱呼他。1934年，《財星雜誌》（Fortune）觀察到「有關於華德迪士尼的生活與遭遇困難的文章已經夠多了，已經顯得了無新意，對於美國人來說華德迪士尼艾傑般的生命歷程的熟悉程度，與亨利福特（Henry Ford）或亞柏拉罕林肯（Abraham Lincoln）」並無二致

34 。

　　儘管華德迪士尼被視爲具有繪畫天賦，但事實上華德從
1924年開始與艾威克合作之後便很少動筆做畫[35]，有人指出當
華德在被要求親筆畫畫時會感到挫折，例如他困擾於著名的華
德筆跡的雙包案。然而，多數評論同意華德對於故事的編輯與
劇情發展有極高的天賦，他像有天生的直覺般，能清楚指出什
麼東西能娛樂觀眾，以及具備與幕僚溝通創意的能力。

　　總而言之，華德迪士尼與大眾文化相連結，他說明道：
「我對於如何取悅人們有興趣，包含帶給他們歡樂與笑聲，而
不只是突顯自己或是模糊具創造性的印象」。他的態度，如同
他生產的產品，非常符合我們之前描述的時代需要，迪士尼的
產品吸收當代流行音樂、輕鬆的喜劇以及舞蹈，整合許多當代
娛樂與大眾文化的消費性元素，結合爲「音樂、淘氣、舞蹈、
喜劇與以英雄爲題材的音樂劇」[36]。

　　華德迪士尼對事業的熱情可以總結爲瓦特的一席話：

　　對於成功的渴求以及大眾文化的偏好始終指引華德迪士尼
　　選擇的方向。從他事業生涯的早期開始，他不斷的表示他
　　對於生活的熱情：他與他的工作墜入情網，他與如何取悅
　　大眾的創意戀愛。他在1920年代與1930年代早期竄起的驚
　　人事蹟，提供數以百萬計的美國消費者一個如何成功的故
　　事，以及一個知名的娛樂界人物[37]。

華德迪士尼的愚蠢

　　狂想曲替動畫電影長片立下新的里程碑，也因此華德迪士
尼受到無比的尊崇，他的先知灼見與聰明才智更廣爲人所稱

道，如同官方的紀錄告訴我們「華德迪士尼從不滿意他的成就」
[38]。1936年初，迪士尼的第一部動畫長片《白雪公主與七個小
矮人》（Snow White and the Seven Dwarfs）開始製作，估計完
成預算爲十五萬美元，但當白雪公主與七矮人於1937年完成
時，製作費卻高達一百五十萬美元，這個故事，也就是被稱爲
所謂的「迪士尼的愚蠢」。儘管懷疑華德迪士尼決定的評論來
自四面八方，但是白雪公主很快就成爲一部賣座的動畫長片，
打破全美觀衆人數紀錄，在上映三個月之後，便達到八百五十
萬美元的票房，同時帶動電影工業的發展，迪士尼也在1939年
獲得特殊成就獎（special Academy Award）的榮耀。

　　迪士尼採取的推銷影片手法以及舉辦與電影主題相關的活
動，這些舉動，都很容易讓我們聯想到最近的好萊塢，1936年
初，迪士尼公司已經授權超過七十件認可允許廠商製作迪士尼
的相關產品，這些產品包羅萬象，包含衣服、食物、玩具、書
籍、唱片以及樂譜[39]。在電影公開上映之前，與電影相關的漫
畫書、給小朋友著色的畫冊以及圖畫書便開始發售。值得一提
的還有由愛默生（Emerson）製作的白雪公主收音機，印有白
雪公主圖樣的緊身衣、白雪公主切片麵包，以及可以放置白雪
公主玩具的箱子。事實上，迪士尼的行銷手法可以說是「證明
行銷力量最引人注目的例子」[40]，大多數迪士尼的相關產品不
只爲公司帶來龐大的利潤，更重要的是，採用產品與電影結合
的行銷手法，成功爲電影造勢，爲大衆所知，也提升了迪士尼
公司的聲望與知名度。

　　接著，迪士尼推出數部以米老鼠、唐老鴨、布魯托以及高
飛狗爲主角的卡通系列，迪士尼工作室也推出新的動畫長片，
1940年推出《小木偶奇遇記》（Pinocchio）以及《幻想曲系列》

（Fantasia），接著1941年推出《小飛象》（Dumbo）以及《不情願的龍》（The Reluctant Dragon），1942年則完成了《小鹿斑比》（Bambi）。

動畫製作工廠

　　隨著白雪公主在電影市場上的成功，迪士尼公司的組織急速成長，1940年五月，一千一百名的迪士尼員工搬入價值三億美金，位於柏班（Burbank）的新工作園區，整個園區有二十棟相互區隔的建築物，供動畫製作的不同階段使用。例如，動畫（Animation）與故事（Story）部門和攝影（Camera）以及打印（Inking）部門分屬不同的建築物，但是兩棟大樓中間仍有地下通道相連。新的工作園區不只象徵迪士尼公司營運的成功，更代表一個正在成形的理性化（rationalization）動畫製作過程，當迪士尼組織各部門因分工需要而逐漸特殊化，一方面使得製作效率提升，一方面也增強園區內科層制的運作程度。

　　許多創新的手法也運用在動畫製作過程之中，其中包含畫法測試（pencil test），一種伸出鉛筆著色的方法以及萊卡紡車（Leica reel），用來突出完成或未完成的圖畫的方式。工作室也採用故事版（story board），一系列的著色描出整部影片，而不是分部分描繪，其他技術的創新包含多機攝影（mutli-plane Camera），一種整合不同動畫層次的技術，對於完成迪士尼追尋動畫貼切現實的理想有相當的貢獻。建立有名的畫家學校也是另一項可以減少浪費的創舉，透過畫家學校可以加強動畫製作者技術一致的優勢（uniform technical mastery）。

　　這許多技術的創新都被歸為華德迪士尼的功勞，但值得注

意的是，其他在工作園區的夥伴，對於這些技術發展的功勞不亞於華德，甚至有過之而無不及，麥克里諾注意到華德迪士尼「對於技術的發展確實有貢獻，並且知道如何運用這些新技術使公司獲益」[41]。如同席科指出的，「迪士尼的天賦，從一開始，就不被大家認為是藝術家式的天才；如果華德迪士尼真有所謂的天賦，應當是表現在運用創新的技術上」[42]。眾所皆知，迪士尼公司的新工作園區可以說是一座「歡樂工廠」，人們似乎著迷於迪士尼電影的製作過程，很難相信夢想是可以被創造的，然而，比較少注意到的是迪士尼夢幻工業的商業取向。

隨著迪士尼公司營運極佳，公司的債務也同時增加，在完全搬入柏班的製作中心之前，迪士尼公司發行一萬五千五百股的優先股票（preferred stock）以及六萬股的一般股票（common stock），雖然迪士尼在1929年成為股份有限公司，但到目前為止，迪士尼所有的股票仍歸家族所有。1938年，四萬五千股由華德迪士尼與李列迪士尼（Lillian Disney）持有，三萬股由羅伊迪士尼與愛德納（Edna）迪士尼持有，雖然迪士尼企業的股票很快就賣出，並且獲得所需的發展資金，但是卻消弱華德迪士尼對於公司所有權的控制[43]。但是總結其他面向，華德迪士尼對於公司的運作仍有相高的影響力，直到1940年代早期發生的戲劇化轉變。

工作樂園的衝突

迪士尼企業的成長以及搬入柏班新的工作園區，也同時造成迪士尼工作環境的變化，以前的迪士尼被視為一個「民主、集體與具創造性的天堂」[44]，許多1930年代的迪士尼員工是與

衆不同的，大家總是在像是一個大家庭般的氣氛下創作。然
而，1940年代早期的迪士尼卻已經失去這種使部分員工著迷的
氣氛，薪資的評定失去平衡與衡量的標準，爲了新動畫電影而
雇用的新進員工的薪資，往往比資深員工來得高。另一方面，
雖然迪士尼是以充滿創造力聞名，但是功勞卻都歸於華德迪士
尼，而非公司的員工，進一步來說，由迪士尼出品的動畫影片
的片頭，只能有「華德迪士尼」的標誌出現。

　　1930年代末期，公司員工不滿的情緒越來越強烈，主要原
因是對於不穩定的薪資評量的不悅，紅利以及其他形式獎金的
分發缺乏標準，同時也缺乏專業的放映審查。這股不滿的情緒
終於在1941年爆發出來。

　　好萊塢曾經在1930年代經歷過一波工會組織化的浪潮，在
這個年代即將結束時，大多數的電影工業的員工被來自電影圈
外或圈內的工會代表[45]。「電影卡通製作者工會」（The Screen
Cartoonist Guild, SCG）在1936年成立，由電影工業內逐漸成長
的卡通工作者組成，這個工會並已在1940年代早期獲得米高
梅、雪拉歌手（Schlesinger）以及華納兄弟動畫部門的加入，
在這段時期，迪士尼內也在1937年成立電影動畫製作者聯盟
（Federation of Screen Cartoonist）。

　　SCG在1940年開始將觸手伸向迪士尼，並在1941年一月由
國家勞資關係局（National Labor Relations Board, NLRB）進行
重組，使得SCG成爲代表動畫製作者、故事編劇、導演以及與
動畫製作相關的人員與資方談判的單位，NLRB已經將動畫製
作的勞工權益交由SCG負責，負責處理動畫公司對於勞工的不
恰當待遇（包含支持在公司內成立工會）。當迪士尼決定開除
一批熱衷工會運動的員工後，SCG投票決定在1941年的五月進

行罷工，至少有三分之一的迪士尼員工支持罷工，並且直稱有
二分之一的員工有辭職的打算[46]。

　　綜觀這次罷工的過程與結果，長達九週的罷工讓原來是歡
樂製作工廠的迪士尼，轉變成最缺乏歡笑的地方。由於勞資雙
方帶有敵意的肢體動作與言語內容的不斷增加，使得雙方緊張
的程度也越來越強烈，華德迪士尼（幾乎與罷工員工發生肢體
衝突）控告工會領導人是共產主義者以及壞種（bad seeds），
在迪士尼尋求一位名聲很差，當時正任職於保守的劇院勞工國
際同盟（International Alliance of Theatrical Stage Employees,
IASTE）的勞工捐客畢歐福（Willie Bioff）的協助後，公司內
的勞資衝突並未解決，反而更形劇烈。由於罷工的緣故，使得
迪士尼動畫工作室關閉了將近一個月，衝突終於在勞工部
（Labor Department）仲裁人員的協助之下在九月平息了，這樣
的結果，使得華德迪士尼在八月前段所進行南美各國的訪問所
拍攝的風土民情得以利用，許多影片利用這些題材開拍，包含
1943年的《致候吾友》（Saludos Amigos）以及1945年的《三劍
客》（The Three Caballeros），還有其他為美國事務的整合者
（Coordinator of Inter-America Affair）組織所製作的教育影片
[47]。

　　無論如何，罷工的確造成公司巨大的損失，如同瓦特提到
的：

　　由社會層面來看，這次的罷工破壞了員工對於迪士尼是工
　　作天堂的想像……由創造的面向來看，罷工摧毀了在1930
　　年代鼓動迪士尼美妙產品的動力，摧毀了迪士尼固有混合
　　友情、發明以及共同參與的精神。最後，罷工也造成迪士

尼的錢坑，更由於全球的經濟不景氣，許多計畫遭到刪減，更降低迪士尼的收益。[48]

隨著迪士尼勞資糾紛的浮上檯面，也使得華德迪士尼的行為越來越趨向保守。在經濟大恐慌時期，華德奉行某種類型的民粹主義（Populism），使得他不信任銀行家以及在市場上採取壟斷的策略，但是華德對於民粹主義的傾向，並非只是一時的情緒投射，反而更顯露出他偏執狂的一面，他成為一個激烈的反共份子。如同瓦特的解釋，華德成為「一個極端愛國、強調工作道德的忠誠、懷疑政府統治能力以及支持美國個人主義的保守共和黨員，這種傾向越來越強烈」[49]。

一個較鮮為人知的華德迪士尼的事蹟是，他為了保存美國理想（Preservation of American Ideals）所組織推動成立動畫電影聯盟（Motion Picture Alliance, MPA），這個組織成為好萊塢決定黑名單（blacklist）的來源。華德迪士尼成為動畫電影聯盟的首席副總裁，而且被大眾視為這個組織的實際領導者，受到「非美國活動委員會之家」（House of Un-American Activities Committee, HUAC）在好萊塢成立的影響，MPA也獲得承認，HUAC的主要工作是依據史密斯法案（Smith Act）來檢查電影工業，只要支持任何一個政黨都被認為是不合法的。這個法案在許多年後被認為是違反美國憲法的，但是在「好萊塢十」（Hollywood Ten，一個反對與委員會合作的團體）被送進監獄之前，已有數以百計在好萊塢工作的人，失去他們的飯碗，由與該委員會以及組織合作的人士，共同列出該處理的黑名單決定誰不適合在好萊塢工作。1947年，華德迪士尼在HUAC進行第二次聽證會作證，聽證會包含與華德友善的證人，例如隆納

雷根（Ronald Reagen）、蓋瑞庫柏（Gary Cooper）以及阿特夫
曼佐（Adolphe Menjou）。華德在聽證會中指稱迪士尼的罷工
是由共產黨員一手策劃，「全世界的共產集團正使用骯髒的手
段對付我以及我的影片」，他並在場內指稱共產主義雖然不屬
於美國所固有之物（an un-American thing），但是已經逐步滲
入美國國內，尤其是勞工團體。著名的好萊塢黑名單在當時雖
然已經建立，但是華德迪士尼卻主張強化黑名單，因此在1950
年代MPA被視為「好萊塢的反共堡壘」，在這段時期，許多人
失去他們在好萊塢的工作[50]。

　　另一段常被傳記作家忽略的故事是華德自1950年代以來，
一直到他離開人世這段期間，他都與聯邦調查局保持合作的關
係[51]。華德在聯邦調查局的檔案包含一份1954年的備忘錄，將
迪士尼樂園（Disneyland）所有的設備提供給幹員作為官方聯
絡或休閒的場所，這份檔案也證明華德迪士尼曾經名列聯邦調
查局特別連絡員（Special Correspondent）名單之上。瓦特低調
的處理華德與聯邦調查局的關係，並為他辯解道「這是調查局
給予友善的地區領袖的無上光榮，因為他願意與調查局的幹員
談論他們所負責的區域」，換句話說，華德迪士尼並不是間
諜，「只是在那段緊張的冷戰時期中，贊成聯邦調查局反共產
主義的主張而已」[52]。不論迪士尼有沒有協助聯邦調查局，他
與調查局有合作關係是相當清楚的，也可以再一次驗證他的保
守性格。

二次大戰：迪士尼與政府

　　激烈的罷工行動象徵著所謂迪士尼黃金時期的結束[53]，

《木偶奇遇記》以及《幻想曲》皆由於製作成本過高,加上第
二次世界大戰爆發導致海外市場的萎縮,使得1940年代的迪士
尼遭遇虧損的問題,其他的許多計畫都面臨暫緩執行的命運。
當戰爭打到美國家門口,美國政府與迪士尼都遭受到衝擊,在
珍珠港被偷襲後的第二天,美國陸軍便進駐屬於迪士尼的土
地,使用迪士尼工作園區的相關設備(好萊塢唯一被軍隊駐紮
的電影公司),作為修理與儲存未來八個月將運用的設備的場
所[54]。

但是迪士尼也參與製作大量有關政府的戰爭影片,在1942
年,工作園區的產品有超過百分之九十三的比例與政府有關,
包含替至少六個政府部門所製作的包羅萬象的動畫與真人影
片。軍事訓練電影則包含海軍一系列有關飛行器操作的影片,
例如高級精確投彈(High-level Precision Bombing)、滑翔機訓
練(Glider Training)以及牙齒治療與性病的一些前兆(Dental
care and A Few Quick Facts about Venereal Disease)。迪士尼也
製作軍事教育的影片,例如《食物能贏得戰爭》(Food Will
Win the War)、《廣佈半球的穀類》(The Grain that Built a
Hemisphere)以及《新精神》(The New Spirit,鼓勵美國人民
繳納所得稅)[55]。

迪士尼也製作宣傳影片,主要是諷刺性的作品,例如《死
亡教育》(Education of Death, 1943)和Der Fuehrer's Face
(1943)。《空中致勝》(Victory through Air Power, 1943)是一
部正式的電影長片,用來推廣軍方主張長距離轟炸的關鍵策
略,然而,戰爭時期的迪士尼英雄是唐老鴨,唐老鴨被認為具
有忠誠的特質,以短片的型態出現在美國民眾之前,例如《突
擊鴨》(Commando Duck)以及《捍衛家園》(Home Defense)

56。

　　迪士尼在戰爭時期也持續製作新的動畫長片，包含有關南美洲的影片與《小鹿班比》，但是公司的利潤卻令人失望。雖然迪士尼承接許多與政府有關的工作，但大多是沒有利潤的，頂多只能維持迪士尼的持續運作，但是這樣的情形也使得迪士尼的影片製作更加多元化，美國銀行（Bank of America）長期支持迪士尼，也使得迪士尼能渡過那段艱困的歲月57。

戰後時期

　　迪士尼與他的公司同樣都受到戰爭以及之前罷工的震撼，另外，在1940年代末期持續萎縮的電影市場，也使得整個迪士尼可運用的資金幾乎消耗殆盡。瓦特總結戰後時期的迪士尼，他觀察到迪士尼「創造力減退、收益消失而且歡樂氣氛的革新傳統已經蒸發不見」。為了快速獲取利潤，迪士尼製作新版的動畫電影，例如《為我譜樂章》（Make Mine Music, 1946），以及《旋律時光》（Melody Time, 1948），重新利用過去曾上映過的卡通影片的片段來製作影片。由真人與卡通人物合演的（Live-action）的動畫電影的收益也開始超過純粹的卡通電影，迪士尼的第一部真人與動畫結合的電影是《南方之歌》（Song of South）。另一個迪士尼經濟的轉折來自《真實生活歷險記》（True-Life Adventures）系列的出品，由系列的第一部《海豹島》（Seal Island）開始，便為迪士尼帶來同等於其他幾部動畫電影的收益（這些電影將會在第五章作更進一步的討論）。

　　最後，迪士尼又重回動畫電影的老本行，製作《灰姑娘》（Cinderella, 1950）一片，《灰姑娘》是自1942年的《小鹿斑比》

以來，迪士尼的第一部全新製作的卡通電影，除了卡通電影以外，迪士尼在其他類型的電影也大有斬獲，在1950年眞人電影《金銀島》（Treasure Island）上映後，接下來的十六年裡，共有六十三部由迪士尼製作的同類型電影上映。1940年代末期可以說是迪士尼的轉型期，迪士尼由戰爭時期發現必須對改變的娛樂市場作出一些調整，迪士尼的轉型成功不只令他們得以生存，更確保後來事業的興盛。

多樣化，迪士尼風

1940年代末期，華德迪士尼不再如過去日復一日的親身管理公司，而交由公司資深動畫製作人員來負責影片的製作，但是他的衝勁並沒有消失，他在1950年早期仍參與幾個計畫。1960年代電視成爲嶄新而且搶手的媒體型態，百分之九十的美國家庭擁有電視，最初，迪士尼製作少量的聖誕節特別節目，由1950年的《仙境一小時》（One Hour in Wonderland）揭開序幕，在NBC電視網播出。1954年的十月，每星期播出的帶狀節目《迪士尼樂園》（Disneyland）在ABC電視網開播，七年之後，這個節目轉移到NBC發送，並改名爲華德迪士尼的《彩色夢幻世界》（Walt Disney's Wonderful World of Color）。

迪士尼組織被認爲是好萊塢各公司的行政主管當中，最早看出電視可能具有的發展潛力，這樣的看法是很合理的，許多其他的製片公司在最初並沒有製作節目或將影片在電視上播放的計畫。但是，許多電影公司在1920年代早期曾經參與電視相關技術的研發，並在1940年代末期企圖成立電視台[58]。毫無疑問，迪士尼在電視方面的先驅名聲是實至名歸的，迪士尼在1950年代早期建立自己的電視事業，並認清電視潛在的發展價

值，進一步使得迪士尼的經營更加多元化。華德說道「透過電
視，我可以接觸到我的觀眾，我可以對我的觀眾說話，他們是
一群希望看到我的觀眾」[59]。已經放映過的影片也可以在電視
上循環播出，例如迪士尼每年在電影院上映的動畫影片都可以
在電視重播，如此一來，便可在不作大量投資的情形下，獲得
額外的利潤。

　　除此之外，電視還在其他方面幫助了華德迪士尼最重視的
計畫一臂之力，也就是建立一個不分成人或孩童都會喜歡的娛
樂公園。由於在ABC安排播放迪士尼的電視節目，華德與ABC
達成協議，使得華德有充足的資金，興建位於加州安那罕
（Anaheim）的迪士尼樂園，並在1955年正式對外開放，ABC
投資五十萬美金，擁有樂園百分之三十五的股權，以及提供一
筆最多可達四百五十萬美金的貸款，華德只接受少量迪士尼的
支持，主要依靠ABC提供的資金以及以他的保險費為抵押的貸
款，完成迪士尼樂園的建立。1952年，華德另外成立一家華德
迪士尼有限公司（Walt Disney Inc），後來改名為WED企業
（WED Enterprise），盡量不使用公司的資金來發展迪士尼樂
園。迪士尼樂園從興建到完工總共耗費一千七百萬美元，但是
迪士尼樂園受歡迎的程度立刻顯現出來，到開幕的第七個禮拜
為止，已經有一百萬人參觀過（其他對於迪士尼樂園的發展與
其他主題樂園將在第七章有更詳細的討論）。

　　迪士尼的電視節目，迪士尼樂園，不但提供經濟上的支
援，甚至對於迪士尼樂園的宣傳也具備驚人的效果，即使在樂
園尚未開幕，這樣的效果便已經展現。這個節目的進行與迪士
尼樂園的四個部分對稱，分別為幻想世界（Fantasyland）、冒
險世界（Adventureland）、邊境世界（Frontierland）以及明日

世界（Tomorrowland），並且隨時依照迪士尼樂園的改變而進
行更新，當然，節目也會自行發展節目播出的內容，例如大衛
克里奇（Davy Crockett）以三部曲的形態進行，先鼓動觀眾參
觀迪士尼樂園的熱情，然後再播出兩部以上放映過的迪士尼動
畫長片[60]，可以好好利用迪士尼庫存的卡通與動畫電影。1955
年，迪士尼開始針對兒童製作每天下午播出的電視節目，並且
引進新的電視節目製作概念。米老鼠俱樂部（The Mickey
Mouse Club）主要由戴著老鼠耳朵的主持人進行歌唱或跳舞的
表演，並穿插其他關於迪士尼的角色（包含迪士尼卡通人物或
迪士尼樂園的最新消息），但是儘管這個節目相當受歡迎（在
最巔峰的時候，有百分之七十五的收視率並吸引相當多的廣
告），主題歌曲也膾炙人口，但是米老鼠俱樂部只持續播出三
季。

除了這些面向的發展，迪士尼也決定開始自行配銷影片，
成立博偉配銷公司（Buena Vista Distribution），這樣的動作意
味著華德迪士尼記取奧斯華與信運吐的教訓，仍希望直接掌控
自己的產品。但是配銷公司的成立，也象徵著迪士尼企業由獨
立的製片公司，轉變爲好萊塢電影工業的巨頭之一。

雖然迪士尼公司緩慢的增加掌握本身出品影片的配銷能
力，但是配銷能力的建立，卻在許多面向上引導未來幾個世代
電影工業特色的出現，如同席柯提到的，迪士尼在電影工業不
重視的地方取得領導的地位。當大型的、整合的電影公司正忙
著處理電視媒體可能帶來的威脅，以及由於派拉蒙判決
（Paramount decrees）使得電影巨頭失去他們的電影院的同時，
迪士尼正致力於多元化出品影片以及其他產品的工作[61]。進一
步來說，1960年代早期，迪士尼公司開始整合迪士尼出品的影

片、電視節目、主題樂園以及行銷策略，這些整合組織的工
作，為1980年代到1990年代迪士尼經營的開花結果奠下了良好
的基礎，這個部分將在之後幾章有較深入的討論。除此之外，
美國電影公司出品的影片在國際電影市場上相當活躍，在某些
國家中，美國電影更具有壓倒性的優勢，但是迪士尼的成就不
止於此，與其他電影公司不同，迪士尼成功的把影片與相關產
品打進全球市場，而非侷限於幾個國家，1954年，據估計在全
球有三分之一的人至少看過一部迪士尼出品的影片。

　　1960年代，卡通短片的市場逐漸萎縮，迪士尼開始積極轉
向真人電影的製作，在古怪喜劇（wacky comedies）系列，例
如《長毛狗》（The Shaggy Dog, 1953）、《無情教授》（The
Absent-Mind Professor, 1961）以及《跟隨我，男孩們》（Follow
Me, Boys！1966），以及由文學作品改編的《瑞士的羅賓遜家》
（Swiss Family Robinson, 1960）或是在動物冒險故事中，例如
《那隻討厭的貓》（That Darn Cat, 1965），迪士尼開始設計一些
經常出現的固定班底。然而，在這段期間最成功的影片應該算
是1964年的《歡樂滿人間》（Mary Poppins），一部結合真人與
動畫的作品，在美國本土創造三千一百萬美元的票房，在海外
則有四千五百萬美元的佳績，而且還獲得十三項奧斯卡獎的提
名。迪士尼起家的動畫長片當然持續有作品出現，例如（One
Hundred and One Dalmation, 1961），《石中劍》（The Sword in
the Stone, 1963）以及《森林王子》（The Jungle Book, 1967）。

　　由於迪士尼樂園、迪士尼工作室製作的電視節目以及動畫
電影都獲得大眾廣大的迴響，使得華德迪士尼的名聲再一次響
徹雲霄，在迪士尼樂園正式開幕之前，時代雜誌（Time
Magazine）稱呼華德為「當今世上，最有影響力的人」。的

確，由於華德迪士尼每個禮拜出現在迪士尼樂園一次，使得華
德叔叔的臉以及那樸素的聲音（homespun voice）無人不知。

　　至於本時期迪士尼其他方面的發展，如同迪士尼的官方歷
史所指出的，這段時期是「華德迪士尼經由長期製作電影的生
涯經驗所達到的事業巔峰」，迪士尼公司擁有自己建造的機器
人，稱為視聽動畫（Audio-Animatronics）可以像真人般說
話、動作、唱歌以及跳舞，民眾也可以把這種機器人買回家，
如此一來，亞伯拉罕林肯就可以重新簽署蓋茲堡宣言
（Gettysburg address），還可以完美的一天簽署一百次。

　　這種新科技首次在迪士尼樂園的迷人的神話空間
（Enchanted Tiki Room），1964年迪士尼也安排在紐約博覽會展
示會聽的動畫的新技術。在博覽會結束之後，通用電氣
（General Electric）、福特（Ford）以及百事可樂（Pepsi-Cola）
同意以企業的名義投資這項技術，並且同意把相關技術轉移給
迪士尼。這樣的合作進一步促進迪士尼的壯大，更令人驚訝的
是，這樣的壯大使得迪士尼獲得更多的利潤，以及更加提升迪
士尼樂園的吸引力，迪士尼卻在不用花費本身資金的情形下，
得到這些好處（有關類似的策略聯盟的討論將在第七章進
行）。

　　1965年，開始進行成立另一個迪士尼主題樂園的計畫，希
望在東岸建造新的迪士尼樂園，而新的樂園將以嶄新面貌問
世，而非模仿安那罕的迪士尼樂園。透過許多管道，迪士尼在
佛羅里達的奧蘭多（Olando，Florida）附近以每英畝兩百美金
的價格取得兩萬八千英畝的土地，這可以說是迪士尼公司成立
以來，花費最多的投資案（關於迪士尼在佛羅里達運作的討論
將在第六章進行）。

　　1971年華德迪士尼世界（Walt Disney World）開幕，有足夠的空間不僅只是創造一個主題樂園，更是一個幅員廣大的旅客必經的「旅遊目的地」（resort destination），公園內也包含並非由迪士尼原創的EPCOT，也就是「未來社區的實驗模型」（Experimental Prototype Community of Tomorrow），一座未來人類可能生活的城市（這個夢想在許多年後實現，建立了慶祝城〈Celebration〉，詳細情形會在第三到第四章詳細討論）。EPCOT的圖片在不同國家展覽，以及結合華德迪士尼對未來的觀點，然而，華德迪士尼沒有辦法活著看到那座以他為名的樂園落成。

被冰封的天才？

　　1966年十二月，華德迪士尼由於肺癌手術後所併發的急性循環器官衰竭過世，享年六十五歲，他的死震驚全世界，許多大眾媒體不斷重覆對華德的讚頌。傑克森紀錄了索維烈（Eric Sevareid）在CBS的晚間新聞對華德的頌詞：

> 他是一個獨一無二的人：不只在美國，即使在全世界也是如此。

> 他是一個帶來令人開心的意外；一段我們經歷過最快樂的時光；華德迪士尼以歡笑、愛、兒童、小狗以及日落向我們訴說著這個意外，但是這個世界卻沒有完全照著他的希望來運行。

> 相較於全世界的精神病醫生，他做得更多，至少撫慰了陷入困難的人類心靈。在這個世界上只要有經歷文明發展的

地方，只要在參觀過迪士尼作品後，哪怕只有短短幾個小時，不可能會有人說不記得華德迪士尼以及他的夢想，或是無法感受到他帶來那股讓人感到舒適的感覺[62]。

即使華德迪士尼過世多時，眾人對他的喝采卻未曾間斷，如同迪士尼公司網站上所提到的：

華德迪士尼，一個至今最具想像力的世界先驅、創造者以及擁有者，在同事的協助之下，他獲得來自世界各地超過九百五十項的榮耀與褒揚，他畢生得到四十八座奧斯卡獎以及七座艾美獎。華德迪士尼的個人榮譽則包含哈佛（Harvard）、耶魯（Yale）、南加大（Southern California）以及加州大學洛杉磯分校（UCLA）等名校所授與的榮譽學位；總統頒發的自由勳章；法國授與的榮譽軍團以及影藝獎章；泰國授與的皇冠；巴西授與的南十字勳章；墨西哥頒發的阿茲特克之鷹；劇院所有人全國協會頒發的最佳表演人獎（Showman of the World Award）[63]。

然而，在對於華德的眾多評論中，顯然忽略了華德生平的其他面向。布萊曼提到，這些評論對於評價「作為一個生意人的華德則是曖昧不明」，舉例來說，在許多有關華德生平的討論，都略過迪士尼公司所採取的廣泛行銷活動[64]，但是，有證據顯示華德對於迪士尼公司的經營有興趣並且實際參與過運作，華德並非只在藝術上或其他方面展現他的能力。有一個迪士尼的廣告是這樣的，「不要作一個只想餬口的人，而要創造出大師級的鉅作，有一個巨大的市場正等待著永垂不朽的作品」[65]。1953年，華德克服他哥哥羅伊的反對，建立一家管理

以他為名的專利權公司，從1960年代開始，華德得到百分之五公司經由專利獲得的利潤，每年得到超過五十萬美金的收入[66]，迪士尼在過世之前，已經是個有錢人了。

傑克森寫到：「華德迪士尼或許會離去，但是他所創造的神話卻依然在我們身邊」，如同我們在本章開頭所引用的那段話，毫無疑問的，透過傳記作家，華德迪士尼所遺留下的一切，將會永垂不朽存在我們心中。由於當今社會偏好了解偉大人物的歷史，加上有越來越多專寫名人的傳記作家，因此我們相信對於迪士尼接近宗教式的描寫將繼續出現，

布萊曼觀察到，「在某個層面來看，華德迪士尼可說是社會的建構者—他所擁有的產品以及其他方面的努力，創造符合他經營目標的社會大眾類型以及個人傳記」[67]。換句話說，有關華德迪士尼的傳奇使迪士尼公司從中受益，並且在可預見的未來，迪士尼公司會繼續獲益。實際上，迪士尼的網頁上有「華德迪士尼家族博物館」，包含「華德的故事」、「華德的想法」、「家庭相本」、「影片片段」、「華德迪士尼字典」，以及其他由歷史學家凱薩林格林與理查格林（Katherine and Richard Greene）所提供更詳細的資料，當然還有其他重要迪士尼卡通明星的部分。這個網站是由華德迪士尼家族基金會（Walt Disney Foundation）的規劃，在1995年成立的非營利性組織，目的在「推動與創立一系列關於華德迪士尼的生活、工作以及哲學的討論、寫作與獎學金」[68]。當然，網站也有禮物店的服務，許多華德迪士尼的傳記與相關書籍皆可利用線上購買的方式取得。

有一個關於華德迪士尼廣為人知的謠言，謠傳華德的遺體被冰存著，等待有一天醫藥科技的發達，能夠治癒他的疾病

[69]。不管這個謠言是眞是假，如果沒有迪士尼會說的動畫技術，我們都很難想像一個有一萬七千個機器人的主題樂園，而這些機器人被佈置在主題樂園內擔任歡迎遊客以及告訴他們迪士尼的歷史。

迪士尼公司的繼承

當然，即使沒有會聽會說的華德迪士尼機器人，有關迪士尼傳奇的流傳以及迪士尼企業的運作都將繼續著，雖然在華德過世的幾年內，確實壟罩著一股低氣壓，但是迪士尼企業還是生存下來。1960年代晚期，迪士尼公司已經建立一個多元化的基地，配銷自己的影片與電視節目，由行銷相關產品與主題樂園得到利潤，迪士尼1965年的盈餘推測有一千一百萬美金（見表2-1）。

然而，在這段時期，來自影片的收入只佔公司收益的百分之四十五，在1970年代中期，迪士尼公司越來越依賴主題樂園的利潤，並且企圖改善低迷的影片收入，改善的手段包括建立新的影片配銷技術（例如有線電視與家庭錄影帶），同時製作更多樣化的媒體產品。如果華德在世，或許他會鼓勵公司針對環境的變化，在經營上作適當的改變，當然，他也可能不會。

本章的目標是指出迪士尼公司發展的背景，迪士尼公司的成長與神話似的評價與華德迪士尼高度相關。葛曼尼（Douglas Gomery）總結迪士尼公司的一席話，正恰好作爲本章的結尾：

迪士尼公司並非在一開始就是一個成功的故事，像其他資本主義下的企業一樣，迪士尼也曾經受到許多本身不能控

表2-1　1941-1970迪士尼公司的收益（百萬美元）

1941	0.8	1951	0.4	1961	4.5
1942	0.2	1952	0.5	1962	6.6
1943	0.4	1953	0.5	1963	7.0
1944	0.5	1954	0.7	1964	7.0
1945	0.4	1955	1.4	1965	11.0
1946	0.2	1956	2.6	1966	12.4
1947	0.3	1957	3.6	1967	11.3
1948	0.1	1958	3.9	1968	13.1
1949	0.1	1959	3.4	1969	15.8
1950	0.7	1960	1.3	1970	22.0

資料來源："Mickey Mouse is 50," Economist, July 1973, pp.68-69，轉引自 Moody's Industrial Manual and Annual Reports.

制的因素的影響，例如技術的改變、景氣的循環以及戰爭的影響，而在經營上起起伏伏。

在最後，我們應當放棄大人物式的歷史觀，華德不是天才，艾斯納（Michael Eisner）也不是。如果我們完全由一個男人或女人出發，作為解釋一家公司的行動與策略，我們只不過是一群傻瓜。迪士尼公司只不過是一家在變動的二十世紀美國中，我們最了解的資本主義式企業[70]。

下一章我們將討論迪士尼公司如何在二十世紀末調整他們的娛樂圖像，如何勾勒出未來娛樂事業的藍圖，以及如何建立龐大的迪士尼帝國。

第三章

迪士尼帝國

迪士尼最重要的目標就是以創造、策略以及與金融為基
礎，建立一個世界級首屈一指的娛樂公司，以便創造更多
的利潤。

　　　　　　　www.disney.com／Investor Relations

成功的果實往往讓你忘記到底是什麼讓你成功……我們沒
有從事藝術工作的責任，我們也沒有責任對這個問題提出
解釋，因為賺錢就是我們唯一的目標。

艾斯納（Michael Eisner），1981年紀錄於與同僚的備忘
錄。

　　如果要徹底了解迪士尼現象，對迪士尼公司的分析是絕對
必要的，換句話說，要了解貼上迪士尼標籤的幻想，我們就必
須先理解迪士尼式的幻想是如何被生產出來、如何被放在市場
上買賣，以及到底是誰在處理這些工作的。

　　政治經濟學是解答這些問題所可能採用的學術取向之一，
有一些簡單的一般定義或許能幫助我們了解如何從政治經濟學
的觀點來從事傳播媒體分析。1960年代，史密力（Dallas
Smythe）認為政治經濟學對於大眾傳播研究所能提供的幫助，
在於以政策的觀點，由傳播媒體的組織以及運作的形式來評價

該媒體所具備的影響力，並且針對傳播媒體在特定的社會情境
下，媒體的組織結構與媒體所採行的政策或方案的關係進行解
答。史密力更進一步勾勒出未來可能的研究方向，包含媒體策
略的產出、資源的配置與分配以及資本、組織與管理等相關議
題[71]。1970年代，莫道克與高丁（Murdock and Golding）對於
什麼是政治經濟學取向的媒體研究提出界定，也就是將大眾傳
播與媒體視為資本主義式工業所生產的商品[72]。在《傳播的政
治經濟學》（The Political Economy of Communication）一書
中，莫斯科（Vincent Mosco）則界定政治經濟學為「強調社會
關係，特殊的權力關係，以及關係雙方互相構成資源的生產、
分配與消費面向的研究取向」[73]。

　　雖然用政治經濟學的觀點來分析媒體的效果有限，並無法
完全充分說明文化類型的產品所具備的意義與影響，但是政治
經濟學的觀點卻是了解媒體的不可或缺的。特別是流行的文化
產品，經濟因素為產品設定限制與施加壓力，該生產哪些產品
（以及哪些商品不生產）與如何生產、在哪裡生產以及銷售對
象是誰（或不是誰）等面向，都受到經濟因素的影響。

　　前面所提到的問題也就是我們對於迪士尼生產的產品感興
趣的地方。如同有一次艾斯納向迪士尼的股東解釋，「我堅信
創作過程必須在我們的預算內（也就是讓有創造力的人能繼續
工作的財務參數）但是這個預算盒子是很緊的，必須有人負責
並加以控制，只有財務才有這個盒子的鑰匙」[74]。迪士尼大學
（The Disney University）的使用手冊的說明，為我們上了另一
堂政治經濟學的課，手冊上提到「迪士尼就是生意。如同做生
意般，我們對於公司的股東有賺取利潤的責任。但是為了賺取
利益，我們必須讓大眾來購買我們的商品，而當我們想完成這

個目標，我們便必須聰明的投資，運用有限的資源來維持我們的生意」[75]。

　　雖然已經有一些針對迪士尼現象的商業特色的學術研究，但是這些研究很少以一個關心商業活動的讀者的角度出發，無法讓我們對於迪士尼帝國的範圍或是迪士尼採取的策略作清楚的認識。葛洛夫與泰勒（Grover and Taylor）對於轉型中的1980年代提供有關金融的詳細討論，但是他們多將討論的焦點放在商業社群上。其間，葛曼尼與路易士（Gomery and Lewis）提供對於1990年代早期企業商業活動的特色的有用討論[76]。幾個其他的經濟研究以他們的研究作基礎，例如富吉曼（Fjellman）對於迪士尼、商品以及消費提出既有趣又新鮮的討論，以及布來曼（Bryman）有關影響華德迪士尼世界的經濟因素的討論[77]。然而，這些討論只是所有研究的鳳毛麟角，在所有過度忽視迪士尼商業面向的研究中只佔少數。

　　本章將呈現在二十世紀即將告終時的迪士尼帝國，包含迪士尼的股權、公司所有人以及專業管理人。本章將以政治經濟學作爲討論架構，一步步的分析迪士尼品牌（Disney's brand）的夢幻迷人之處。本章也將提供對於迪士尼企業各類型的各樣活動的輪廓，簡短的討論華德迪士尼死後的時期，但將重心放在1990年代，換句話說，如同他們響亮的口號，這是個迪士尼的年代（Disney Decade）。

迪士尼企業的革新

華德的陰影

在上一章的末尾，我們提到迪士尼公司在1960年代已打下日後多元發展的基礎，以迪士尼爲品牌製作種類繁多的影片相關產品（眞人電影與動畫電影），在電視、主題樂園與行銷技術的改進都是如此。迪士尼公司也由將深受觀衆歡迎的電影（已經播放過的）在幾年內以重播的方式獲益，因此可以在花費最少的情形下獲得額外的利潤，例如《白雪公主與七個小矮人》在1952年、1958年以及1967年重新上映，累積了五千萬美元的收入。

羅伊迪士尼、唐恩塔圖（Donn Tatum，之前的行政部副總裁）以及卡德華克（Card Walker，之前負責行銷），所組成的管理團隊爲公司帶來一些成功的果實。新上映的影片有《森林王子》（The Jungle Book, 1967）、《小熊維尼》（Winnie the pooh and the Blustery, 1968），維尼成爲1990年代另一個受歡迎的卡通人物，以及《愛之蟲》（The Love Bug, 1969）。羅伊親眼看見1971年十月華德迪士尼世界的開幕，但他也在幾個月後過世。

在羅伊死後，塔圖坐上主席的位置，華克則成爲總裁。但是在這段時期，相較於以往對於娛樂的重視，迪士尼公司越來越休閒導向，越來越重視公司擁有的財產，例如擴大主題樂園的經營以及另一個遠大的計畫，在加州的礦工國王山（Mineral King）建立新的遊樂園（結果證明是失敗的）。

　　在這段期間，迪士尼影片部門的花費佔公司預算的大部分，並推出幾部默默無名的影片，包含《蘋果團夥伴》（The Apple Dumpling Gang）、《不知名的飛行怪人》（The Unidentified Flying Oddball）、《夜十字》（Night Crossing）、《這樣的淘氣》（Something Wicked This Way Comes）以及《挖掘》（Trenchout）。即使是一些尚稱成功的電影，例如《特隆與黑洞》（Tron and The Black Hole），以及動畫電影像是《羅賓漢》（Robin Hood, 1973）、《救難小英雄》（The Rescuers, 1977）以及《狐狸與獵犬》（The Fox and the Hound, 1981），也遠遜於以往迪士尼的賣座成績。導致這樣的情形的部分原因，在於迪士尼仍依戀過去，企圖重新製作以往成功的迪士尼電影類型，並且拒絕與其他同業一樣做出改變。舉個例子來說，迪士尼的管理階層拒絕拍攝《尋找失落的方舟》（The Raider of the Lost Ark）以及《ET》（ET：The ExtraTerrestrial）兩部後來極為賣座的電影。1980年代早期，迪士尼的利潤只佔公司收入的不到百分之四。

　　除此之外，迪士尼往新媒體發展的腳步似乎太過悠閒，1980年代早期，許多電影公司因應有線電視以及家庭錄影帶的引進開此進行調整，認為有線電視與家庭錄影帶是院線片發展的新天地，同時也具備投資獲利的潛力[78]。但是迪士尼卻很少因應潮流作出改變，只在1983年四月開播迪士尼頻道，並且成立以成人為訴求的電影品牌「觸金石」（Touchstone），並1984年上映《水花》（Splash）。然而，1980年代中期，許多分析家同意迪士尼的管理部門基本上是墨守成規，不知變通（sitting on its assets），只做華德以前做過的（do what Walt would have done），甚至連這項工作也做得不太好（請參照**表3-1**）。

　　最後，1984年，迪士尼不振的管理階層被一群公司外面的
精明投資者所挑戰，並且失去公司的掌控權。葛洛夫、泰勒與
路易士對於這段複雜的時期有詳細的說明，但是在本章，我們
只描述大概的輪廓與重點。

　　1983年的十一月，由於公司脆弱的經營情況以及股價的低
落，迪士尼公司變成雖時都可能接管的目標。羅伊迪士尼二世

表3-1　華德迪士尼製作公司：1970-1983年間的收入、所得
　　　　與股票價值

年度	資產 （百萬美元）	收入 （百萬美元）	淨利 （百萬美元）
1970	275.2	167.1	21.7
1971	505.2	175.6	26.7
1972	617.2	329.4	40.2
1973	687.2	385.0	47.7
1974	751.5	429.8	48.5
1975	782.6	520.0	61.7
1976	873.9	583.8	74.5
1977	964.4	629.8	81.9
1978	1083.1	741.1	98.3
1979	1196.4	796.7	113.7
1980	1347.4	914.5	135.1
1981	1610.0	1005.0	121.4
1982	2102.8	1030.2	100.0
1983	2381.1	1307.3	93.1

資料來源：Walt Disney Productions, AnnualReports, 1970-
　　　　　1983。

（Roy Disney Jr.），擁有一千一百萬股的迪士尼股權，在1984年
三月辭職離開管理部門，並且購買更多迪士尼的股票。由於迪
士尼內部人事持續動盪，迪士尼成為誘人的獵物，隨時都有可
能被別人接管，一群聯合的侵入者覬覦迪士尼在市場上的價
值，開始大量收購迪士尼的股票，並且計畫取得公司的重要職
位，來掌管整個迪士尼。最後，來自德州福特渥斯（Texas,
Fort Worth）的億萬富翁巴斯（Bass）兄弟救了迪士尼，投資
將近五億美金，避免惡意的接管以及公司未來被解體的可能。
巴斯兄弟最後取得迪士尼百分之二十五的股權，這樣的比例足
夠他們掌控整個公司，並且指派屬於他們的經理。

新迪士尼

新的公司所有人任命新的管理團隊，希望由在娛樂事業有
實際操作經驗的人士組成，以便扭轉迪士尼經營的頹勢。大部
分的新行政人員，後來被稱為迪士尼團隊（Team Disney）
的，來自派拉蒙電影公司或是巴斯兄弟經營的莫瑞特
（Marriott）公司，在考慮過其他公司或工作室的領導人物之
後，曾經領導過派拉蒙的艾斯納（Michael Eisner）雀屏中選，
被指派為迪士尼行政部門的執行長[79]。雖然有些人對於艾斯納
的出線表示驚訝，一位作家卻觀察到艾斯納的作風「比華德更
華德迪士尼」，事實上，有許多理由使得華德與艾斯納常被拿
來互相比較，兩人都十分重視家庭（至少都極力建立這樣的形
象），並且都具備卡里斯瑪的超人領袖特質[80]。當然在許多其他
面向上，艾斯納（出身上流階級、來自美國東岸、居住在都市
而且是個猶太人）並不是華德的翻版他被認為是公司的領導者
與發言人，並且對於1980年代迪士尼的經營成就有極大的貢

獻。（關於艾斯納的光榮事蹟被詳細紀錄在他的自傳，《進步
中的工作》（Work in Progress）[81]）

迪士尼隊伍還包含前華納兄弟的副主席威爾斯（Frank
Wells），一位來自羅德斯（Rhodes）的學者與律師，直到他在
1994年過世，一直擔任迪士尼的總裁以及營運部門的負責人。
另外來自派拉蒙的還有卡森伯格（Jeffrey Katzenberg），負責領
導電影分部，以及漢恩（Helene Hahn），負責迪士尼的商業與
法律事務部。

作為最大的股東，巴斯兄弟向這些管理部門的新成員保證
至少會支持他們五年，五年的時間一過，對於公司的老闆而
言，迪士尼隊伍在管理公司（幾乎在各方面）上達成了驚人的
成就。當新的團隊一到位，便暫停迪士尼樂園的營運，並且開
除四百名員工，也引進其他節省開支的方法與策略，關於這些
方法與手段將在之後討論。但是對於老闆而言，真正顯示出迪
士尼團隊能力的證據，在於迪士尼股票價值的上揚以及平衡公
司收支，從1983到1987年，年收入增加了兩倍，利潤更是成長
了五倍，迪士尼的股票總值也由二十億美金億增加到一百億美
金，在1994年更價值兩百八十億美金。1998年，公司的收入接
近兩百三十億美金，資產總值為四百一十億美金，淨利則達到
十八億五千萬美金[82]（見表3-2）。

從新的所有人與管理團隊自1984年接手以來，相較於以
往，迪士尼帝國的觸角更穩固的，更廣泛的向外延伸。除了利
用迪士尼既有的資產與先前的政策，迪士尼隊伍同時也引進新
的策略，這些策略必須被放在1990年代的娛樂事業的脈絡中才
能被理解[83]。相較於其他好萊塢的公司，迪士尼版圖的擴張並
非單靠影片一項，而是廣泛的部署新管理團隊積極開發─有別

表3-2　華德迪士尼公司：1970-1983年間的收入、所得與股
　　　　票價值

年度	資產 （百萬美元）	收入 （百萬美元）	淨利 （百萬美元）
1970	275.2	167.1	21.7
1984	2739.4	1655.9	97.8
1985	2897.3	2015.4	173.5
1986	3121.0	2165.8	247.3
1987	3806.3	2876.8	444.7
1988	5108.9	3438.2	522.0
1989	6657.2	4594.3	703.3
1990	8022.3	5843.7	824.0
1991	9428.5	6112.0	636.6
1992	10861.7	7504.0	816.7
1993	11751.1	8529.2	299.8
1994	12826.3	10055.1	1110.4
1995	14605.8	12151.0	1380.1
1996	36626	18739	1214
1997	38497	22473	1966
1998	41378	22976	1850
1999	43670	23402	1368

華德迪士尼製片公司（WaltDisney Productions）在1986年改名
為華德迪士尼公司（WaltDisney Company）。資料來源：Walt
Disney Company, AnnualReports, 1984-1999。

於以往的迪士尼─的迪士尼品牌商品的相關商業活動。

　　迪士尼隊伍透過許多不同的策略使走下坡的公司重新振
作，針對這些策略，諾頓（Knowlton）做了相當好的總結[84]：

- 復興傳統的迪士尼（重新包裝既有產品以及製作新的動畫影片）
- 現代化部份的迪士尼人物（例如摩登米妮〈Modern Minnie〉的誕生以及高飛當爸爸的橋段）
- 引進更多元的生產線（例如由接觸岩石公司來發行以成人為訴求的影片）
- 實行嚴格的支出消減（尤其是電影的部分）
- 戲劇性的提高主題樂園的票價
- 採用新發展的技術（例如電腦動畫）

　　但是，迪士尼隊伍也強調至少另外四個以往迪士尼已在發展的策略。

1. 合作的夥伴

　　1950年代，迪士尼開始依賴不同的策略聯盟，特別是在迪士尼樂園的興建。隨著更多主題樂園的建立以及其他各式各樣的活動增加，更多生意上的夥伴也隨之出現，環繞主題樂園的例子不勝枚舉，尤其是在「未來城市」（EPCOT）上，EPCOT的展覽是由「美國電信電報」（AT&T）、「艾克森」（Exxon）以及「通用汽車」贊助（在迪士尼隊伍接手後，EPCOT，每年可以得到將近一百萬美金）。迪士尼也非常依賴來自授權其他公司使用他們的人物的收入，這樣的關係也可以視為策略聯盟的一種。

　　迪士尼隊伍更進一步利用這些事業夥伴，重整EPCOT的授權使得迪士尼獲得更大的利益，並且在可能的情況下與其他公司建立更佔優勢的夥伴關係。葛曼尼表示在兩年內，來自參與

公司同意的協定的資金增加了兩倍[85]。

　　其他重要的例子包含迪士尼與麥當勞（McDonald）建立一份十年的正式合作協定，迪士尼人物可以置放在麥當勞餐館裡，麥當勞則可以在主題樂園增加店面。其間，達美航空（Delta Airline）開闢了「迪士尼世界的官方航線」（official airline of Disney World），國家汽車租賃（National Car Rental）是迪士尼官方認可的汽車租賃公司。另外，雖然不是正式的策略聯盟，迪士尼與美國銀行持續的關係是耐人尋味的，他們從1930年代便保持合作的關係[86]，迪士尼維持與銀行的信用協定，美國銀行也成為主題樂園官方對外的銀行。

2. 有限制的花費

　　雖然迪士尼仰賴事業的合作夥伴作為某些計畫的部分資金來源，但是其他資金的管道仍需繼續開發。例如在二次大戰時期，與美國政府簽訂有關影片製作的協定，雖然公司沒有由這項協定獲得巨額的利潤，但至少在艱困的時期中，能維持迪士尼的運作，迪士尼隊伍將這樣的策略更廣泛的加以應用，儘可能使用其他人的資金，進而限制公司的花費。舉個例子來說，1980年代末的轉型期中，迪士尼的財務專家安排了幾個關於電影製作的有限夥伴計畫，另一個例子則與歐洲迪士尼樂園的集資有關，資金可能是來自法國政府的補助（更詳細的內容將在下一章說明）。

3. 多元擴張

　　在迪士尼1996年的年度報告中，艾斯納列出1984年以來迪士尼旗下所增加的事業，提供我們上個世代迪士尼的多元化活

動的良好索引。這些多元化的活動包含：

> 國際影片配銷；電視傳播與電視台經營權的取得；擴大有
> 線電視的經營權；廣播與網路廣播以及電台經營權的取
> 得；報紙、雜誌與書籍的出版；迪士尼商店（Disney
> Store）；契約商業；現場戲劇娛樂事業；家庭錄影帶的
> 製作；互動式電腦程式與遊戲；線上電腦遊戲；建立全球
> 網的網址；取得職業運動隊伍的經營權；與電話公司結
> 合，生產以及提供家庭電話線的分配，迪士尼區域娛樂
> （Disney Regional Entertainment）以及迪士尼航線（Disney
> Cruise Lines）[87]。

　　許多類似的事業項目也被其他的電影與娛樂公司增加，企
圖在新的以既存的技術中取得優勢。但是迪士尼在這些多元的
事業項目中顯得特別活躍。

4. 整合事業

　　迪士尼不只廣泛的擴大本身的經營項目，迪士尼也努力的
連結這些不同事業在迪士尼的品牌之下（例如近來的ABC與
ESPN品牌的建立），他們清楚的陳述其目標：為了「在商場中
開發更有利潤的利基與合作活動」。因此，迪士尼隊伍不只忙
於多元化發展，他們更在不同事業間相互扶持，相互拉抬的共
榮層面上成為大師，可能更是事業的協同活動典型的專家，我
們將在下一章探究這個層面。

　　迪士尼隊伍採用許多不同的方式重建迪士尼公司，但是，
我們必須注意到新的管理階層之所以能擴大公司的資產，與當
時正處於經濟高度景氣的時期有相當的關係，在這個時期由於

政府的解禁，新的媒體與娛樂技術大量出現，娛樂事業也更加繁榮。迪士尼隊伍利用這些有利的因素，建立「老鼠之家」（Mouse House，公司在好萊塢的名聲越來越大）成為一個經營事業多元化以及有驚人利潤的媒體與娛樂巨人。

迪士尼的世代

　　當迪士尼隊伍大膽地宣稱1990年代是迪士尼的世代時，便引來部份人士嘲笑迪士尼厚臉皮，過度膨脹自己。不過，誰又能猜到老鼠之家在這十年當中能完成什麼成就呢？

　　在迪士尼世代的前幾年，公司持續的擴張與繁榮以及利用我們之前所提過的策略，在1991年，迪士尼在銷售額與資產總值的排名名列全美前兩百名，利潤則是第四十三名，公司的股票總值也達到一百六十億美金。

　　但是儘管有十一億美金的利潤，超過一百億美金的回報，以及第一家在國內市場超過十億美金收入的電影公司，1994年，一個幽暗的陰影正向這個魔術王國靠近。威爾斯由於直昇機意外而喪生，艾斯納必須要動心臟手術，歐洲迪士尼（Euro Disney，1992年開幕）遭遇龐大的虧損，而且興建新的歷史主題樂園的提案幾乎遭到所有人的砲轟與反對（後面兩項的發展，本章將在之後說明）。整個情況看起來好像迪士尼把魔法用完了，迪士尼的世代也接近毀滅。

　　後來在1995年七月，迪士尼以一百九十億的價格由ABC的首都城市（Capital Cities／ABC）接手，讓華爾街以及媒體嚇了一大跳。這項舉動，增強迪士尼在電視、體育節目以及國際市場的地位，並且增加出版與多媒體的事業項目（在這兩個領域的發展將在之後說明）。透過這次經營權的轉手，迪士尼成

為世界上最大（即使只是在短期內）的媒體公司，年收入高達
一百六十五億美元，「迪士尼成為所有娛樂公司自我評價的指
標」[88]。

　　在迪士尼世代的最後五年，公司的規模仍繼續擴大，增加
更多線上活動以及在華德迪士尼的世界添置更多場館，例如動
物王國（Animal Kingdom）。迪士尼也根據與資本城市的協
議，廉價出售相關刊物，即使在迪士尼世代的最後幾年出現了
幾片烏雲，迪士尼仍然相當有信心，並將眼光放在即將來到的
千禧年。艾斯納在1998年向迪士尼的股東寫了封公開信，公開
信雖然是不符合常規的註腳作結，卻仍重複的訴說公司的主要
目標：

　　我們必須深信，二十一世紀包含著起起伏伏，就像已經過
　　去的二十世紀一般。但是，由我們所有的經濟狀況來看，
　　我相當有信心，由長期來看，迪士尼會藉由創造新的途徑
　　—以及改進原來的方式—繼續成為領導者，讓人們願意付
　　出他們最珍貴的資產：他們的時間[89]。

　　在更靠近觀察迪士尼的事業之前，我們必須先回到公司的
經營權以及掌控兩個常被忽略的問題，同時也檢視迪士尼公司
主要的目的。

老闆與經理

　　像是定律一般，華德迪士尼與其他人都刻意輕描淡寫他作
為資本家的角色，使華德與他的公司具備主要的關心在於創造
新的娛樂形式的特質，而忽略迪士尼公司是一家利益導向的企
業。雖然迪士尼公司企圖使傳統的迪士尼形象永垂不朽，但是

在其他方面的目的卻顯得更加明顯[90]。

　　公司的網站明白的指出「迪士尼最重要的目標就是創造股東的收益」[91]，但是誰是股東？誰實際上擁有迪士尼？誰又從迪士尼累積的財富獲益？我們還可能要詢問誰替公司做實際的決定，是老闆還是經理？

　　根據廣爲流傳的傳說，美國公司（Corporate America）宣稱被數以百萬計的個體股東所控制，但是即使股權可能範圍廣泛的分散在許多不同的股東上，還是有一群極少數的人擁有美國公司大量的股票[92]，進一步來說，擁有某家公司大量的股票便可能得到那家公司的控制權，1970年代多數的研究發現，最少只要持有百分之五某公司的股票，便可能掌控整家公司。因此，安全與交換委員會（Securities and Exchange Commission，SEC）要求由公衆持有的股份公司，必須報告擁有股權超過百分之五的股東。

　　然而迪士尼股東的情形又是如何？這些股東是誰？一位迪士尼的行政幹部曾經告訴一群有潛力的電影製作人員，有關迪士尼影片的決定都是爲了造福「那些透過迪士尼股票的收益，使得孩子的學業得以完成的人」，他說完後，聽衆發出會心的一笑，這眞是一個動人的時刻。當然，迪士尼的五萬八千八百個股東的確有可能經由持有迪士尼的股票獲益，甚至幫助他們完成昂貴的大學教育[93]。然而，相較於一般股東，有些股東藉由迪士尼股票得到更大的利益，並且只有極少數的股東由於擁有大量的股票，有能力掌控公司的任何決定，這些大股東持有的股票數量之大，遠遠超過公司、新聞界與學術單位的預估。大衆的目光幾乎都放在艾斯納以及其他的管理團隊上，而忽略其他擁有足以掌控公司股票數量的人，但是這樣的情況是正常

的，因為即使在由大眾持股的公司中，要追蹤到足以壟斷公司
的股票流向也是相當困難的工作，**表3-3**包含一些迪士尼較具
影響力的股東，然而我們必須先說明的是，這些數字可能並非
十分精確。

　　前面曾經提到，巴斯兄弟企業在1984年成為迪士尼最大的
股東，擁有迪士尼百分之二十五的股權，巴斯家有四個兄弟，
利用他們石油鉅子老爸的財富，投資石油業、賭場、不動產以
及與華爾街的公司合作。1977年，《富比世雜誌》（Forbes）
報導巴斯家的淨財產達到六十億美金，而由於巴斯兄弟行事相
當低調，並且不喜歡曝光（成功的防止好萊塢群眾的侵犯），
因此難以辨認其他的投資活動，然而，席德巴斯（Sid Bass）
卻成為四兄弟中與迪士尼利益最相關的一位。

　　最初對迪士尼的投資（據說投資金額達到四億七千八百萬
美金）使得巴斯家的財富一夕之間水漲船高，兩年之後巴斯家
的資本更達到八億五千萬美金。泰勒總結迪士尼投資案，這項

表3-3　迪士尼的大股東，2000年。

股東	持有股票金額
巴斯兄弟（Bass Brothers）	不明
巴非特（Warren Buffet）	2250萬美金
羅伊迪士尼（Roy E.Disney）	1770萬美金
艾斯納（Michael Eisner）	1230萬美金
莫菲（Thomas Murphy）	320萬美金

資料來源：Walt Disney Company, 2000 Proxy, p.4（不包括家庭
成員的持股以及公司所有人否認的持股）。

投資證明是「他們所作的單一最有利益的投資案，而且毫無疑
問的，這也是在當代最成功的經營策略」[94]。巴斯家在後來幾
年賣出部分的迪士尼股票，1991年，他們仍擁有迪士尼百分之
十八點六的迪士尼股份，價值五億五千萬美金。1995年的迪士
尼代理權聲明（Disney Proxy Statement）報告巴斯管理信託
（Bass Management Trust）擁有一般股票總數的百分之六點零
二，隔年，SEC的13D文件報告巴斯管理信託擁有百分之四點
六，因此在1999年初，巴斯家仍可能是迪士尼最大的股東，即
使在該年的代理權聲明中，表示沒有個人或團體擁有超過公司
百分之五的股權。這與「發掘有限公司」（Disclosure Inc）在
1999年一月三十一號公佈的資料有所矛盾，這份資料顯示有一
名股東擁有超過迪士尼百分之十四點四的股權。

　　雖然沒有任何巴斯家的成員擔任迪士尼公司任何部門的負
責人，或是成為管理階層的一員，他們所擁有的權力卻不應該
被低估。事實上，巴斯兄弟對迪士尼公司的所有權正代表一個
分派控制（allocative control）的好例子，主要的股東實際上是
掌控著整個公司的。我們很清楚的看見巴斯兄弟擁有的股權比
例，可以批准艾斯納與威爾斯擔任公司管理階層的指揮者，並
且持續接收由艾斯納對各項公司活動所做的回報。一開始巴斯
兄弟派出自己的代表加入管理團隊，是在查奇（Al Checchi，
之前在莫瑞特公司工作）成為公司的行政長官後，他們介入公
司的決定並非參與公司日常事務的運作（或控制公司的運
作），而是針對合併、利益的取得以及其他重要事件作主要的
決定。例如，許多資料顯示席德巴斯參與1995年由ABC的首都
城市接手的決定。

　　另一位大股東是巴非特，由於他對首都城市有龐大的投

資，因此在與首都城市合併之後，並成爲迪士尼的重要角色，
1998年末，巴非特的伯克薛爾公司（Berkshire Hathaway）被指
稱持有價值兩千兩百五十萬美金的迪士尼股權。巴非特與席德
巴斯在1997年十二月時的權力都相當大，被艾斯納稱爲「超越
主管的人員」（ex officio board member），艾斯納在當年至少邀
請過他們一次迪士尼部門的會議，艾斯納解釋道「你們有相當
多的股票，所以可以坐在這裡，可以坐在這裡確定我們是是不
是有做好我們的工作」[95]。

　　艾斯納的評論應該被放在反對他有關迪士尼領導階層組成
的批評浪潮下來看，在年度會議中，百分之十三的迪士尼股東
反對重新改選公司的五位領導者，商業週刊（Business Week）
的第二次年度分析，點名美國迪士尼公司內部的各單位首長在
管理公司的表現上是最糟糕的。由制度上的授權者與專家引用
的刊物表示，迪士尼的各部門負責人只是「一個溫順、隨手可
得的團體，許多成員與艾斯納或公司有長期的關係」（見表3-
4）。

　　技術上來說，公司各部門的首長應該由股東選出，但是又
一次的，有部分的股東對於人事安排有更強的影響力，有可能
會以主要的股東來擔任部門的首長，但是這並非硬性規定，尤
其放在巴斯兄弟身上更不適用。雖然如此，艾斯納所做的人事
安排不只與公司的掌控與內部權力分配有關，更涉及公司利益
的分配，由於有投資人提議更換公司部門負責人，以及質疑迪
士尼的行政團隊獲取過於龐大的行政補助，使得這些議題多次
成爲近幾年股東大會的焦點。

　　許多股東並非只是迪士尼經營成就的受益者，例如當時公
司內的許多行政人員，部分領取可觀薪資的管理人員，以及希

表3-4　華德迪士尼公司各部門領導人（2000年）

重要幹部	擔任職務	之前的職位或與艾斯納的關係
Reveta Bowers	早期教育中心的負責人	艾斯納小孩的小學校長
Roy E. Disney	華德迪士尼世界的副主席	
Michael D. Eisner	華德迪士尼世界的主席與執行長	
Judith Estrin	技術部門、Sr VP與Cisco system的負責人	
Stanley p.Gold	總裁、行政首長與Shamrock Holding的負責人	
Sanford M. Litvack	華德迪士尼世界的Sr Exec VP與合作部門首長	
Ignacio E. Lozano, Jr	Lozano通訊主席	
George J. Mitchell	Verner, Liipfert, Bernard, McPherson與Hand的特別顧問	前美國參議員；1997年顧問費有五萬美元
Thomas S. Murphy	前任首都城市的主席	
Leo J. O'Donovan	Georgetown大學校長	
Sidney Poitier	Verdon-Cedric Productions的執行長	
Irwin Russell	律師	艾斯納的個人律師
Robert A. M. Stern	Robert A.M. Stern Architects的資深夥伴	艾斯納的個人律師
Robert A. M. Stern	Robert A.M. Stern Architects的資深夥伴	設計艾斯納家、父母的公寓以及迪士尼的建築物
Andrea L. Van de Kamp	Sotheby's West Coast的主席	
Raymond L. Waston	The Irvine Company的副主席	
Gary L. Wilson	Northwest Airlines的主席	

望改善公司股價，有股票選擇權（Stock option）的股東。但
是，最受到注意的是迪士尼的行政部門，因為他們有龐大的補
助金，即使艾斯納的年薪已高達七十五萬美金，他還是可以從
公司的淨利中獲得獎金。

　　即便是最保守的估計，艾斯納所得的利潤也是相當驚人，
艾斯納在1992年賣出價值美金三千兩百六十萬的迪士尼股票，
而仍擁有價值美金三億五千萬的迪士尼股票選擇權。他在1993
年得到總價超過兩億三百萬美金的薪水與股票選擇權，成為美
國境內賺得最多的行政人員，他在1995年在固定薪資以外還得
到八百萬現金與價值六百五十萬美元的限制股票，但是，2000
年六月，艾斯納被認為是「給予最少相關薪津」的執行長，總
計三年的薪資總額高達六億三千六百九十萬美元[96]。

　　其他的迪士尼行政人員似乎也經常獲得高額的補助金，即
使並沒有在合約上講明，這些行政人員還是會得到分紅，例如
艾斯納的長期搭檔歐維茲（Michael Ovitz），作為迪士尼的總
裁每年有一百萬美金的薪水，他在為迪士尼工作十四個月之後
離開，總計獲得三千八百萬美金的現金以及三百萬的股票選擇
權（據信在1998年市價達到兩億美金）。另外一個例子是卡森
伯格，在沒有得到威爾斯遺留下的位置後離開迪士尼，仍透過
合法管道由公司取得一億美金的收入。

　　我們很明顯的看到部分迪士尼的行政人員與大股東由迪士
尼獲得更多的利益，但是為迪士尼帝國工作的其他員工可能並
非如此，我們將在下一章討論，現在的重點是，迪士尼的財富
基礎是什麼？除了生產股東的財富外，迪士尼還生產些什麼？

解構迪士尼帝國

　　華德迪士尼公司擁有廣泛的國內與國際投資，這些投資內容互相重疊，而且經營效果也互相加強，要了解迪士尼多元的活動，或者這些投資間的聯繫，將焦點放在迪士尼運作的層面，以及公司在國際市場上的活動與投資是有幫助的。毫無疑問的，公司的結構與活動是時時在轉變的，同樣的，我們也很難將迪士尼各式各樣的商品與活動一網打盡[97]，然而，更靠近一點觀察無遠弗屆的迪士尼帝國仍是相當重要的。接下來的討論，將根據公司的報告以及其他資料來源，提供一個對於迪士尼的快照圖。

創作部門

　　創作的部門涵蓋範圍廣泛的產品與配銷通路，包含電影、電視、有線電視、家庭錄影帶、音樂唱片、戲劇的製作以及消費者產品（見**表3-5**）。

影片

　　自1984年經營權的轉移後，迪士尼公司便開始將出品的電影類型多元化，在維繫迪士尼傳統上，公司持續每隔一段時間推出迪士尼經典電影（關於經典電影的定義將在第五章說明）。但是，或許是更為重要的，迪士尼使本身的動畫事業重新振作起來，增加更多迪士尼的故事與人物，動畫長片例如《小美人魚》、《獅子王》以及《美女與野獸》都獲得巨大的成功，不只是在電影上，這幾部動畫電影的家庭錄影帶、電視版

表3-5　創作部門的收入比例（Creative Content Division）

	收入 （百萬美元）	營運所得 （百萬美元）	營運所得 的比例
1995	7736	1531	
1996	10159	1561	
1997	10937	1882	44
1998	10302	1403	35
1999*	9784	630	17

*在1999年分為三個不同的運作部分：娛樂工作室（Studio Entertainment）、消費者產品（Consumer Products）以及網路與直接行銷（Internet and Direct Marketing）。

的系列節目、商品以及百老匯的表演，同樣收到廣大的迴響。

　　除了掛上迪士尼標籤的動畫電影或真人電影，迪士尼還擁有觸金石、好萊塢以及卡拉芳（Caravan）（用迪士尼的用語稱呼它們為「標誌」），這些不同於迪士尼的商標，提供迪士尼配銷不強調家庭價值的影片的機會[98]。為了進一步著手類似的多元化過程，1993年迪士尼所取得著名的獨立配銷公司米拉美克斯（Miramax），接下來在1994年，迪士尼併購了獨立製片公司商人象牙（Merchant-Ivory）。這兩個公司的取得，使得迪士尼帝國的疆域擴展到以成年人為訴求以及來自海外的電影，超越原本強調家庭取向的市場，使得迪士尼的影片事業更加多元化。

　　我們可能會因為發現迪士尼居然配銷《黑色追緝令》（Pulp Ficcion）、《驚聲尖叫》（Scream）、《超時空戰警》（Judge Dredd）以及《世界末日》（Armageddon）等電影而感

到驚訝，配銷這些多樣的電影使得迪士尼在收入的比較上，超越其他大型影業，坐上將近二十年的龍頭地位。把柏偉與米拉美克斯的收入算進來，公司獲得超過一億五千萬美金的收入，以及1998年美加電影市場佔有率的百分之二十二（見表3-6）。

除了發行影片，從飛機到教室，幾乎隨處都可以看到迪士尼影業的蹤跡。雖然由電影院獲得的收入已經是相當可觀的，還有其他次要的市場可以提供其他的收入。

家庭錄影帶

1980年代早期公司歷經被接手的時期，迪士尼的影片圖書館（Disney film library）被估計價值四億美金，但是同一份報導表示，若迪士尼的發展能更具侵略性，所擁有的價值絕對不僅限於此，公司被接手後，別的不說，至少迪士尼隊伍相當積

表3-6　1998年美國與加拿大的市場分布情形

配銷商	影片的數量	總收入（百萬美元）	比例
博偉（Buena Vista）	28	1103.3	16.0
派拉蒙（Paramount）	19	1084.0	15.8
華納兄弟（Warner Bros）	32	749.7	10.9
新力（Sony）	37	748.5	10.9
福斯（Fox）	17	730.2	10.6
新線（New Line）	24	539.1	7.8
夢工廠（Dream Works）	7	473.3	6.9
米拉美克斯（Miramax）	38	403.6	5.9

資料來源：Variety，1999年1月11日，p.9。

極。許多迪士尼經典電影（甚至不屬於經典電影）從儲藏室被
找出來，以錄影帶的形式重新進入市場，為當時尚稱新的管理
團隊很快的獲得豐厚的利潤。葛曼尼提到光是1996年一年，錄
影帶的收入便貢獻公司超過一億美元的「純利」[99]。

迪士尼公司持續開發本身的影片圖書館，小心翼翼的將已
播放過的電影以家庭錄影帶的方式重製，並且透過許多方法加
以促銷，得以維持經典迪士尼角色倉庫，在其他的事業上更進
一步發展[100]。例如，這種經營哲學在1997年公司的年度報告中
被清楚的陳述：「有許多關於迪士尼經典電影重新播放的計畫
在進行，包含《彼得潘》與《101忠狗》，將市場鎖定在新一代
的小孩與父母，當時還未出生或尚未成為父母的觀眾」。當
然，新的迪士尼經典電影仍持續製作，例如《小美人魚》與
《獅子王》，這兩部動畫在電影或家庭錄影帶都有極佳的表現。

博偉家庭娛樂（Buena Vista Home Entertainment）負責處
理迪士尼家庭錄影帶的業務以及全球的互動式商品，由於受歡
迎的電影以錄影帶形式重新進入市場，使得博偉家庭娛樂一直
是全美排行第一的錄影帶公司，根據變化雜誌Varity的報導，
該公司在1998年有一億六千萬美金的收入，並在零售市場有百
分之十九點八三的佔有率[101]。在這段期間，好幾年的家庭錄影
帶銷售排行榜通常也被迪士尼壟斷（見**表3-7**）。

1999年，迪士尼公司宣布「一個新的全球策略」，也就是
將迪士尼經典圖書館內的動畫影片以DVD以及VHS錄影帶的方
式重新出現在世人的眼前，開始傳發一年期的錄影帶目錄，以
及發行迪士尼暢銷選集（Disney Platinum Collection），這套選
集包含十部迪士尼經典動畫長片，並採用預購的方式發售。每
年秋天都有一部迪士尼經典以DVD或VHS的形式上市，「有全

表3-7　博偉家庭錄影帶銷售排行榜，1997

影片名稱	排名
獅子王（The Lion King）	1
白雪公主與七矮人（White Snow and Seven Dwarfs）	2
阿拉丁（Aladdin）	3
美女與野獸（Beauty and the Beast）	4
灰姑娘（Cinderella）	5
玩具總動員（Toy Story）	6
小路斑比（Bambi）	7
風中奇緣（Pocahontas）	9
101忠狗（101 Dalmatians，動畫版）	11
小木偶奇遇記（Pinocchio）	12
狐狸與獵犬（The Fox and the Hound）	13
幻想曲（Fantasia）	15
睡美人（Sleeping Beauty）	18
貓兒歷險記（The Aristocats）	19

排名為1997年九月二十日的情形。

資料來源：The Walt Disney Company, 1997 Fact Book, p.12。
http:/www.disney.com/investors/factbook97/index.html. 1998年八月二十七日。

球性市場的支持，並且對於迪士尼其他的事業體也有互相幫助的效果」。如同迪士尼工作室的主席羅斯（Joe Roth）所說的：

藉由觸及每十年所形成的新世代，對於我們而言又是一個新的循環可以擴大每部影片的戰果，我們會將秋天推出的迪士尼暢銷精選視為全公司（以及全世界）的大事。除此

之外，藉由創造可預期的，每年一次的以及高收益的上
市，我們可以擴大每部影片的消費者與零售式的刺激。而
且，如同我們已在以往所看到的，類似這樣的策略都具有
光暈效果（halo effect），可以刺激大眾對於其他迪士尼產
品的需要[102]。

　　迪士尼提供如此多樣的的錄影帶，使得錄影帶店必須爲迪
士尼闢出專區──只有貼上迪士尼標籤的產品才能進入[103]。受歡
迎的動畫電影出現續集或錄影帶特別版的情形也相當普遍，例
子有《賈法的復仇》（The Return of Jafar）、《阿拉丁與大盜國
王》（Aladdin and the King of Thieves）、《美女與野獸：迷幻聖
誕》（Beauty and the Beast：The Enchanted Christmas）、《獅子
王：辛巴的榮耀》（The Lion King：Simba's Pride）、《風中奇
緣：新世界之旅》（Pocahontas：Journey to New World）以及
《小美人魚：重回大海》（The Little Mermaid：Return to the
Sea）。

電視

　　迪士尼在電視事業的多元化策略與電影部分如出一轍，以
博偉、觸金石以及迪士尼三個品牌來製作以及配銷多樣的節
目。華德迪士尼電視（Walt Disney Television）與動畫電視
（Television Animation）廣泛的製作以及配銷適當的迪士尼節
目，迪士尼隊伍重振星期天晚上的黃金時段，在ABC播出的迪
士尼的《美麗世界》（The Wonderful World of Disney）節目，
該節目主要播出新製作的電視電影，但是也關心迪士尼帝國所
發生的事件（例如在1998年開幕的動物王國）。

　　迪士尼當然也不會忽略製作新的動畫電視節目，像是新增的午後迪士尼（Disney Afternoon）節目，一個長達一個半小時的動畫節目，例如《鴨子寓言》（Ducktales）、《聰明鴨》（Mighty Ducks）以及《呱呱包》（Quack Pack）等等，由ABC接手後，在星期六上午播放。《星期六早晨》（The Saturday Morning）是一個兩小時長的真人節目，這個節目視為迪士尼其他的動畫系列的外圍，例如迪士尼道格（Disney Doug）、課間休息（Recess）以及活力安（Pepper Ann）等。其他的動畫系列則以成功的電影長片為主，例如《101忠狗系列》、《獅子王的丁滿與彭彭》（The Lion King's Timon and Pumbaa）、《小熊維尼的新歷險記》（The New Adventures of Winnie the Pooh）以及《迪士尼版的大力士》（Disney's Hercules）。

　　其他的電視節目則以博偉與觸金石的名義配銷（雖然觸金石在1999年已被ABC娛樂電視集團合併），較為有名的，在黃金時段表現優越（或者說是持續很久）的節目，例如《家庭投資》（Home Investment）、《男孩看世界》（Boy Meets World）、《艾倫》（Ellen）、《青春期》（Blossom）、《恐龍》（Dinosaurs）、《黃金女郎》（Golden Girls）以及《空巢》（Empty Nest）。當然，不是所有的節目都是這麼順利，還是可以列出表現不佳的節目名單（像是Lenny、The Fanelli Boys、All American Girl、Thunder Alley，這還只是一小部分），這與其他的電視節目製作公司的情形沒什麼兩樣，這行的風險本來就很高，甚至是無法預測的。即使博偉電視（Buena Vista）製作了驚人的強打節目《誰想做百萬富翁？》（，對ABC而言，他們也不清楚這樣的成功景象能持續到什麼時候。

　　當然，電視節目系列的目標是希望藉由長期的經營，進入

有利益可圖的聯合組織式市場。博偉掌控迪士尼原創的以及外於網絡組織的節目，配銷之前提及的那些成功的秀、其他第一次播出的節目，例如電視版的《親愛的，我把孩子縮小了》（Honey，I Shrunk the Kids：The TV Show）、The Keenan Ivory Wayans Show以及有線電視的遊戲節目，例如Debt、Make Me Laugh以及Win Ben Stein's Money。外於網絡組織的節目則包含Live！With Regis and Kathie Lee、Roger Ebert & Movies（正式一點的名稱，Siskel & Ebert）、《迪士尼雙親》（Disney Presents）、《科學男孩比爾》（Bill Nye the Science Guy）以及Sing Me A Story with Belle。

在這段期間，老鼠工作室（Mouseworks），成員有米奇、米妮、布魯托與高飛，在1999年五月在ABC首次亮相，當然，這就是「將迪士尼經典人物介紹給整個新的世代」。

戲劇製作

1994年，迪士尼的觸角伸展到時代廣場（Times Square），獲得位於第四十二街的新阿姆斯特丹劇院（New Amsterdam Theatre），對劇院加以整修，並在這個劇院舞台上演出戲劇版的《美女與野獸》，《美女與野獸》的劇碼在1999年結束在百老匯長達五年的表演後，並轉往其他國家巡迴演出。舞台劇版的《獅子王》在1997年十一月登台，並且在1998年贏得六座東尼獎（Tony Award），1999年六月推出《鐘樓怪人》，在2000年初則在百老匯上映由古典歌劇改編的迪士尼版的《阿伊達》（Aida）。

迪士尼逐漸成為曼哈頓（Manhatten）的景物之一，不只是因為新阿姆斯特丹劇院所上演的舞台劇以及鄰近劇院的琳瑯

滿目的迪士尼商店，更由於迪士尼的所擁有的不動產與建築物，其中包括ABC的大本營。

視聽產品與音樂發行

視聽與音樂產品使得迪士尼的電影有更多的潛力獲取利潤，獲利最多的是動畫電影，讓音樂在這些電影所扮演的角色更形重要，博偉音樂集團（Buena Vista Music Group）負責統籌迪士尼各項的音樂事業，包含廣泛而多樣的視聽以及音樂產品。博偉音樂集團負責製作與配銷雷射唱片、音樂卡帶與唱片以及核發許可，允許其他公司重製音樂唱片與視聽裝置，以及在公開場合表演。迪士尼透過國內零售商與直接行銷販賣與音樂相關的產品，包括印製目錄、包裹以及電視。

除此之外，好萊塢唱片（Hollywood Records）、猛瑪象唱片（Mommoth Records）以及抒情街唱片（Lyric Street Records）的成立，製作以及販賣許多不同藝術家的音樂作品，最近還創立好萊塢拉丁唱片（Hollywood Records Latin）部門，「目標放在最近興起的拉丁音樂市場」，羅伯斯（Los Lobos）便是屬於該部門的團體之一。一些唱片公司在市場上的冒險手段並不符合迪士尼的風格，例如迪士尼曾經迅速的在1997年拉了克勞斯（Insane Clowns）受爭議的唱片一把，即使這張唱片並不直接掛迪士尼的名發行[104]。

消費者產品

1997年迪士尼的年度報告簡單的表示：「核發使用迪士尼影片角色的許可的策略，依然是相當的成功」，這甚至是一段過度保守的談話。相關商品的全球性蔓延是維持迪士尼帝國的

關鍵因素之一，最完整的圖像或許是來自迪士尼網站用來招募
未來員工的一段話：

參加迪士尼消費者產品部門的行列，並且將迪士尼魔法帶
給全世界！最流行的服飾！最搶手的玩具！得獎的唱片與
書籍！完全的藝術與更多的收集品。
他們都是迪士尼出品以米老鼠與他的夥伴、維尼熊還有其
他迪士尼的電影與電視人物為主題所製作的一百件、一千
件商品的一部分，每年銷售到超過九十個國家，而且他們
不會在這些國家自行離去。
我們需要一個肯奉獻的專業隊伍來提供與支援這些商品，
藉此慶祝以及保留地球上大多數的魔法遺產。
創造性、品質以及娛樂文化讓迪士尼消費者產品部門成為
迪士尼組織內成長最快的區域之一[105]。

　　以過去迪士尼的優秀表現以及更多最近採取的策略來看，
迪士尼的行銷活動是極富傳奇性的。我們在上一章曾經討論
到，迪士尼有計畫行銷的開始與幾乎與米老鼠的蒸氣輪船威利
（Streamboat Willie）獲得成功同時，這家公司在1929年提供三
百美元把米老鼠印在筆記本上。雖然許多不同的資料來源都宣
稱華德迪士尼對於他的人物的授權沒什麼太大興趣，但是迪士
尼這些行動卻也顯示迪士尼公司需要經由授權所獲得的回報，
來支持持續生產與範圍廣泛的動畫電影。在1930年代期間，迪
士尼公司的相關產品開始像洪水般湧入市場，米老鼠的肖像很
快出現在所有的東西上，從肥皂到冰淇淋甜筒都有米奇的蹤
跡，即使是卡蒂兒（Cartier）價值一千兩百五十美元的鑽石手
鐲也不例外[106]。

在經濟大恐慌的時代，迪士尼的商品為公司帶來意想不到的財富，授權萊恩尼爾（Lionel）公司賣掉二十五萬三千個米老鼠手推車，以及授權伊格索公司賣掉兩百五十萬隻米老鼠手錶。1934年，電影與相關產品就帶給超過迪士尼公司超過年收益六十萬美元，米老鼠仍被認為是世界上最紅的授權人物，米老鼠出現在超過七千五百件的產品中，這個數字還不包括出版品[107]。

由歷史的角度來看，除了迪士尼以外，少量的行銷活動也在好萊塢出現。然而，1970年代，電影公司（還有玩具製造商）開始認清電影週邊商品所能帶來的利益，尤其是在《星際大戰》（Star War）商品獲得廣大迴響之後。電視也順便搭上這班順風車，將商品與兒童節目相連接，設計圍繞節目的玩具。與媒體相關的商品以及與電影或電視節目相結合的策略，在1980年代與1990年代以驚人的速度成長，1999年，全球授權商品的零售金額總數已達到一千一百二十三億美元之譜[108]。

根據1997年迪士尼公司「10-K」（Form 10-K）的報告指出：「雖然有關大眾的資訊取得是受到限制的，但是公司相信我們是世界上最大的角色商品的授權人，以及兒童視聽與電影相關產品的製造商與配銷商」，儘管沒有很恰當的資料，有關貿易的資料都同意迪士尼在授權面向上，仍是全世界最有權力的。迪士尼公司報告，根據估計，在1994年，有賣出價值一百四十億美元的迪士尼商品，另一項資料來源則表示在1987年，有三千家的廠商製作超過一萬四千件的迪士尼授權產品[109]。雖然我們不清楚這些商品的細目，但是至少知道這些數字不包含未經迪士尼授權生產以及販賣的產品，換句話說，不包括盜版的迪士尼商品。

　　華德迪士尼公司是好萊塢首屈一指的商品行銷公司，這不只是因爲迪士尼在所有公司中從事商品事業的年資最長，更因爲迪士尼擁有授權與製作高品質產品的好名聲。迪士尼本身有製作商品，也授權其他公司生產以迪士尼爲名的商品，根據商品的總金額或零售單價，迪士尼向這些公司抽取比例不定的權利金，就這個層面來看，縱使迪士尼經常要求高於其他公司的權利金，迪士尼與一般電影或電視的版權持有者無異。與過去相同的，迪士尼非常堅持對於商品的掌控能力，在公司內部建立一套的流程，得到授權的廠商在製作產品時，必須遵守這套流程，也就是說，迪士尼在商品生產的每個階段都有否決的權利。

　　在迪士尼隊伍接手之後，他們強調標準（Standard）人物倉庫的建立，例如米老鼠、唐老鴨與維尼熊，當然還有其他新出現的人物。迪士尼不只持續充實人物倉庫裡的角色，更把這些人物透過遼闊的迪士尼帝國提升他們的作用，一位迪士尼的行政人員解釋，「當你結合對的電影與對的商品後，將會發生駭人的協力作用（synergy）」[110]（更多有關協力作用的討論將在下一章進行）。

　　1997年的迪士尼10-K報告列出迪士尼人物商品的種類：「服飾、手錶、玩具、禮物、餐具、文具、運動用品以及家庭用品例如床單與毛巾」。事實上，這簡單的列表看起來，是迪士尼林林總總的迪士尼人物商品中較爲有趣的部分，下面只針對幾個產品類型做說明。

兒童商品

　　迪士尼在兒童商品市場的地位，是不應該被過度膨脹的，

舉例來說，迪士尼佔有百分之十與及價值二十二億美金的嬰兒商品市場。1988年，迪士尼在兒童工藝（Childrencraft）投資了六百一十萬美金，這是一家位於紐澤西的公司，在美國國內擁有兩個巨型的郵寄訂單名單，1990年，這家公司花了四千五百萬美金的郵資，寄出迪士尼、兒童工藝以及「只為小孩」（Just for Kid！）的商品目錄。這些商品包含貼有迪士尼標籤（兒童迪士尼的標誌由小朋友米尼、小朋友唐老鴨以及他們的朋友構成）的嬰兒商品，迪士尼也持續進行大量的玩具生產，包含麥托（Mattel）以及哈斯柏（Hasbro），並會繼續在玩具工業裡扮演重要的角色。

教育性商品

　　迪士尼教育性產品（Disney Educational Productions）部門製作的視聽產品，包括影片、錄影帶以及給學校、圖書館或其他機構使用的影片，其他的商品還有具教育功能的玩具、遊戲的設備、專為兒童設計在教室使用的桌椅、海報以及教學輔助工具[111]。除此之外，迪士尼網站也提供許多建議供老師在擬定教學計劃時參考，順便增加迪士尼教育錄影帶的銷售機會。

　　1999年八月，老鼠之家從線上教育玩具公司聰明玩具網（Toysmart.com）得到百分之六十的分紅，價值兩千萬美金，另外，在廣告迪士尼網站與電視通路上迪士尼投入兩千五百萬美元。一位公司的發言人這個網站是要用來擴張迪士尼家庭網（Disney family.com）：「我們的目標是建立一個很棒的網站，但是我們並沒有做好，特別是在將社群網站發展為網上交易（e-commerce）的網站，高品質的教育產品代表一個急速成長的市場，正提供我們可以冒險的事業機會」[112]。

　　迪士尼也製作廣泛的互動式光碟與遊戲，許多都被視為教育性產品的一環，迪士尼互動（Disney Interactive）部門與其他公司合作，例如Sega以及任天堂（Nintendo），根據電影人物像是米老鼠和泰山（Tarzan）製作遊戲。迪士尼也依遊戲的合作模式，與電視或有線電視結合，例如《誰想成為百萬富翁？》節目以及ESPN。

藝術與收集品

　　迪士尼公司也銷售與他們經典藝術相關，範圍廣泛的物件，這些物件包含大量的動畫手稿以及與動畫相關的藝術作品和收集品，舉例來說，《白雪公主與七個小矮人》的人物瓷器娃娃，只要花一百七十五元美金便能帶一個回家。如同迪士尼網站上提到的：

> 透過敏捷的重製迪士尼電影的神奇時刻，與電影內令人愛不釋手的人物，華德迪士尼經典選集擄獲許多收場藏者的心與想像。華德迪士尼工作室的想像超越銀幕，透過全球的分享與理解，在我們的幻想與情緒中逗留不去。
> 全世界的收藏者珍惜迪士尼美好的藝術，每樣值得注意的藝術作品捕捉電影的夢幻、幽默或是冒險的一刻，這個片段可以讓我們帶回家欣賞，一次又一次的欣賞。

　　收集迪士尼商品變得非常稀鬆平常，舉凡表演、書籍或雜誌可以被拿來表演或販賣。「迪士尼症」（Disneyana）被定義為熱心於收集各種迪士尼人物商品，從1930年代到今日的新迪士尼收集品都不放過[113]。官方的迪士尼收藏者組織是「華德迪士尼收藏家會社」（Walt Disney Collectors Society），但是還

有其他類似組織存在，但沒有根迪士尼公司做正式的連接。

網路與直接行銷

網路事業

1993年，艾斯納表示迪士尼公司不會對於傳播事業硬體部分的各項目進行投資，而會把焦點集中在軟體部分的新多媒體技術[114]。從那個時候開始，迪士尼的電腦線上活動便持續的展開。

迪士尼線上（Disney OnLine）於1995年成立，目的是為了「發展華德迪士尼公司在網路世界的地位」，這個部門製作以及配銷的內容包含線上服務、互動式軟體、互動式電視與網際網路。網站www.disney.com於1995年二月成立，並且持續成為網路世界中最受歡迎的網站之一，《每日驚奇》（Daily Blast）創始於1997年四月，是一個以付費加入會員為基礎的網站，網站內包括有聲互動式動畫、線上著色畫冊、遊戲、提供數位玩具下載的服務以及所有的迪士尼人物，後來還增加由ABC與ESPN提供的新聞與體育消息。

1997年，迪士尼購買星浪公司（Starwave Corp）的股份，星浪公司由艾倫（Paul Allen）建立，是網路媒體執牛耳的公司，在搜尋引擎與「尋找資訊」（Infoseek）的表現上相當亮眼，但是，在1999年初，這家公司朝向虛擬空間發展。資訊搜尋的服務是結合公司其他線上活動，形成「出發」網路（Go Network或go.com）網站，據稱是五個最大的入口網站之一，並且提供最完整的途徑尋找「迪士尼提供的任何形式的訊息與娛樂」[115]。往入口網站發展的策略，使得迪士尼在1999年十一

月獲得兩百一十五億美金的收入，並獲得股東的稱讚，入口網
站的股票是以出發網路的名義進入市場，與迪士尼的股票是分
開的。迪士尼擁有百分之七十四的網路公司，包含迪士尼網站
（**Disney.com**）、家庭網站（**Family.com**）、**ABC**新聞網
（**ABCnews.com**）、ESPN網站（**ESPN.com**）以及迪士尼直接郵
寄銷售目錄的事業[116]。

　　根據某項資料來源，迪士尼網頁本身每個月能吸引超過九
百七十萬的「個別參觀者」[117]（Unique visitors），同時，葛洛
夫估計全美有接近八千萬的網路使用者，其中有百分之二十五
的使用者每個月至少會參觀一個迪士尼相關網站[118]。雖然對於
網路的生意或線上交易有很高的期盼，但由此管道而來的利潤
並不豐富，舉例來說，1997年時，據信迪士尼公司在線上交易
的發展上，已投入超過一億五千萬美元的資金，然而估計收益
在產品銷售有八百萬美金左右，在網站會員付費方面（指每日
驚奇），大約只有五百萬美金的進帳[119]。雖然迪士尼有多樣的
網路事業來提供資訊與娛樂，但是主要的目的仍是商品銷售與
迪士尼品牌的再強化[120]。

消費者產品行銷

　　迪士尼的商品採取多重行銷的方式。當然，迪士尼商品在
全球都有零售通路，有時候還會有一個特別的角落只擺設迪士
尼商品，我們經常可以看到，新商品的生產往往伴隨著特別的
競爭與事件而來，事實上，迪士尼多樣化的產品意味著零售商
要拒絕迪士尼商品是不容易的。最近針對典型的美國購物中心
的調查顯示，超過百分之九十的零售通路至少提供一種迪士尼
主題的產品，這些購物中心包含迪士尼官方所開設的商店。

　　迪士尼也透過本身的通路來銷售商品。迪士尼的主題樂園混合著禮物商店與商品攤位（將在第六章作進一步的討論），而迪士尼的網站也像之前提到，能促進商品的銷售。另外，每個月也寄出百萬封迪士尼的商品目錄，增進無論是舊的或新的迪士尼人物商品的銷售市場。

　　自1987年以來，迪士尼便已經透過自己的零售通路，迪士尼商店（Disney Store），銷售本身的產品，1999年底，在全球已經有七百二十八家的分店，成為迪士尼商品的主要來源（見表3-8），這仍顯露出迪士尼內部的最高指導原則，「華德迪士尼公司對於零售的努力，背後有一套核心策略，迪士尼商店，同時提供娛樂與商品[121]」。迪士尼商店通常有服裝、錄影帶、動畫以及其他吸引人的，被小心翼翼陳列於架上的商品，並且能進一步促進迪士尼其他事業的發展。1991年，銷售數量自1987年開幕以來以每年兩倍的速度成長，但是1999年的銷售總額則略為下滑，迪士尼公司表示要進行改革，方法包括電腦攤位的引進，使消費者能由網路連到迪士尼線上商店（Disney Store Online）尋找商品，而不僅限於店內陳列的產品。

表3-8　迪士尼商店，1993-1998

	1993	1994	1995	1996	1997	1998
北美地區	214	273	337	402	460	478
歐洲地區	19	37	63	82	101	107
亞太地區	6	14	29	46	75	96

資料來源：The Walt Disney Company, 1998Fact Book, p.12
http://disneyu.go.com/investor/factbook98/creative_content2.htm

圖一　迪士尼商店。儘管受到法國人對於對迪士尼與美國文化
的抗拒，位於巴黎的迪士尼商店是仍迪士尼公司最成功的零售
通路之一。
卡德隆（Carlos R.Calderon）拍攝。

出版品

　　迪士尼公司印製廣泛題材的出版品，從漫畫書與兒童雜誌
到成人取向的雜誌與書籍，迪士尼都有相關產品。1998年底，
公司對外宣稱迪士尼的印刷產品以三十七種不同的語言發行，
並銷售超過一百個國家。

　　1998年，有一百二十種不同的迪士尼雜誌與漫畫在十六個
國家發行，此外，新的漫畫與雜誌的題目也多以迪士尼新上映
的電影為題材。迪士尼公司表示自己是全球兒童書籍與雜誌的

領導者，領導著其他的出版商。有關迪士尼出版品數量之多，可以由維尼熊的出版品略知一二，在1998年公司的年度報告中，表示有五百種書籍以及十一種雜誌以小熊維尼為題材，而在「1999年將可預見的會有更多新的維尼熊出版品」。

　　1999年，迪士尼賣完自首都城市接手而來的出版品。現在的迪士尼卸下有關報紙的生意，但是仍持有「公平孩童出版」（Fairchild Publications）公司，一家世界上數一數二的新聞搜集（news-gathering）網路，最後，這個發行十三種貿易與消費者雜誌的集團在1999年，以六億五千萬美金的價格賣給康德奈斯特（Conde Nast）公司。然而，迪士尼仍擁有《洛杉磯雜誌》，仍保留著幾種雜誌在網路上的使用權，這家公司尚發行《家庭歡樂》（Family Fun）、《迪士尼冒險》（Disney Adventure）、《迪士尼雜誌》（Disney Magazine）以及《發現》（Discover）。

　　許多迪士尼書籍的出版是由公司的貿易發行部門超越公司（Hyperion）負責，包括ESPN書籍、談話／米拉美克斯書籍、ABC早報（ABC Daytime Press）以及超越東方（Hyperion East）

　　我們必須注意到迪士尼的消費者產品的持續擴張，像是為迪士尼帝國增加新的事業項目，例如，新產品被要求符合首都城市接手後權利標準，我們現在可以買到以ABC日間肥皂劇為題材的商品，例如《都是我的小孩》（All My Children）的音樂商品以及《大醫院》（General Hospital）的玩偶。除此之外，還有ABC體育（ABC Sports）的手錶與運動服裝《星期一晚間美式足球》（Monday Night Football）的杯子與毛毯以及ESPN的運動服飾、簡單的遊戲以及其他出版品都可以在ESPN商店

（ESPN-The Store）與ESPN網站購買得到（更多的ESPN討論在將在本章稍後進行）

主題樂園與遊樂園

到了1998年末，迪士尼帝國擁有六個主題樂園，以及其他的公園與休閒樂園，迪士尼持續擴張主題樂園以及公司的不動產，這樣的動作意味著龐大的投資以及豐厚的利潤回報與分享（見表3-9）。這個部分尚包括船隻航線投資、體育投資，一座由公司一手設計的未來社區以及造夢（Imagineering）部門。

主題樂園

迪士尼公司宣稱迪士尼主題樂園是「世界上最多人到過的地方」，這是一個很難被挑戰的宣稱。雖然遊客總數的資料不容易取得，我們卻可由公司的報告所透露的消息隱約得知，例如，1998年的《事實年鑑》（Fact Book）顯示迪士尼光在1998年六月二十四日就有六百萬的遊客前來參觀。

當迪士尼樂園於1955年開幕時，與典型的娛樂公園以及表

表3-9　主題公園與遊樂園部分

	收入 （百萬美元）	營運所得 （百萬美元）	營運所得 的比例
1995	4001	859	
1996	4502	990	
1997	5014	1136	26
1998	5532	1287	32
1999	6106	1446	39

演團體分離，對於迪士尼公司來說是一個挑戰，從那時候開始，迪士尼就將公園視爲大型休閒區域的一環，包含主題樂園、飯店以及其他休閒娛樂的措施。這些公園持續更新，維持對遊客的吸引力，並且根據新的影片，增加更多的人物與角色（美國境外的主題樂園將在本章稍後討論，在第六章將有更多對於主題樂園的詳細分析）。

迪士尼樂園

第一座迪士尼主題樂園在這幾年來已做了改變，增加以及更新遊戲設施與吸引遊客之處，這個休閒的複合體還包括迪士尼樂園以及太平洋飯店（Pacific Hotel），並且計畫增加新的公園，迪士尼的加州冒險（Disney's California Adventure），預計在2001年開幕，在新的公園預定地上興建額外的飯店、購物以及娛樂設施。

華德迪士尼世界遊樂園

我們已在第二章討論過位於靠近佛羅里達的奧蘭多，佔地三萬零五百英畝的華德迪士尼世界遊樂園（The Walt Disney World Restore），這個龐大的娛樂複合體仍持續成長，在1999年底，樂園的設施如下：

- 四個主題樂園—魔術王國（Magic Kingdom）、EPCOT、迪士尼—米高梅工作室（Disney-MGM Studios）以及迪士尼的動物王國（Animal Kingdom）；
- 十三間旅館和其他的別墅與套房（總共超過一萬六千七百個房間，這個數字還不包括其他九間位於迪士尼土地上獨立營運的飯店）；

- 迪士尼市中心（Downtown Disney），佔地一百二十英畝的複合建築，提供的服務包含購物、飲食、位於迪士尼商業中心（Downtown Disney Marketplace）的娛樂活動、歡樂島（Pleasure Island）以及迪士尼西岸市中心（Downtown Disney West Side）；
- 迪士尼的寬廣運動世界（Disney's Wide World of Sports），佔地兩百畝的複合運動廣場，裡面包含各種運動活動以及競賽的設備；
- 迪士尼的全明星電影（All-Star Movies）、全明星音樂（All-Star Musics）以及全明星運動樂園（All-Star Sports）；
- 一個迪士尼購物聚落；
- 露營場地以及位於原野的房子（荒野堡壘，Fort Wilderness）；
- 五個高爾夫球場；
- 三個水上公園，風雪海灘（Blizzard Beach）、河之國（River Country）以及颶風礁湖（Typhoon Lagoon）；
- 其他娛樂的設備，例如小型高爾夫以及溫泉等等。

迪士尼公司表示華德迪士尼世界裡的魔術王國是世界上最多遊客到訪的主題樂園，如同迪士尼的10-K報告顯示的，公園的設備是「為了吸引遊客多加逗留而設計的」。但是遊樂園不只吸引數以百萬的遊客，也是第二受歡迎的公司開會地點，提供三十一萬八千平方英尺的會議空間，同時，迪士尼學會（Disney Institute）也提供「個人的致富秘笈」供做參考。

幾乎就是一個主題樂園：迪士尼的美國

1993年的秋天，迪士尼宣佈有關另一個主題樂園的計畫，位於維吉尼亞洲，佔地三千英畝，距離華盛頓特區只有三十五英里的迪士尼美國（Disney's America），並且將公園的主題鎖定在美國歷史的關鍵時刻。公園裡面有旅館、商店、高爾夫球場以及適合作為住宅的設施，這個公園的興建對於維吉尼亞的發展、就業以及區域經濟都有所幫助。但是，儘管迪士尼採取慣用的政治策略（包括安排一六千三百萬美金的債券，以便作為改善該地區道路狀況使用），這個計畫由於受到一連串關於在該地區設立歷史主題樂園可能冒的風險的批評，整個計畫會帶來都市化、交通問題與空氣污染的問題，使得整個計畫在1994年九月放棄，胎死腹中。另外一些批評則是擔心，迪士尼以製作幻想方便獲取數以億萬的財富的慣有方式，來對待美國歷史。迪士尼對歷史主題樂園的熱情並沒有消滅，仍在尋找適當的地點，但是現在我們不清楚計畫到底會不會成行。

遊樂園與飯店

隨著迪士尼主題樂園活動不斷的擴張，迪士尼也越來越深入不動產與飯店管理的領域，華德迪士尼世界的設備列表剛好可以用來證明。1997年，迪士尼報告在不同的地點總共擁有一萬九千五百零二個房間，並表示若一個遊客一個晚上住一間房間，必須花上十六年的時間才能參觀過所有的房間。

另一個有關不動產的計畫是迪士尼度假俱樂部（Disney Vacation Club），屬於迪士尼老鑰匙西部遊樂園（Disney Old Key West Resort）以及迪士尼的走道樂園（Disney's BoardWalk Resort），兩個樂園都位於迪士尼世界，其他的遊樂園地點尚包

括佛羅里達的維諾海岸（Vero Beach），以及南加州的希爾頓角島嶼（Hilton Head Island）。這些地點的住屋銷售採取假期所有權的策略，並且像是零售所有權般直到住屋賣出，會員提供「對於選擇迪士尼度假俱樂部樂園不動產的興趣」。

　　迪士尼還擁有位於柏班與加州的不動產，作爲工作室與行政部門的所在地，以及其他價值高昂的土地，分別位於葛蘭多（Glendale）、加州、紐約市以及之前我們提過的地方。

區域性娛樂

　　即使長期以來迪士尼主題樂園爲迪士尼賺進大把鈔票，但是對於任何一家企業而言，如此巨額的投資都必須再三考量。1990年代末期，迪士尼開始經營較爲小型的區域複合娛樂中心，這種小型的複合中心也掛著迪士尼的招牌，但是相對於大型的主題樂園，這樣的小型複合體的花費顯然少得很多。

　　迪士尼也針對新獲得的受歡迎的運動性事業資產投資，開設ESPN區域（ESPN Zone），提供以運動爲主題的飲食與娛樂，第一家ESPN區域在1998年於馬里蘭州的巴爾的摩（Baltimore, Maryland）開幕，之後在紐約與芝加哥相繼設立，在其他地方還有開設分店的計畫。各地的ESPN區域也充做迪士尼旗下體育節目的表演平台，例如ABC的星期一晚間美式足球的中場表演。

　　另外一種形式的區域性娛樂是迪士尼（Disney Quest），屬於「以互動式技術和訴說經典故事的方式，與迪士尼的魔法相結合」的室內娛樂場地，裡面有商品的零售的服務以及餐飲的區域。第一家迪士尼探索於1998年在華德迪士尼世界內開張，第二家則位於芝加哥，以及在其他的地點也相繼開幕。

航線

　　迪士尼航線有兩艘船（迪士尼魔法號以及迪士尼夢想號）航行，航線計劃在迪士尼的佛羅里達主題樂園、迪士尼擁有的島嶼，位於受難者岩礁（Castaway Cay）的巴哈馬斯（Bahamas）作停留。船上提供的娛樂包含在博偉影院進行的迪士尼電影首映，在華德迪士尼劇院上演迪士尼出品的戲劇，以及在ESPN 天盒（ESPN Skybox）播放的體育節目。航線的套裝旅遊以及船上的活動，都是針對大人或家庭而設計的，下面是一段有關這些設計的描述：

> 魔術般與高品質的迪士尼是你的了，你可以在兩艘壯麗的郵輪之一，度過你永遠都忘不了的華德迪士尼世界與迪士尼航線的假期。七個不會忘記的日子。一個難以置信的假期，有壯觀的娛樂、獨一無二的飲食經驗以及只有迪士尼才能創造的迷人冒險。在這裡，大人可以尋找刺激與浪漫，小朋友則可以找到屬於他們的時光。家庭緊密結合。蜜月旅行的新婚夫妻不會遺忘婚姻的起步。這些全都發生在夢想能到達我們身邊的世界，在迪士尼魔法號與迪士尼夢想號上，壯麗的郵輪滿載著歡樂。參加我們一起尋找迪士尼未被揭開的魔法吧[122]。

慶祝城（Celerbration）

　　華德迪士尼在1960年代曾經想要建設一個著眼於未來，並且能容納兩萬居民的城市，這個計畫被稱為未來社區的實驗模型（Experimental Prototype Community of Tomorrow，EPCOT），然而這個計畫卻成為華德迪士尼世界遊樂園的一部

分，成為迪士尼科技發展的陳列櫥窗，這個部份我們將在第六
章討論。1990年代早期，這個未來城市的構想終於實現，這座
城市被命名為慶祝城，一個位於迪士尼世界南方佔地四千九百
英畝的新傳統（Neo-Traditional）計畫社區，1997年底，城市
內將有一千五百人，並且計畫最後增加到兩萬名居民。

　　雖然迪士尼的年度報告表示「住在這個城鎮的居民都覺得
非常開心，這是因為這座城市以先進的醫療、教育與技術系統
與社區內的舒適感相結合的結果」，然而其中的居民則發現城
市由迪士尼掌控實在是太無趣了。我們將在第六章更靠近的看
看慶祝城。

安那罕運動公司（Anaheim Sports Inc）

　　1992年，在發行成功的電影《聰明鴨》之後，也買下美國
職業冰球位於安那罕的擴張球隊的所有權，並將這支新球隊命
名為聰明鴨。迪士尼持續增加帝國內的運動資產，例如安納罕
天使隊的所有權（之前叫做加州天使隊）以及位於南佛羅里達
的國際運動場館，這個場館吸引許多由全球轉播的體育活動。

華德迪士尼織夢者（Walt Disney Imaginnering）

　　迪士尼公司負責研究與發展的部門被稱為造夢者，迪士尼
將這個部門宣傳為「提供大師級的計畫、不動產的發展、設計
有吸引力的節目、相關技術支持、產品支援、計畫安排以及其
他公司運作的成長服務」[123]。有超過兩千人的「織夢人」在這
個部門工作，幾乎參與公司內的大小事務，從新主題樂園的設
計、改善安納罕體育館到建立夢想的社區（慶祝城），都需要
他們的參與。與持續增加以及更新既有公園和旅館的複合中心

同時，還有另一個關於在香港設立主題樂園的計畫（將在第六章說明），以及其他較為小型的規劃。

　　迪士尼的資產不斷增加，但是他們對於迪士尼帝國資產間所具備的協力作用，可是一點都不感到害羞的。1990年SEC的10-K報告提到：「……迪士尼公司相信公園與遊樂園的利益，是持續由迪士尼在娛樂界的名聲而來，這個好名聲則是因為迪士尼的高品質與企業內其他事業部門活動的協力作用。」

媒體網絡

　　在迪士尼被首都城市／ABC接手之前，公司便已擁有自己的電視台，位於洛杉磯的KCAL-TV（之前稱為KHJ-TV）以及一個付費有限頻道（迪士尼頻道）[124]。以迪士尼在1995年獲得的電視、廣播電台以及有線電視的資產為基礎，堅實的建立迪士尼成為支配美國媒體工業的行動者之一（見表3-10）。

電視

　　有一個流傳很久的謠言，認為迪士尼將會進軍電視網事業，雖然迪士尼在有線電視與其他電視通路的力量逐漸減小，但是大型電視網仍然代表迪士尼在媒體事業的重要投資，同時帶來可觀的廣告收入，由許多層面來看，1995年迪士尼被ABC網路買下的事件，並不讓人感到意外。這個網路提供老鼠之家機會來推展由迪士尼製作的節目以及其他事業，同時也可以藉由迪士尼帝國的其他部分，推銷ABC教授歡迎的節目。

　　我們可以確信，從《迪士尼的美妙世界》（The Wonderful World of Disney）開播以來，更多的迪士尼節目在網路上出現，預期迪士尼將會推出的兒童節目，也被列入早晨與每星期

表3-10　傳播部門

年度	收入 （百萬美元）	營運所得 （百萬美元）	營運所得 的比例
1995	414	76	
1996	4078	782	
1997	6522	1294	30
1998	7142	1325	33
1999*	7512	1611	44

*1999年部門被重新命名爲媒體網路（Media Network）

的節目表中，最著名的是迪士尼的《星期六早晨》，每個星期六早晨在ABC播出，一直是個收視率極高的兒童節目。

　　同時，由於與ABC網路的結合，迪士尼開始朝新的商品事業發展，公司的新節目包含夜間網路與晚間的新節目，增加在週日、週三與周五播出的新雜誌形態節目《20／20》。迪士尼公司宣佈「更多的美國人從ABC知道天下大事—不管是由電視、廣播或網路—也比經由其他的新聞來源多」[125]。

　　但是迪士尼在首都城市／ABC接手後，仍取得價值高的電視相關的財產。到了1990年代末期，迪士尼擁有十家電視台，並且在全國有接近百分之二十五的家庭可以收看，這些電視台全都與ABC相關。雖然由於FCC條例的原因，迪士尼之前擁有的一家電視台（KCAL）被強迫賣出，這家電視台在洛杉磯市場（KABC）仍是相當有價值的資產。

廣播

　　完成與首都城市／ABC的協議之後，迪士尼也將公司的事

業觸角延伸到廣播的層面。在1990年代即將告終之時，迪士尼
擁有四十二個廣播電台，有一千三百萬的民眾每個禮拜會收聽
這些電台的節目，大部分迪士尼所有的電台，與ABC廣播網
（ABC Ratio Network）有關，ABC廣播網路有四千四百個電
台，並且每個禮拜有超過一億四千七百萬的聽眾收聽。ESPN
廣播（ESPN Ratio）則以位於芝加哥的旗艦電台ESPN廣播
2000（ESPN Ratio 2000）為主，每天二十四小時播放。

　　1997年，迪士尼成立廣播迪士尼（Ratio Disney），製作針
對兒童製作特別節目，並且於1999年底時，擴增為四十五個電
台。在1990年代末期，廣播迪士尼已涵蓋美國百分之五十的比
例，而且成長相當迅速，並且在公元兩千年能達到百分之七十
的比例。

有線電視

　　隨著迪士尼的有線電視企業範圍越來越廣泛，ESPN網路
與提供的服務也越來越值錢。事實上，ESPN本身就是一個知
名品牌，不一定要展現與迪士尼的關係，迪士尼對於ESPN的
所有權是透過ABC而來的，ABC與赫斯特公司（Hearst
Corporation）合作擁有ESPN百分之八十的股份。迪士尼在
1998年的年度報告提到，公司的有線電視權利包括四個國內有
線電視網、區域性企業聯合組織、二十一個國際電視網、廣
播、網際網路、零售、印刷以及地點取向的餐飲與娛樂服務。

　　到了1999年底，主要的有線電視網在美國國內有七千七百
萬的用戶，ESPN國際有線電視網的使用者更是宣稱達到一億
五千萬，並在一百九十個國家播出（更多關於國際市場的討論
將在本章稍後進行）。ESPN二台（ESPN2）則表示在美國國內

有六千七百萬的用戶，全天候播出運動新聞的有線頻道ESPN
新聞（ESPNews），則有超過一千四百萬的用戶，經典ESPN
（ESPN Classic，在1997年購入）則有兩千萬的收視戶。

　　有關ESPN的經營項目在最近更進一步多元化，增加ESPN
雜誌、ESPN廣播、ESPN區域（娛樂中心餐廳）、迪士尼航線
郵輪上的ESPN天盒以及ESPN商品，與此同時，ESPN網站也
被認為是全球最受歡迎的運動網站。

　　我們可以想像ESPN企業的市價有多高，據報導ESPN相關
營業項目每年有六億美金的利潤，成功的運動節目被認為是將
觀眾從其他類型的媒體帶入ESPN的關鍵因素。

　　迪士尼其他的有線電視部門也不斷在擴張，在迪士尼隊伍
於1980年代接手之前，迪士尼頻道便已經成立，這個頻道作為
最近迪士尼產品的陳列櫥窗。從那個時候開始，有線電視服務
便已被改造為擁有範圍廣大的多樣節目，並且以提供更多延伸
的服務取代單純作為一個有線頻道。在1999年結束的時候，這
樣的服務頻道的收視戶已達到五千九百萬美元。

　　迪士尼其他的有線電視投資包括：

- 百分之三十七點五的A & E電視網（A & E Networks，
  在美國的收視戶達到八千一百萬）股份
- 百分之三十七點五的歷史頻道（History Channel，收視
  戶有六千一百萬）股份
- 生百分之五十的活娛樂服務（Lifetime Entertainment
  Services，合計生活時光與生活電影網，總共有七千五
  百萬的用戶）股份
- 百分之三十九點六的E娛樂電視（E! Entertainment

Television）股份（包括娛樂電視，在美國有五千兩百萬的用戶，並且在其他一百二十個國家中，擁有四億的用戶。還有風格（Style），一個於1998年十月開播的全天候電視網，節目內容有關設計、流行與裝飾，有七百萬的收視戶）

- 卡通迪士尼（Toon Disney，1998年四月開播，主要循環播放迪士尼以往的節目，有超過一千四百萬的用戶）
- 肥皂劇網（SoapNet，在2000年一月開播的肥皂劇頻道）

到目前為止，對迪士尼的事業討論，幾乎把重心都放在美國本土。接下來我們將把目標轉向迪士尼帝國的國際活動。

國際投資與市場

「小小世界」是迪士尼主題樂園內懸掛的標語，標語的內容是這樣的「世界上最快樂的一次航行。在你搭乘的船隻上，看著全世界的動畫娃娃與動物，穿著可愛的服裝載歌載舞。這個溫馨的旅程會讓你忍不住吹起口哨」。這個標語是由美國銀行贊助的。

雖然「小小世界」是討論全球化的基本議題，但在迪士尼帝國不斷追尋擴張版圖時，這個概念同時也代表華德迪士尼公司奉行的核心哲學。在最近的年度報告提到，「只要迪士尼與屬於迪士尼的品牌能在全球*繼續受到歡迎*（斜體為作者添加），迪士尼公司每年就能從更多多國家獲得收入」，的確，迪士尼的國際活動，在這幾年中如同跳躍般的成長，1999年來自國際事業的收入，包含美國出口，將近有五十億美金的收入，

佔公司總收入的百分之二十。迪士尼國際事業收入過去五年的
平均成長率達到百分之二十四,尤其是在1995年被首都城市／
ABC接手後,成長的幅度更是驚人。迪士尼表示自己是全球排
名第一的國際電影配銷商,但沒有提到迪士尼在家庭錄影帶、
電視、運動節目與消費者產品的表現。

即使迪士尼公司已經利用全球化的方式擴張自己的版圖,
後面有幾個相關部門輪廓的討論,但是在1999年的年度報告
中,迪士尼仍表示對於國際事業的關心,國際事業的收入需要
進一步發展,迪士尼尚未能貫穿海外市場。很多的努力使得迪
士尼公司取得「能對於長期國際市場成長機會的進行投資」的
位置[126]。

迪士尼公司可以被視為代表典型的美國跨國企業,特別是
代表最近幾個世代向全球擴張的美國式媒體企業。《財星雜誌》
指出在1989年,迪士尼「成為1990年代美國企業的原型:一家
具創造力的公司,敏捷的探索在所屬工業類型中,美國有競爭
優勢的國際機會」[127],然而,迪士尼公司也可能只是個特例,
因為迪士尼特別的品牌以及對固執於掌握帝國內的所有運作。
儘管迪士尼的哲學是有效的,而且產品品質在美國是受到推崇
的,迪士尼公司卻經常在其他國家調整經營的政策與策略,舉
例來說,1998年的年度報告提到迪士尼國際活動有「策略規模
降級」的現象,特別是在亞洲[128]。

創造部門

國際博偉負責配銷北美地區以外的迪士尼所有影片,在
1990年代可說是排名第一的國際性影片配銷公司,而且又一次
的在1998年獲得十億美元的收入,在電影工業史上,也是第一

家國際影片配銷商連續三年達到這個佳績。雖然在1998年，看起來像是福斯在國際市場拔得頭籌（主要是由於鐵達尼號的成功，Titanic），博偉排第二，市場佔有率達到百分之十七點二，所得也達到十一億七千萬美金，米拉美克斯則有百分之四點七的佔有率，以及美金三億兩千五十萬的收入，因此，迪士尼公司事實上是有百分之二十一的市場佔有率，以及美金十四億九千萬的所得。除此之外，迪士尼公司也建立配銷夥伴的關係，參與其他歐洲與南美的電影工作室的電影製作。

博偉家庭錄影帶負責迪士尼、觸金石與好萊塢電影的國際市場配銷。博偉家庭錄影帶的收入在1986到1990年間總共成長了四倍，在1994年將觸角延伸到六十四個市場，並且表示在1994年時，佔部分歐洲國家家庭錄影帶的市場達百分之六十（見表3-11）。電視節目製作與音樂產品同時也提供迪士尼可觀的國際收入。

報導指出，迪士尼公司有百分之五十八授權消費者商品的收入是來自國際市場，迪士尼安排好授權的事務，由得到授權的公司製作與配銷迪士尼商品，例如，出版公司艾格蒙特（Egmont）自1949年以來便得到迪士尼的授權，出版迪士尼受歡迎的漫畫《斯堪地那維亞》（Scandinavia）。

如同本書之前提及的，迪士尼表示自己是全球排行第一的兒童書籍與雜誌的出版商，在這之中特別有趣的是《迪士尼魔法英文》（Disney Magic English）系列，迪士尼宣稱這套系列「是全球銷售最佳的英文學習讀物」[129]。

迪士尼的商品在全球七百二十八家的迪士尼商店出售，以及在三個大陸上的百貨公司與重要通路有專門陳迪士尼商品的特區。迪士尼的線上服務也往國際化發展，迪士尼歐洲線上

表3-11　國際錄影帶銷售排行榜，1997

片名	排行
獅子王	1
白雪公主與七矮人	2
阿拉丁	3
森林王子	4
101忠狗（動畫版）	5
美女與野獸	6
玩具總動員	7
風中奇緣	9
斑比	10

排行為1997年九月三十日的情形
資料來源：The Walt Disney Company, 1997 Fact Book, p.12
http://www.disney.com/imvestors/factbook97/index.html. 1998年
八月二十七日

（Disney Online European）也加入之前迪士尼線上服務的行
列，1997年一月，迪士尼線上在巴黎開設衛星辦公室，負責管
理與發展原有的歐洲市場。運用當地的迪士尼掌控的網路主機
（disney.country domain），新的網站預定可以提供歐洲網路使用
者「關於迪士尼產品與服務相同等級的資訊」。

老鼠與巡警

　　在許多受爭議的迪士尼商業協議中，其中一個說明了迪士
尼品牌的強硬，並且指出迪士尼參與的某些事件。1995年的一
月，巡警基金會（Mounted Police Foundation，附屬於皇家加拿

大巡警）與迪士尼簽訂一份同意書，授權與掌控迪士尼在世界
上推銷該基金會的巡警商品，這個協定意味著轉向停止生產無
趣的商品（每件巡警商品看起來都像是拿調酒棒去輕打色情文
章），並藉此協定籌募巡警社區計畫的資金。1998年一年之
中，迪士尼與超過七十家的廠商簽訂合約，允許他們生產各種
類型的巡警產品，從巡警杯子和楓葉糖漿到巡警麻布袋和橡皮
奶嘴都有。迪士尼行銷人員為巡警商品創立四個新品牌：精英
皇家加拿大巡警（Royal Canadian Mounted Police Elite，RCMP
Elite），外形為身穿紅色外套的傳統黑髮巡警、鄉村皇家加拿
大巡警（RCMP Country），在戶外騎馬的金髮碧眼巡警、巡警
麥葛林（MacLean of the Mounties），針對青少年設計的正直卡
通人物以及李爾巡警（Lil Mounties），以步兵的造型出現[130]。

　　在巡警商品百分之十的版稅中，警察團體獲得百分之五十
一，迪士尼則獲得百分四十九，1998年七月，巡警團體獲得超
過三十萬美元的收入。雖然這項協定在長久以來擔心美國企業
帶來文化入侵的陰影下，仍產生強烈的市場反應，同時也象徵
迪士尼品牌的全球性力量。如同一位皇家加拿大巡警解釋的：
「警察是因為好名聲而驕傲，但是卻沒有很多適當的服裝，像
是摔角選手穿著巡警制服，在使用管理牲畜的棒子與鞭子。憑
著高品質與對市場的嗅覺，迪士尼是全球授權與行銷商品的領
先者」[131]。

主題樂園與遊樂園

東京迪士尼樂園

　　東京迪士尼樂園於1983年四月開幕，佔地六百英畝，這些土地是對東京灣（Tokyo Bay）實施填海而產生的，這個公園獲得驚人的成功，參觀人數幾乎與第一個迪士尼樂園相當。但是迪士尼公司只收取百分之十的門票收入，百分之五的食物與商品販賣的所得，以及百分之十的贊助廠商，東京迪士尼樂園是東方土地公司（Oriental Land Company）所有。東京迪士尼樂園的持續其榮景。1984年，樂園帶給迪士尼年收入四千萬美金，第二個樂園預計在2001年開幕，將命名為東京海上迪士尼（Tokyo DisneySea），新樂園將包含迪士尼品牌的旅館單軌鐵路系統。另一個迪士尼旅館計畫將鄰接這個複合遊樂中心，在麥哈瑪車站地區（Maihama Station Area），可預見的是，迪士尼將從這些計畫得到更多的收入。

巴黎迪士尼樂園

　　歐洲版本的迪士尼樂園歐洲迪士尼於1992年開幕，吸引超過平常數量的迪士尼迷（包含當歐洲迪士尼計畫在巴黎宣布時，將雞蛋丟向迪士尼行政人員的群眾）以及廣大的新聞界報導。如同本書之前提到的，迪士尼與法國政府達成一項合作協議，法國政府以非常低廉的價錢，將位於巴黎東方不到二十英里的五千英畝土地賣給迪士尼，除此之外，法國政府持續投資，增加與改善高速公路系統與市外鐵路路線，並且降低利率

提供十億美金的貸款。迪士尼賣掉安全措施，並且基於累積折舊的原因可以不繳稅，迪士尼持有十億美金，佔整個計畫的百分之五十一，因此，迪士尼可以獲得百分之四十九的利潤，但僅僅投資兩億五千萬美金，卻可以得到可觀的管理費用、版稅以及小部分的營運利潤[132]。

　　然而，據報導歐洲迪士尼第一年便虧損失八億七千七百萬美金，使得樂園必須進行債務重整，又花了迪士尼將近七億五千萬美金，並且增加迪士尼與樂園間的財務責任。部分分析家觀察歐洲迪士尼的財務問題來自較不顧及大眾的想法，而非迪士尼對於樂園的計畫與建築所代表的好戰風格。在迪士尼擁有這家企業後，迪士尼獲得百分之三十九的利潤。

　　儘管這些問題困擾著樂園，歐洲迪士尼在1994年被改名為巴黎迪士尼樂園，被認為是歐洲最受遊客歡迎的觀光地點，1998年有一億兩千五百萬的遊客到訪。這個娛樂複合體包含七個主題旅館，多樣的購物服務、餐飲服務以及娛樂活動。

　　1999年，將會在原有的樂園中，建造新的主題樂園，命名為迪士尼工作室（Disney Studios）。新的公園將花費六億四千萬美金，並且會配合電視與電影的製作，就是是位於佛羅里達的米高梅—迪士尼工作室（MGM-Disney Studios）。

　　如同前面提到的，下一個主要的主題樂園計畫預計以香港為預定地，吸引力將建立在「初次登場受到大眾歡迎的項目與節目，與其他迪士尼式的樂園有不同的風格之上」[133]。

媒體網絡

　　迪士尼的媒體網絡包含在德國、法國、斯堪地那維亞、英國與日本的電視製作與影片配銷的利益，在其他國家，迪士尼

於其他公司也有為數眾多的節目合作協定，舉例而言，迪士尼
在英國開發現場互動式節目，節目叫做「Diggit」。

迪士尼在其他國家也有收費電視的事業，像是索基有線電
視（Sogecable）、泰樂普（Telepiu）與克區葛洛普（Kirch
Gruppe），並且擁有拉丁美洲最受歡迎的收費電視體，HBO
Ole和HBO Brasil。迪士尼週末（PPV提供的服務）在拉丁美洲
也可以透過直接電視銀河系（Direct TV's Galaxy）收看。

同一時間，全球可以收聽ABC的廣播電台的國家也超過九
十個，ABC廣播（ABC Ratio）也製作迪士尼套裝廣播節目
「小小世界」，並且將這個節目配銷到全中國。

有線電視事業包含ESPN國際，這家公司擁有或介入二十
家國際網路，在1998年結束時，有一億五千兩百萬的收視戶，
並在一百八十個國家中用二十七種不同的語言播放。ESPN國
際擁有歐洲體育百分之三十三的股權，這是一家泛歐洲衛星接
收有線電視公司，提供直播運動節目的服務；也擁有百分之二
十五澳洲運動觀（Sportsvision Australia）的股份以及百分之五
十巴西ESPN（ESPN of Brazil）的股權。ESPN還合資創立
ESPN衛視（ESPN STAR），轉播大部分的亞洲體育活動，以及
擁有百分之三十二的網星（Net Star）股份，這家公司旗下有
體育網路（Sport Network）、Les Reseau des Soport與其他位於
加拿大的媒體資產。除此之外，ESPN公司擁有體育I頻道
（Sport-I ESPN）百分之二十的股份，這個有線體育台只在日本
提供賀項體育活動的轉播服務。

1999年底，在美國境外總共有十個迪士尼頻道，並且計畫
最近幾年要再增加幾個頻道[134]（包含拉丁美洲迪士尼頻道）。
迪士尼指出每個頻道都是為特定市場量身訂做，並且包含當地

製作的節目，但是這些節目內容仍「主要來自迪士尼的電影與電視節目圖書館」。

　　迪士尼俱樂部（Disney Club）是另外一個針對海外市場所製作的每週帶狀節目，1997年，公司的年度報告指出迪士尼俱樂部與迪士尼動畫每週提供超過兩百三十五個小時的節目，並且有兩億五千萬的觀眾收看。在1998年，迪士尼公司表示華德迪士尼電視國際（Walt Disney Television International，WDTV-1）在全球授權每週超過五千個小時的節目，並且每星期有超過四百小時掛上迪士尼品牌的節目播出。

米奇公司

　　華德迪士尼公司與其他公司相似之處，在於都是為股東賺取利潤的組織，迪士尼每年會增加商品項目或是販售既有的商品，而且經理可能來來去去，依賴他們的成功為公司帶來利潤。然而，優先考慮賺取利潤的動機卻是不變的。

　　今日的迪士尼象徵一個在媒體與娛樂事業呼風喚雨的角色，至少在美國，在過去幾個世代越來越受到注意，像是許多公司已由專注單一產業，轉向形式多元以及跨國多元公司的方向發展。數個媒體界巨人看起來與迪士尼沒有太大差異，例如，新聞（The News Corp.）、時代華納與衛爾康（Viacom Inc.），其他具影響力的媒體通路公司，則朝向有別於迪士尼的路徑發展，例如，通用電氣、海葛蘭（Seagram Co. Ltd.）與新力（Sony Corp.）。根據1998年底的一份研究顯示，美國廣播電視網絡是由九家大型公司所掌握，控制電影的製作與配銷，獨製，合製或有利益關係的黃金時段電視節目有百分之九十五，並且掌控或有利益關係百分之九十五的有線電視[135]。在這份研

究之後，CBS爲衛爾康所取代，因此九家大型公司少了一家，因此，在1990年代的尾聲，剩下的八巨頭形成無可超越的媒體與樂事業的霸主。雖然在某些層面上，這些公司處於競爭的態勢，他們仍代表國家訊息與傳播來源，被不可置信的集中式商業控制。迪士尼公司必須了解媒體霸主背後蘊藏的脈絡，也就是所謂的「國家娛樂之州」[136]（The National Entertainment State）。

在本章中，我們勾勒出二十世紀即將結束時的迪士尼帝國，雖然迪士尼的多元化與不斷擴張是相當清楚的，或許你還想知道迪士尼實際運作狀況，什麼樣的策略與政策被用來確保股東能持續獲得利潤？下一章將提供一些例子，說明某些特別的策略與政策的實行。換句話說，我們將檢視當今正在運作的迪士尼帝國。

第四章

迪士尼的運作

　　雖然類似迪士尼這樣的公司，基本上都是以追逐利益作爲主要目標，但是，獲得利益的策略與方式卻有許多種，只描述一家公司的資產內容是不夠的，我們也必須對公司的運作與運作的結果進行討論。在描述完迪士尼帝國的版圖之後，本章將探索迪士尼公司內部運作的一些方式。

　　協力是之前說明過的迪士尼主要策略之一，並以最近的動畫電影作爲說明例子。本章將仔細說明迪士尼透過版權得實行以及勞工政策掌控整個帝國，我們已經討論迪士尼的全球事業，包含政治活動、國際生產以及對公共關係的努力。

活動中的協力作用

協力（Synergy）：活動或運作的結合。

協力作用（Synergism）：一起工作；分離的部分的團結行動，而這樣的行動所產生的作用或大於兩個甚至更多部門的單獨作用。

韋伯斯特第九版新學院字典
　　　　　　　　（Webster's Ninth New Collegiate Dictionary）

整合的導演：整合，紐約。調整所有介於首都城市／ABC
部門以及迪士尼部門間的協力行為，必須與各個層級的管
理部門接觸，向行政部門的副總裁報告（公司內部備忘錄
的工作列表，首都城市／ABC，1996年四月一日）。

主要的媒體／娛樂公司早已經開始進行事業的多元化，事
業部門廣泛涉入電影、傳播、印刷等等領域，而且這些公司越
來越清楚跨越不同通路的活動，能使得公司獲得更多的利益，
創造個別部門間的協力行動，並且產生出立即能被消費者記得
的品牌。最近《經濟學人》收錄的一篇文章詳細說明這個過
程：

品牌是滿足的蜜糖，例如New's Corp.的《X檔案》，時代
華納的《蝙蝠俠》以及衛爾康的《魯格瑞特》（Ru-
grats），品牌可以透過電影、傳播與有線電視、出版、主
題樂園、音樂、網際網路以及行銷進一步發展。
這樣的策略並非只是水平或垂直的整合，而是像輪子般，
品牌就像是軸心，其他部分像是輪輻，不停的轉動開發。
經過開發而得的產品作為報酬來源，同時也進一步強化整
個品牌。去年當衛爾康同意核准生產魯格瑞特牙膏以及起
司通心麵後，同時為衛爾康帶來報酬並促進直接影帶
（direct-to-video）的開展，在這年之後，大眾都聽過這樣
的動畫電影[137]。

這對於迪士尼來說一點都不新鮮，從迪士尼的創立開始，
迪士尼便創造強大的品牌力量以及動畫人物，並標誌在各種形
式的物品上（大部分是電影與商品），席捲全世界。然而，迪

士尼的協力策略在1950年戲劇性的增長，當迪士尼樂園開幕
後，這座主題樂園便利用以往迪士尼創作的故事、角色以及意
像作爲吸引遊客的來源。除此之外，在ABC播放的電視節目迪
士尼樂園，提供更多的機會來促銷迪士尼樂園以及其他迪士尼
商品。在過去幾個世代，由於有線電視、家庭錄影帶以及其他
媒體新通路的出現，使得採用協力策略的可能性越來越高，的
確，迪士尼公司已經發展出相當程度的協力策略，成爲媒體界
或娛樂界使用協力策略的典範，「協力迪士尼」（Disney
synergy）成爲被用來描述跨部門促進活動最終結果的措辭。

　　雖然協力作用經常也是其他媒體公司的目標，迪士尼公司
卻表示自身是最符合施用這個策略的組織，一位行政人員提
到：

> 迪士尼公司有種獨一無二的特質，有能力創造部門間的協
> 力，不管是互動式遊戲、博偉電視或是迪士尼頻道。我們
> 　起工作，我們根據一年的計畫工作，我們積極的工作。
> 現在這些角色的成功，使得我們做起任何事都容易些。事
> 實上，我們在公司裡每個部門都安排好專人負責協力關
> 係。我們嚴肅的看待部門間的協力，首席行政人員艾斯納
> 也是[138]。

以大力士（Hercules）爲例

上映前的策略

　　雖然關於迪士尼採取協力策略的例子不勝枚舉，但是若我
們能更接近的觀察一部影片的上映，更能讓我們對迪士尼各部

門如何參與市場的努力，得到進一步的洞見。《大力士》是迪
士尼第三十五部動畫電影，一九九七年六月二十七日在全美的
戲院上映。然而，在電影上映之前，廣泛安排的促銷活動以及
商品販賣早已展開[139]。

　　在大部分的新聞以及工業報導中，迪士尼的行銷與推廣活
動被描寫成簡單（或是自然）的過程。一篇收錄於《兒童商業》
（Children's Business）的文章說明道：「對於迪士尼內部的人
來說，他們奉行的哲學相當簡單：電影是主要的產品，並且是
電影相關商品的驅動器」，一位迪士尼行政人員更進一步解釋
上面這段說明：「對於我們而言，娛樂是先出現的。一開始，
小朋友會看電影，並且愛上電影裡的人物；接著，他們會想把
電影裡的東西帶回家」[140]。

　　但是，如同之前所提到的，電影並不總是先出現。對於一
部迪士尼電影的推出來說，首先有製作電影的初期聲明，而電
影通常要在好幾年之後才會上映，電影製作前以及製作過程的
工作情形，會刊登在娛樂以及商業雜誌上，迪士尼所擁有的媒
體當然也不例外。在1996年的耶誕節檔期，長度四分鐘的《大
力士》預告片伴隨著《101忠狗》的上映，在各大戲院播放，
《大力士》的預告同時也出現在兩千一百萬卷的《玩具總動員》
家庭錄影帶中，以及一億卷的《鐘樓怪人》錄音帶裡。

　　1997年二月，迪士尼開始第三次的魔法中心巡迴表演
（MegaMall Tour），以便促銷迪士尼將在夏季上映的影片。以
前針對《木偶奇遇記》以及《鐘樓怪人》的巡迴表演，總共吸
引超過四百萬的觀眾，但是《大力士》的巡迴表演規模更加龐
大，時間長達五個月，經過二十個城市，並且設計十一個不同
的迷人設施，這次的巡迴表演包含現場多媒體舞台秀（每小時

表演兩次），針對幼童設計的幼兒飛馬樂園、旋轉木馬以及其他遊樂區域，還有十分鐘的錄影帶研究講習會，稱爲「學習成爲一個動畫製作人」，向遊客介紹《大力士》的人物是如何被製作出來的，巡迴表演同時也提供幾個嘉年華會式的大力士主題遊戲的場所，並且由麥當勞提供遊戲獎品。除此之外，遊客也有機會與電影角色合照，試玩互動迪士尼（Disney Interactive）新開發的大力士遊戲，並且能連上位於<u>hercules. dianey.com</u>的大力士網站。這次的巡迴也獲得通用雪佛蘭汽車（GM Chevrolet）的贊助，每個城市有一名幸運遊客可以贏得全新車款的狩獵卡車。雖然這趟巡迴代表迪士尼造夢者部門與動畫長片（Feature Animation）部門的合作，其他迪士尼的部門（例如互動迪士尼）也都有參與。

在亞特蘭大站的表演開幕時，市長比爾坎培爾（Bill Campell）宣布將二月六日定爲全喬治亞州的「大力士日」（Hercules Day），做爲歡迎巡迴表演的方式，在接下來的四天表演，觀衆人數上揚了三十個百分比，車輛也超出準備的停車位。

同樣也是在二月，費爾德娛樂公司（Feld Entertainment）展開第十八次的迪士尼冰上表演，《冰上大力士》（Hercules on Ice）是第一個電影還未上映，冰上表演便已經開始的節目[141]，在這之前，類似的表演都在電影播出一年到十五個月後才出現。1997年底，冰上大力士成爲在各種冰上表演中，最受歡迎的節目。最後，《冰上大力士》在二十八個城市表演，時間長達五年，場次多達三百一十場，《冰上大力士》的演出也被授權可以販賣大力士玩偶、帽子、旗子、塑膠杯以及其他禮品。

　　不可否認的，電影本身包含行銷與部門結合努力脣齒相依
（tongue-in-cheek）的圖像，有特色的大力士氣墊式涼鞋，大力
士的解渴飲料，甚至有一家大力士商店塞滿了小雕像[142]。同
時，讓我們回到眞實世界，有關大力士相關產品的授權早已開
始進行，據報導，總共有將近一千家的廠商生產六千到七千種
的產品，最慢在電影上映前的三到四個禮拜便已陳列在商店
中。

　　迪士尼公司明顯的對於這部電影所具備的的商品潛力極具
信心，「這是一部能廣泛吸引整個家庭的經典迪士尼娛樂」，
電影娛樂的授權行銷部門的負責人史恩米契爾（Sean Mitchell）
說道，「這部電影的吸引力眞的是超越舞台。本片的核心與靈
魂是一部喜劇，非常機智、非常有趣、非常好笑。我們認爲任
何一個小男孩都會想成爲大力士，而每個小女孩都會想變成梅
格（Meg）。所以試著將這些反映在我們所做的產品；這些商
品將電影人物搬到現實生活之中[143]。

　　希臘故事題材深深的吸引著迪士尼行政部門：「我們將整
個希臘主題作爲工作題材」，米契爾說明道，「那裡有許多插
畫，希臘的花與墳墓、圓柱與神廟、長劍與音樂工具，我們收
集這些經典的插畫，並將它們放入歡樂濾鏡（fun filter），使它
們轉變爲具有娛樂性的商品。從一個設計的角度來看，希臘神
話的故事提供我們無限可能的機會」[144]。

　　本書曾經提及，迪士尼公司製作自己的商品，同時也將特
殊的角色與人物授權給其他廠商，迪士尼獲得可觀的保證金，
以及賣出商品總價百分之十六的權利金，但是大部分的電影的
權利金比例大約爲百分之十二左右[145]。

　　我們必須指出迪士尼對於市場或行銷的努力並非只是臨時

或偶然的事務，迪士尼不只是小心選擇授權廠商，更堅持在產品的設計與行銷上與授權廠商合作。一位獲得迪士尼授權的人士表示：「迪士尼的目標就是建立相似的整體行銷計畫，他們希望所有陳列在商店內的商品，都能給人相同的感覺與風格，所以他們會用迪士尼的方針來帶領我們，他們要他們的東西看來一致，他們把這些商品看得像品牌一樣重要」[146]。迪士尼與授權廠商一起工作，分享有關行銷以及聯合促銷行動的創意。

本書曾經提及，大多數的產品是透過廣泛的授權來製作（見表4-1），其中有些公司與迪士尼公司只建立合作一次的契約，有些公司則與迪士尼有長期合作的關係。在迪士尼與蒙特爾（Mattel）的協議中，包含生產十種會動的人物玩具以及七種符合流行的玩偶，同時也展開三年期雙方的合作關係，將蒙特爾視爲迪士尼的「大師級玩具授權商」，而不只是蒙特爾，其他產品也在二月紐約舉行的玩具博覽會盡了最大的努力。

另外一個可以證明《大力士》相關商品種類的廣泛的來源，就是只要觀察一條迪士尼的生產線，「金字塔」（Pyramid）是一家製作手提包、背包與各式雨衣的廠商，進入四個屬於大力士商品的團隊，每個團隊負責商品的外型與期待並不相同。其中一個團隊被稱爲「漫畫書」，明亮而充滿活力的上色，將漫畫或書裡的英雄營造出電影裡的感覺，另一個團隊則稱爲「英雄」，至於「梅格的花園」團隊則利用浪漫的氣氛吸引女孩們，最後一個團隊爲「迪士尼的梅格」，表現出十六、十七世紀的復古風味。不同的設計顯然的是要針對吸引市場的不同部份而來的。

除了衣服與玩具等等的產品以外，還有數量龐大的電影相關出版品，只要逛一趟地區性書店，不只是一兩種而已，我們

表4-1　迪士尼大力士的授權商

商品類型	公司
服飾	AAI、Allison Manufacturing、American Needle、Angel-ett、Fantasia、Freeze、Fruit of the Loom、Giant、H.H. Culter、Happy Kids、Jem Sportswear、Kahn Lucas Lancaster、Kid Duds、Knitwaves、L.V. Myles、Salant Children's Apparel、PanOceanic、PCA Apparel、Pyramid、Stanley DeSantis、Wormser、Wundies
禮品	Applause、Deco Pac、Gloria Duchin、Golden Harvest、Good／Fantasma、Imagining3、Kurt S. Adler、Monogram Product、Stylus、Timex
家具	Beacon、Dundee Hill, Inc.、Franco Manufacturing, Inc.、Goody Products、Manual Woodworkers、Priss Prints、Sunworthy Wallcovering、Town & Countru Linens、Tsumura、Wamsutta
家庭用品	Alladin、Fun Designs、Thermoserv、Treasure Craft, Inc.、Wilton Industries、Zak Designs
文具	Anagram、Cleo, Inc.、Colorbok、Color Clings、Day Dream、Hallmark、Impact、Mello Smello、National Design、National Latex、Rubber Stampede、Sandylion、Sun Hill、Sunkisses、The Art Group
玩具與運動用品	Disguise、Ero、Hedstorm、Janex、Mattel、Rose Art、Skybox、Tiger Electronics、Tyco／Viewmaster

資料來源：Danny Biederman, 『Disney's 「Hercules」 Promises Big Summer Muscle』，Children's Business、Feb. 1997, p.24。

可以發現超過十五種不同的迪士尼出版品（見說明4-1）。根據大力士主題產品的調查，地區性的K-Mart商店內大力士的生日慶祝會產品，包含氣球、絲帶、花布、包裝紙、兩種紙帽、紙袋、三種海報、三種餐巾、紙桌布、兩種不同的紙盤、杯子、三種禮物袋、飾帶以及許多不同的卡片與邀請函。由於許多大力士的產品以及迪士尼部門間的努力，也造成希臘解碼甜蜜賭注（Greek Decoder Sweetstakes）的盛行。

說明4-1　迪士尼大力士的出版品例子

迪士尼的大力士：經典故事

大力士：經典故事漫畫版

英雄大力士

感覺到力量的大力士

大力士：迪士尼的小圖書館

冥王：最後的事實

迪士尼的大力士：輕鬆取下的海報書

迪士尼的大力士：小大力士的宴會

迪士尼的大力士：拯救競賽

迪士尼的大力士：英雄的故事，彩色書特別版

迪士尼的大力士：有助益的孩子（出現的夥伴）

迪士尼的大力士：成長（水的超級作畫）

迪士尼的大力士：公諸於世的沉思（彩色書特別版）

迪士尼的大力士：感謝飛馬天堂！

迪士尼的大力士：3D面具書

迪士尼的大力士：英雄之心

迪士尼的大力士：萌芽的羅曼蒂克

迪士尼的大力士：怪物出現

大力士的藝術：創造的渾沌（五十美元）

　　當大力士商品開始出現在迪士尼商店，部分的迪士尼商店
獲得「支援電影的視覺設計與主題旋律」，大約在同時，大力
士的產品與促銷活動在迪士尼的商業伙伴本身的商品發動，包
括麥當勞、雀巢、喬伊斯國際飯店（Choice Hotel International
Inc.）、桂格燕麥以及通用汽車。雖然這些不同的商業伙伴負責
不同型態的商品與活動，麥當勞的促銷活動由六月二十日到七
月二十四日，可說是最常見到的。一份有關促銷的宣告說明電
影與其他商品結合的程度：

　　一個「英雄式的歡迎」正等待著今夏麥當勞的顧客，魔法
　　大力士午餐的促銷結合迪士尼的大力士電影。從特別設計
　　的快樂餐點附贈的玩具與獎金，到大力士主題的包裝以及
　　餐廳裝飾，麥當勞會在全國的分店帶來迪士尼大力士電影
　　的歡樂。
　　免費贈送十二歲以下小朋友的禮物，像是暗中預演促銷活
　　動般，大力士主題的贈品會在六月十三號開始，只要十二
　　歲以下的小朋友購買任何餐點，便送給他們。贈品包含大
　　力士人物圖案、迷你電影風景片以及十六頁的迪士尼冒險
　　雜誌特別收藏版。快樂餐點玩具──大力士快樂餐供應電影
　　的人物裡製作十種藝術式的玩具，每份快樂餐有兩個不同

的大力士主題玩具，每個禮拜更新一次人物，並持續五個
禮拜。

英雄式家用盤具組，六只不同的大力士主題盤子，上面印
有大力士電影的人物，只要購買快樂餐或大型三明治，再
加一點九九美金元即可購得，賣完為止。盤具組由耐久材
質製成，可以用洗碗機清洗。

　　其他開始出現的產品包含電影的原聲帶（由哥倫比亞唱片
在五月二十日發行），以及互動式商品，包含迪士尼的動畫故
事書《大力士》；迪士尼的印刷工作室《大力士》；迪士尼的
大力士動作遊戲。

　　同時，大力士也出現在網際網路上，與其他的影業公司相
同，迪上尼可以從新興的網際網路取得優勢，提供促銷商品的
新管道，尤其是針對即將上映或正在上映的電影。當大力士的
網站（http://www.disney.com/Hercules）建立，網站內的設計對
應當時巡迴二十座城市的表演，簡單說明大力士的故事，關於
每個人物的資訊以及電影裡的動畫明星（每個角色有自己的網
頁說明本身的人格特質），也增加其他的活動（斯巴達之輪的
遊戲，用來測驗你的大力士相關知識），以及新的資訊。網友
可以從這個網站下載大力士的預告片，以及獲得購買電影票的
相關訊息。其他脣齒相依的部門協力的例子，可以在ESPN的
新網頁看到，「ＯＳＰＮ：奧林帕斯運動的泛希臘網路」
（Olympus Sports Panhellenic Network）。

首映週末：大力士襲擊曼哈頓

　　隨著上映時間的接近，媒體相當關注有關電影的各個部

分，特別是迪士尼擁有的頻道。然而，這樣的大肆宣傳在六月十三日到十五日的週末，宣傳程度更是戲劇性的加強，看起來好像是迪士尼準備要佔領曼哈頓一樣。「紐約的大力士世界首映週末」，廣泛的相關活動遍佈整個城市，並引來大量的媒體來報導與轉播，更有推波助瀾的效果。

在整個首映週末，「位於喜鵲雀兒喜的大力士歡樂堂」（The Hercules Forum of Fun at Chelsea Piers，由雪佛蘭贊助）提供現場表演、互動式遊戲以及動畫展示，遊樂點包含「兒童的飛馬樂園」、「泰坦的紋身室」（Titan's Tattoo Parlor）以及「大力士長廊」（Hercules' Arcade），預先觀看電視遊樂器的遊戲。作為活動的一部分，四月份紐約地區的報紙，報導甜蜜賭注的票簽，有機會贏得特製大力士主題的雪佛蘭狩獵卡車，迪士尼公司表示「群眾的反應如排山倒海而來，所有的甜蜜賭注都有機會得獎，並且將寄給參加歡樂堂活動的遊客」。

星期六的時候，雜耍者、舞者以及其他表演藝人在新阿姆斯特丹戲院外演出（屬於迪士尼所有），同時也舉辦「來自世界各地的英雄」的儀式，這個儀式有迪士尼過去的首腦艾斯納、紐約市長朱利安尼（Rudolph W. Giuliani）、ABC體育部與ESPN的負責人羅伯特（Robin Roberts）以及一群有著大力士精神的世界級運動員參加。接著《大力士》首映之後，是「大力士電動遊行」（Hercules Electrical Parade），長達一又八分之七英里的奇裝異服遊行隊伍，從四十二街出發，經過第五大道，到達六十六街。這個遊行是迪士尼樂園的「主要街道電動遊行」（Main Street Electrical Parade）的大力士版本，包含一百零三位遊行人員以及三十輛花車，為迎接這次的遊行，花車以五十萬朵鬱金香裝飾而成。迪士尼的工作人員安排關閉紐約

的街燈，並且要求沿途的商家將照明亮度降低，「以便參觀遊行的遊客能看得清楚帶隊的人物」，除此之外，在遊行路線上安置六十八個擴音器，以便提供相關主題的音樂。當時有超過一百萬的觀眾期待著遊行的開始，而只有受到邀請的貴賓，才能參加遊行之後，在喜鵲雀兒喜的歡樂堂舉辦的宴會。

相關的慶祝活動持續到週日，舉辦「冠軍大力士早餐」（Hercules Breakfast with the Championship），由羅伯特主持的新聞會議，在紐約的艾克斯飯店（Essex House Hotel）舉行，獎勵五位奧運十項運動的金牌得主（麥西斯，Bob Mathias、坎伯，米特坎培爾（Milt Campell）、圖米，比爾（Bill Toomey）、加納，珍納（Bruce Jenner）以及歐布萊恩，Dan O'Brien），他們得到由紐約市政府頒發的英雄宣告證明書，被認為是最早投入十項運動的札爾諾斯基（Dr Frank Zarnowski），也出席這次的盛會。活動的最後是「新阿姆斯特丹戲院的大力士夏日奇觀」的進行，在電影上映前的十二天，只在紐約舉辦活動，包含有整個交響樂團的現場舞台秀，以及迪士尼人物所組成的表演陣容。

曼哈頓首映宴會以及遊行全程由「E頻道」現場實況轉播，同時也受到其他媒體廣泛的報導。六月二十日，電影單獨在深具歷史意義的芝加哥戲院上映七天，在每場電影放映之前，會有「迪士尼的魔術時間」（Disney's Magical Moment）現場表演，用歌舞表演的方式、加上交響樂團以及許多迪士尼讓人熟悉的人物，來慶祝迪士尼動畫電影的成就。

同時，在美國其他的地方，好萊塢的愛爾隊長戲院（Al Capitan Theater）是另一個歡樂堂的所在地，也有雪佛蘭狩獵卡車的抽獎活動，並增加在電影銀幕前的現場舞台表演。

迪士尼也持續重複每個禮拜放映預告片段的策略（曾用於
《鐘樓怪人》與《101忠狗》），透過迪士尼商店、線上迪士尼以
及迪士尼目錄來推銷六月二十七日的上映。迪士尼線上給予網
路消費者「大力士預告片段週」（Hercules Sneak Preview
Weekend，六月二十一至二十二日）的特別預售門票，購買者
會得到特別的人物收集徽章，以及特別提供價值五十美金的禮
券，特別預售門票在迪士尼商店、迪士尼目錄或經由特別熱線
都可以買到。只要多一分美金，購買者便可以買到電影的暢銷
單曲「到遠方去」（Go the Distance），由葛萊美獎得主麥可波
頓（Michael Bolton）主唱，但是卡帶單曲只有迪士尼商店供
應。

一點都不令人訝異，迪士尼宣佈一個黃金時段的特別節
目，內容包含大力士的人物與卡司，這個節目當然是在ABC播
出，媒體對於電影開演的也有許多相關報導，當然也包含迪士
尼頻道的兩個特別節目。《電影玩家深入大力士》（Movie
Surfers Go Inside Disney's Hercules）（週日下午五點半以及八點
半），探索電影組合以及有關電影的事實；《大力士襲擊曼哈
頓》（Disney's Hercules Strikes Manhattan）（週日下午七點半以
及十點半），主要報導大力士電動遊行街道的過程。迪士尼有
線電視的促銷活動刺激一位記者監督「環繞時鐘的推展，計算
迪士尼失去控制的消費主義的時間」，他發現到下面幾點：

- 迪士尼將三分鐘的大力士相關促銷活動，放在星期五晚
  上八點，長達半小時的卡通節目《拯救遊騎兵》（Chip
  'n' Dale Rescue Rangers）中
- 三個三十秒的插播廣告，打上大力士的字幕，大肆宣傳

「從英雄到零的週末」（Hero to Zero Weekend）
* 兩個三十秒以及一個六十秒的廣告，提醒小朋友記得看
長達半個小時的資訊節目，《電影玩家深入大力士》[147]

　　在另一個迪士尼所有的有線電視頻道A&E，在頻道的自傳
系列播出大力士的故事，由迪士尼影片的鏡頭進行整個節目。
《鄉音》（The Village Voice）評論道：「他甚至不是一個真正的
人！」（1997年七月十五日）。

　　同時，佛羅里達州的慶祝城內唯一的戲院，也上映大力
士，華德迪士尼世界也開始進行大力士勝利遊行（Hercules
Victory Parade）。

　　或許現在我們可以理解，為何最近的一份金融分析表示
「華德迪士尼是地球上最有效率的娛樂整合公司之一。其他的
娛樂跨國公司談論協力策略，但是迪士尼是唯一真正去實踐的
公司，他們知道如何去對付『協力』，讓它哭喊著求饒」[148]。

令人失望的結果？

　　在正式上映的前兩個禮拜，《大力士》的票房達到五千八
百萬美金，相較於之前迪士尼在夏季推出的影片，票房顯得不
甚理想。像是《風中奇緣》（1995）上映頭兩週的總收入便達
到八千萬美金，《獅子王》（1994）更有一億一千九百萬美元
的票房收入。

　　關於這部影片表現不甚理想的原因，提出不少解釋。部份
觀察家指出這部電影無法對整個家庭產生吸引力，並且被認為
無法引發女孩們的興趣，有些觀察家則認為是電影的主題拉下
票房，還有其他人認為是電影檔期的問題，大力士上映時，恰

巧有許多重量級的動作片同時上映。還有另一個解釋：

> 「沒有人會懷疑大力士會成為一部超級強片」，洛克威爾
> （Arthur Rockwell）提到，他是經紀公司耶格資本市場
> （Yaeger Capital Markets）的娛樂事業分析師，「回顧這個
> 過程是很好的，討論的吵鬧聲也是很棒的。但是有可能是
> 計算性的消費主義傷害了這部電影。當電影是為了麥當勞
> 與零售商所製作的時候，電影就失去故事與觀眾的視角。
> 像是《蝙蝠俠4—急凍人》一樣，與其說大力士是一部電
> 影，不如說是個巨大的行銷冒險」[149]。

　　雖然我們可以推測迪士尼最終還是有從大力士獲利，但是
要找到值得信賴的證據來證明這個假設並不容易。研究者經常
被迫相信公司官方提供的不真實資料，以及有關商業貿易的謠
傳，以便獲得最基本的金融資料，其他像是電影的製作成本與
實際收入，對於來自家庭錄影帶、商品以及商業結盟等等的收
入，更是很難獲得額外的資訊。我們可以舉兩個例子來說明：
《獅子王》宣稱各種來源的總收益有十億美金；《鐘樓怪人》
則估計超過迪士尼的成本五億美金。雖然迪士尼的行政部門表
示動畫影片的收益，超過所有真人電影相加總額兩倍以上，但
是「計算動畫電影精確的收益是相當困難的，因為影片還混合
著其他的娛樂，例如主題樂園裡的遊行以及電視節目。部分估
計指出動畫影片與相關附屬活動的收益，可能佔了迪士尼總收
益的百分之七十」[150]。

　　據報導，大力士的製作成本大約是七千萬美金（就目前而
言，大型動畫電影的預算基本上是超過一億美金的）。電影在
美國的票房總收入，於七月三十一日達到八千三百萬美元

（＄83,426,924），八月二十八日則達到九千萬美元
（$90,704,556），到了1998年的二月三日更累積到一億美元
（$99,111,505），全球的票房收入據信到了1999年九月達到兩億
四千五百萬美金。大力士在1998年二月發行錄影帶，並帶來進
一步的收益。

　　雖然《大力士》這部電影，並未達到預期的票房收入或是
得到立即的商品銷售成績，但是電影裡的人物卻也爲迪士尼的
人物倉庫增添了新的經典角色。一個清楚的例子就是大力士被
放入《華德迪士尼的動畫電影百科全書：從米老鼠到大力士》
（Encyclopedia of Walt Disney's Animated Character：From
Mickey Mouse to Hercules），在1998年由迪士尼的超越出版公
司（Disney's Hyperion Press）出版。

　　在電影上映許多年後，迪士尼的商品通路仍持續推銷廣的
大力士相關產品。玩具、衣服以及禮品被儲藏在迪士尼商店，
迪士尼線上商店也提供許多大力士的產品，包含限量版的收集
品（例如大力士圖樣的上釉玻璃，價值五十美元）。「歡樂大
力士」（Hercules fun）也在迪士尼線上驚奇（Disney Blast
Online）以及迪士尼主站提供，顧客可以在這些網站收聽大力
士的原聲帶，在迪士尼俱樂部尋找如何安排「一個英雄式的生
日宴會」（a hero's birthday party），預先觀賞光碟版的大力士，
以及試玩電腦遊戲，像是大力士印刷工作室。

　　大力士的傳奇故事持續在主題樂園上演，有大力士電影的
人物參與的遊行與相關的娛樂設施。1998年九月，大力士的電
視版在ABC週六早晨時段首播，停播原本的兒童節目，也包含
迪士尼下午的綜合性節目。1999年的暑假期間，《大力士：英
雄之路》則直接發行錄影帶。

超越大力士：其他協力策略的實例

《大力士》的例子，示範了迪士尼公司所有部門如何共同
參與迪士尼品牌的推動，但是這個例子，並不包含與ABC相關
部門的合作，而無法說明迪士尼與ABC的協力過程。事實上，
ABC與ESPN急劇的提高跨部門合作以及進一步利用迪士尼擁
有的資產的可能性。

又一次，這樣的例子相當多，而本文只會舉出幾個例子：

- 在迪士尼與ABC溫和的合併後，羅斯尼（Roseanne）節
  目便以單元的形式，介紹華德迪士尼樂園，而幾次《早
  安美國》的播出，更是直接由迪士尼主題樂園直播。
- 1997年球季第一次播出的ABC星期一晚間美式足球，開
  幕式由噴射機飛過知名的美國地標，包含EPCOT巨蛋
  以及位於迪士尼樂園的灰姑娘城堡。
- 在1997年，ABC的法國之旅系列報導，包含介紹巴黎迪
  士尼樂園。
- 1998年十一月，迪士尼樂園的行銷事件之一是ABC的週
  末超級肥皂劇。

迪士尼與ABC的合併，也使得雙方的長處可以互相補強，
特別是ABC與ESPN之間，舉例來說，受到大眾喜愛的ESPN運
動主播克里斯伯曼（Chris Berman），同時也定期出現在ABC的
運動節目。其他互為利用的例子包括電影的合作，例如《呆呆
向前衝》（The Water Boy），一部由觸金石發行的電影，在這部
電影中，包含幾個與ABC以及ESPN主播有關的電影片段。

雖然跨部門合作推銷商品以及利用各部門的長處互為補

強，是可以預料採行的商業策略，但是新聞以及公共事務的報
導又是另一回事。有關公司新聞報導的檢查或影響力的議題，
早已被許多傳播學者強調過[151]，當迪士尼與ABC的合併後，
ABC的新聞成為一個很能吸引老鼠之家參與的新聞事業，雖然
迪士尼宣稱他們對於新聞報導秉持著不干涉的政策，雖然如
此，還是可以找到公司干預的蛛絲馬跡。

　　最著名的例子是關於ABC新聞雜誌性節目《20／20》。
ABC新聞被指控捏造有關主題樂園安全措施的故事，包含宣稱
迪士尼世界並未對可能涉及性犯罪的員工進行安全檢查，明顯
的，行政部門是從《迪士尼：背叛的老鼠》（Disney：Betrayed）
一書中安排進行的調查，但是拒絕為這個調查背書。當然，公
司的發言人辯稱是ABC新聞的主席下了這個決定，「由他決
定，並未受到迪士尼網絡或行政部門的施壓」，這個辯解當然
有可能是真的，然而，如同李奧伯加特（Leo Bogart）指出
的，「部分媒體過度粗糙的控制，像是直接下令消滅故事或避
重就輕的報導。他們並沒有讓大家知道他們做了這樣的事，以
及為什麼他們要說謊。大多數又不知不覺的加強這些不受歡迎
的行為與習慣」[152]。雖然表示要進行直接的新聞檢查通常是會
被拒絕的，在某些情境中則有可能被證明，但是我們仍然很難
將公司所有權與編纂政策的陰影分離，不管表面上是誰做決定
都一樣。

控制帝國，就是讓鴨子排好隊

　　迪士尼對於掌控公司一切的執著，在有關全球迪士尼的討
論中，不管是學術研究、大眾性以及商業報導，都一直是被觸

及的主題。當我們談論到經典迪士尼的內容時，將會回到有關
控制的議題，但是，現在對於迪士尼的分析是把焦點放在迪士
尼如何透過版權、勞資關係以及有效的戰術來控制迪士尼的資
產。

版權的控制

> 版權（Copyright）：翻製文學、戲劇、藝術或是音樂作品
> 的獨占權利，由法律賦予作者一定時期內的權利。
> 商標（Trademark）：名字或是可供辨認的符號，附於販
> 售商品之上，作為這些產品是由某家公司所製作的證明。
> 韋伯斯特第九版新學院字典
> （Webster's Ninth New Collegiate Dictionary）

對於媒體與娛樂公司而言，如何保護智慧財產權是越來越
重要的議題，尤其是在品牌商品的激增以及全球商品市場擴大
的情形下。舉例而言，美國的影業公司已經取得律師團以及聯
邦調查局的協助，落實他們在美國的智慧財產權保護工作，海
外智慧財產的保護則由國家級部門以及國際刑事警察組織負
責。盜版行為對於好萊塢的大型影業公司而言，是值得加以擔
心的問題，據信非授權的使用以及販售產品，每年讓他們損失
超過幾十億美金的收入[153]。

迪士尼早已因為嚴格的保護旗下智慧財產權，以及與令人
困擾的盜版業者豐富的官司歷史而知名，在迪士尼隊伍接手
後，相關的事情終於累積到爆發點，迪士尼在1988年宣告將進
行一場「與商業海盜的戰役」。「這個對抗海盜的計畫，將持
續納入我們優先執行的政策」，普萊斯勒（Paul Pressler）說

道，他是迪士尼商品授權部門的副總裁，「我們的角色就是要為我們的事業以及公司的計畫打下基礎，所以我們必須要控制誰在用我們的智慧財產，而且他們是如何用我們的智慧財產」[154]。從1986年到1991年，迪士尼提出二十八件告訴，被告人數高達一千三百二十二人，最大的訴訟案發生在1991年，迪士尼控告一百二十三個位於加州的公司，以及九十九個位於奧勒岡州的公司，在未獲得授權的情形下，將迪士尼的人物用於各種商品之上[155]。

雖然迪士尼持續追訴著數量龐大的版權訴訟案，但是一些意外事件卻更具吸引力。舉例來說，迪士尼在1989年威脅要控告三家佛羅里達的購物中心，在未經授權的情形下，將迪士尼的人物畫在壁畫上，這三家購物中心將壁畫移開，並且用環球以及漢納巴貝拉（Hanna-Barbera）的卡通人物壁畫代替，這兩家公司並不要求購物中心交付任何費用。這個事件被廣泛報導，而且常被用來作為說明迪士尼堅持掌控所有人物的例子。

也是發生在1989年，迪士尼控告電影藝術科學學院（Academy of Motion Picture Arts and Sciences）的表演者在奧斯卡獎頒獎典禮上，裝扮成白雪公主的人物進行表演，而未經迪士尼同意。後來迪士尼雖然撤銷控告，卻使得好萊塢對於迪士尼的小氣嘖嘖稱奇。

最近，迪士尼要求法國愛滋病協會（French AIDS association）取消有白雪公主以及灰姑娘人物參與的諷刺性遊行，雖然法國法律允許具諷刺性的卡通授權人物，宣傳活動的負責人仍由於迪士尼的壓力，而答應取消這次的遊行。

雖然公司有權利保護自己的財產，但是公司對於大眾的反應卻通常卻是無禮而傲慢。一個轉引自英國報紙所報導的例

子，1998年初，在參觀完佛羅里達的奧蘭多後，英國商業及工
業部秘書（British Secretary of State for Trade and Industry）麥
德森（Peter Mandelson）表示，迪士尼非常注意格林威治千禧
巨蛋的發展。一位記者指出，迪士尼公司「對於智慧財產權的
維護是相當有名的」，並且引用迪士尼行政部門的話：「他
（麥德森）有可能會成為英國首相，但是我們是華德迪士尼公
司，而且我們不會隨他人起舞」[156]。

其他的例子還包括，拒絕免費提供迪士尼的卡通人物供政
府製作郵票，即使是為了慶祝美國動畫電影的發展，迪士尼也
不願意。我們可以在美國信件上看到兔寶寶、達菲鴨、金絲雀
以及席維斯特等華納兄弟的人物。一位記者談到：

> 但是別期望我們能看到其他受歡迎的卡通人物，像是米老
> 鼠、唐老鴨或是高飛狗會在什麼時候出現在郵票上。至少
> 也要等到視錢如命的華德迪士尼工作室的行政部門，不再
> 要求郵政服務部門必須要付出權利金才能將迪士尼人物印
> 在郵票上。
> 不容懷疑的是，這是迪士尼第一次有可能利用人物倉庫，
> 製作一系列的郵票，在華府達成這個實驗性的提議後，迪
> 士尼的爪牙詢問這個半官方組織願意出多少錢，以便獲得
> 將米妮或布魯托印製在郵票上的授權。
> 據報導指出，郵政總局局長，馬文魯尼昂（Marvin
> Runyon）當時表示「一分錢都沒有」，迪士尼公司回答
> 「那就不可能了」。這是個郵政歷史上重要的案例。
> 華納兄弟立刻進來，並且同意他們使用華納的商標與人
> 物，並且不用付任何一分權利金。這也就是為什麼今年我

們可以看到幾千張的免寶寶郵票，而看不到老鼠在郵票上
的原因了[157]。

1998年版權延長法案

迪士尼對於智慧財產權的關心程度，在1998年當國會面對
版權保護時限延長的議題時，顯得更加強烈與清楚。艾斯納與
迪士尼公司進行一次成功的遊說活動，促使國會通過延長版權
的立法，這是一個好萊塢奮力影響立法過程的經典實例。

這項法案，一開始是由歌手與演員轉交國會議員索尼波諾
（Sonny Bono），要求修改現行的版權法令，希望將公司對於版
權的獨占權力能由現行的七十五年，延長為九十五年。同時，
由私人擁有的所有權，年限也由原本死後五十年，延長為死後
七十年。

雖然提案的人士表示版權保護年限的調整，是對應歐洲聯
盟（European Union）最近對於版權保護的延長，但是，部分
法學人士指出這項法案代表著「財富的轉移」，使得大型的娛
樂以及出版公司獲利。

儘管這項法案的支持者努力使得法案內容無可爭議，避免
引起公眾的討論，但是反對者認為這項法案並不代表公眾的利
益。「賺錢不是版權法令的目的」，美國圖書館協會的愛司格
勞（Adam Eisgrau）說道，「法律的主旨是在提供作者以及投
資者足夠的誘因來創造資訊，而非存在一種必定得到補償的權
利，因為資訊的創造應該被視為公共財，由公眾所共有」[158]。

擁有版權的公司，例如迪士尼，直接在國會上進行遊說，
並且尋求他們在美國電影協會（Motion Picture Association of

America, MPAA）夥伴的幫助，這個協會利用「協會所擁有的
壓倒性遊說力量：協會的總裁瓦倫第（Jack Valenti）請求與他
有長年合作關係的議員協助推動立法」[159]。但是立法過程的重
要性太高，使得光靠面對面的遊說策略是不夠的，迪士尼提供
政治獻金給最早在眾議院支持此項法案的十三位議員，以及在
參議院的十二位議員。

　　整個立法過程最重要之處，在媒體報導極為成功的遊說活
動時被披露出來，據報導指出，迪士尼對於米老鼠的版權到
2003年滿期，布魯托到2005年，高飛狗到2007年，唐老鴨則到
2009年滿期[160]。

　　儘管迪士尼在保護本身的智慧財產權上非常賣力，但是對
於夠大膽，會提供有關米老鼠好點子的人，卻沒有相同的待
遇。迪士尼網站對此作出解釋，這是因為公司政策禁止接受創
造性點子與題材，請求取得點子或題材也不被允許。因此，如
果有人提出新的題材，迪士尼的政策是很清楚的：

> 申請應該要被確認並且持續是迪士尼的財產，迪士尼應該
> 獨占擁有現今已知或未來會出現的權利，可以認可全球每
> 樣物品與種類，並且確定在任何情況下，認可權利的使用
> 是不受限制的，不管是作為商業或其他用途，都不能沒有
> 取得認可的補償的提供者[161]。

新聞花絮：奧勒岡的鴨子

　　奧勒岡大學的吉祥物是一隻鴨子：奧勒岡鴨（Oregon
Duck），一隻戰鬥鴨，這隻鴨子是迪士尼唐老鴨的另一個版本
造型。奧勒岡大學是現今唯一用迪士尼的人物作為吉祥物的學

圖二　奧勒岡的戰鬥鴨。奧勒岡大學的吉祥物是迪士尼唐老鴨的版本之一，獲得迪士尼有特殊限定的使用認可。
照片由卡德隆提供

校，而且奧勒岡大學與迪士尼之間的故事更是一個迪士尼極度渴望掌控的有趣例子。

　　這所大學自1920年代以來便以鴨子作爲吉祥物，但直到

1947年才開始採用唐老鴨的版本，迪士尼與奧勒岡大學達成使用協議。1948年華德迪士尼同意允許該所大學採用唐老鴨作為奧勒岡鴨的範本，但是這個同意並未製成書面文件。有一張照片是華德穿著奧勒岡大學的夾克，擺好姿勢與學校代表隊合照，而這張照片，多年來被奧勒岡大學作為辯稱華德迪士尼准許他們使用唐老鴨造型的證據。

1974年，這項協定以書面授權的形式正式化，允許奧勒岡大學非獨占性的使用唐老鴨人物，並且不需要支付任何權利金。奧勒岡大學的戰鬥鴨（或者是指涉整個奧勒岡州的鴨子），在許多方面與唐老鴨有所區分，並且這隻叫做愛福樂（Afro）的鴨子同樣也有很好的發展。

1978年，來自大學以外的商業人士，要求細查這份允許在商品上使用唐老鴨的文件。然而，當1979年奧勒岡大學希望再得到轉包的授權協定時，迪士尼拒絕了這項請求。

1991年，一份新而完整的授權協定出爐，再一次允許奧勒岡大學運用奧勒岡鴨的角色，但必須以從事運動活動為前提，同時，奧勒岡大學也獲得轉包協定。透過這個轉包協定，奧勒岡大學可以授權製造商製作有迪士尼商標的鴨子，並且可以向廠商收取合約的百分之十二作為權利金，其中有一半要交給迪士尼，也就是說，奧勒岡大學藉由授權取得百分之七點五的權利金，但是因為商品與唐老鴨有關，便減少百分之一點五。迪士尼每年透過這個管道得到的利潤總額，約在三萬美元到八萬五千美元之間，端視戰鬥鴨的商品賣了多少，「我們給他們的錢對於迪士尼帝國而言是微不足道的」，奧勒岡大學的商品行銷與授權部門的負責人迪斯特（Matt Dyste）提到，「華德說過我們可以用那隻鴨子，而且這可能是迪士尼願意在1991年與

我們簽約的唯一原因，很明顯的，他們並不希望我們可以授權他們的人物」。

在這份合約中的另一項規定說明，戰鬥鴨必須用「在正確的方向」，並且避免暴露在「負面燈光」之下。這份合約對於這點並沒有進一步的說明，而是很明顯的假設奧勒岡大學的人員足夠熟悉如何以迪士尼的觀點對此項條文作出詮釋。「他們假設他們的文化已經滲入你的心中」，迪斯特解釋道，「大部分的人對於迪士尼都存在傳統的想法，迪士尼是強調健康、家庭以及提供高品質娛樂的」。

除此之外，這項合約也禁止奧勒岡大學在猶吉尼（Eugene）以及波特蘭（Portland，位於奧勒岡州）以外的地方，販售任何有鴨子形象的產品，對於奧勒岡大學來說，這項規定對他們來說是不利的，因為學校本來可以在國內增加販賣的商品數量，獲得額外的經濟回報，以便作為不同的校園計畫的資金來源。

既然如此，為什麼奧勒岡大學還堅持要用唐老鴨的肖像？迪斯特解釋道：「我們喜歡這些人物，而且那隻鴨子帶給學校的收入，已經超過其他任何授權商品可能產生的利益。歷史、人物以及校友，是必須同時被考慮的，我們只要談到鴨子，就會想到奧勒岡的鴨子」[162]。即便如此，如同為將來考慮般，現任的迪士尼首席行政人員艾斯納，在1999年的年度會議向股東保證，奧勒岡大學不能在責任不清的情況下，以奧勒岡鴨作為學校的吉祥物。

控制勞工：為老鼠之家工作

另一個迪士尼典型控制的元素表現在公司與員工間的關

係。根據1998年的10-K報告，迪士尼的雇用人數將近十一萬七千人，包含所有事業的各式各樣員工，迪士尼的名聲吸引許多人想投入其中，這些人夢想著一輩子在工作室或主題樂園工作。但是，魔術王國的魅力卻是被虛構出來的。

根據跳躍報導網站（Vault-Reports.com）的「公司速寫」部分的報導，這是一個對未來員工提供公司相關資訊的網站，許多迪士尼的員工非常滿意他們的工作環境。經由訪談與調查，這個研究指出員工認為在迪士尼工作有助於提升他們的生涯發展，而且迪士尼給他們的福利是其他公司很少能做到的（例如主題樂園的免費入場以及商品的折扣等等）。

然而，這份研究也發現迪士尼的薪水明顯的低於同業標準，而且如果員工對公司抱有很高的期望，公司的科層制度很容易讓他們失望，這份報告警告想成為迪士尼員工的人，「儘管迪士尼製作溫暖以及有絨毛的產品，但是迪士尼的核心卻是精密的官僚體制」。如同迪士尼的資深員工表示，新進員工變得清醒，「因為他們原本想像迪士尼公司是一個像是魔法王國的地方，這個人間仙境沒有官僚、政治以及其他像金融分析這種令人討厭的事。很遺憾的，這種地方並不存在」[163]。

迪士尼盡量讓整個公司變成一個社群（community），在這個社群裡面，員工分享著做出決定的權力，並且讓這種動力來自公司內部。迪士尼內部非正式的家庭關係是相當有名的，例如直接稱呼每位員工的名字，然而，在公司的不同部門裡，存在著特殊的手段來控制員工。下面兩個部分將討論位於工作室以及主題樂園的員工。

工作室員工／動畫

　　由歷史層面來看，吸引最多注意力的迪士尼員工，應該算是與動畫有關的人員。如同約翰蘭特（John Lent）說明，美國的動畫發展是奠基在勞力的投資上，不只是在迪士尼，在大多數的好萊塢動畫公司都是如此，「在那裡有極具天賦的動畫人員，在艱困的環境下工作很長的時間，這樣沉悶的工作卻只有低廉的薪資，更重要的是沒有聲望」[164]。

　　如同在第二章所提到的，在衡量過迪士尼工作室的低薪以及缺乏掌聲之後，1940年代的所發生的勞資糾紛一點也不令人意外，據報導指出，當時迪士尼支付的薪水是電影界中最低的，打印員的週薪在1930年代即將邁入1940年代的時期，介於十七到二十五美元，長時間以及大量的工作是司空見慣的，動畫人員有時甚至被迫把工作帶回家，而且失去對於工作的掌握，也使得迪士尼的員工感到挫折。不管員工在工作室製作什麼，成果都屬於迪士尼，我們曾在第二章討論過，華德迪士尼掌控著整個動畫的製作過程。最後，迪士尼動畫的發展風格只遺留下極小的空間，供作實驗性以及員工創造的區域。

　　1960年代，迪士尼加入其他影業公司的行列，將工作交由花費低廉的海外國家來處理。1990年代動畫電影的復興，部份必須歸功迪士尼隊伍振興了迪士尼經典動畫電影，但是新的電視以及有線電視的卡通以及動畫系列頻道的出現，也頗有貢獻。動畫電影的復興，除了意味著好萊塢動畫人員數量的增加，也代表更多的動畫製作工作將交由海外負責，尤其是位於太平洋沿岸，正逐漸發展的動畫中心，例如日本、台灣、南韓、加拿大以及澳大利亞。以典型的動畫製作來說，前製作業在美國完成，而輪廓、上色（用手）、打印、繪畫以及攝影工作則由海外負責，最後作品的後製作業以及完成則通常在美國

處理[165]。

　　雖然在這波動畫潮中，電影界宣稱美國的動畫製作人員相
當短缺，還是有充足的證據指出影業公司是因爲節省經費的緣
故，而把目光投向太平洋沿岸。一位片商說明道，「如果我們
要在美國製作動畫，每半小時的動畫成本將由十萬到美元十五
萬美元提高到百萬美元之譜，所以沒有人有辦法會這樣做，除
了迪士尼」[166]。

　　雖然迪士尼也將動畫製作的一大部分工作交由海外處理，
但這些海外公司要不是迪士尼擁有的公司，不然就是該公司唯
一的客戶。當迪士尼在1980年代中期，爲了電影與電視的需
要，加速動畫的製作，迪士尼也轉向日本的動畫公司，1989
年，成立日本華德迪士尼動畫（Walt Disney Animation
Japan），負責處理輪廓、打印、上色以及拍攝的工作。迪士尼
也在1989年買下漢納芭芭拉澳洲工作室（Hanna-Barbera
Australia studio），負責完成迪士尼的系列以及特別版動畫，並
且將電影製成錄影帶。其他有關迪士尼動畫製作的工作，是與
南韓以及中國的廠商簽訂轉包合約。離家裡更近點，迪士尼在
多倫多以及溫哥華開設工作室，創造兩百二十五個工作機會，
包含動畫製作人員、導演、設計人員、編劇以及企劃人員，還
有立體打印以及繪畫製作隊伍。

　　根據報導，雖然亞洲地區動畫工廠的薪資，在動畫製作人
員以及經理的等級相對較高，但是衡量其他地區的員工，他們
負責的是較困苦的工作，例如打印、上色等等較不爲人重視的
過程。就像蘭特指出的，「當然，海外公司最具吸引力的地
方：大量的員工願意在固定的環境中，從事辛苦的工作，並且
領取低廉的薪資」[167]。這些聚集的熟練動畫製作人員，他們對

於這些國家動畫工業的貢獻，仍是一個開放與等待解答的問題。

　　同時，太平洋沿岸的動畫活動對於美國動畫製作者的意義也是不清楚的，特別是在如果動畫潮減緩的情形下。過去，美國的動畫製作人員曾經抗議將影片製作轉移到海外其他國家，特別是在1979年，銀幕影片卡通製作者走上街頭，要求除非所有合格的工會成員都被雇用，否則要限制將洛杉磯工作室的工作移到海外的行為。雖然如此，工作室仍然持續利用海外勞力，甚至在工會會員的失業率相當高時也是如此。最終，動畫製作人員以及管理部門之間的歷史性緊張，看起來會不斷持續下去。

主題樂園的員工

　　由於那些快樂並且樂於助人的員工，使得這個「地球上最快樂的地方」變得相當有名。但是這並非自發性的，由部份評論來看，魔法王國並不總是神奇的[168]。在研究華德迪士尼世界兩年後，庫恩茲（Kuenz）下了結論，「迪士尼對於員工的控制，幾乎接近全然的掌控；員工本身也感受到公司的控制」。儘管迪士尼要求員工放棄說明他們工作經驗的權利，庫恩茲發現員工本身卻非常渴望談論他們在魔術王國的工作。

　　前面曾經提到，對於某些人來說，一個能在迪士尼公園工作的機會是相當誘人的，因此，對於迪士尼而言，要找到大量有興趣在迪士尼公園以及遊樂園工作的人，似乎不是一件難事。問題只在於這些有興趣成為迪士尼員工的人，能不能符合（或者願意符合）迪士尼要求的規格。

　　迪士尼甄補年輕而且充滿幹勁的員工的管道之一，是透過

華德迪士尼世界學院計畫（Walt Disney World College
Program），每年吸引美國以及其他國家超過三千名的學生。這
個計畫包括涵蓋工作以及課堂的課程，雖然這些學生在結束課
程後，不見得會在迪士尼公園工作，但是他們會得到虛擬的學
位，成為老鼠專家（Mouseter）或鴨子專家（Ductorate）。

　　對於許多美國的公司來說，員工訓練是相當普遍的活動，
但是迪士尼對於主題樂園員工的訓練，確是相當具傳奇性的。
從1950年代迪士尼樂園開幕開始，迪士尼便創造本身的訓練計
畫，稱為「迪士尼大學」（The Disney University），這所大學的
校園分布於各個主題樂園以及位於柏班的迪士尼工作室。這個
訓練計畫包含教育新進員工迪士尼的歷史與哲學，一個為期兩
天的課程稱為「傳統」，被迪士尼管理部門的專家認為是世界
上「最棒的教育計畫」[169]。在這裡，員工學著適應迪士尼的管
理，齊巴特（Zibart）對此說明，這是一個「公司傳奇、行為
指南以及心理社會結合所形成的混合體，『你完全相信迪士尼
的方式』，一位工作五年的員工提到，『看起來像是華德還在
世上活得好好的我們把這些稱為用精靈的塵土獲得潔淨。這個
過程要花上一年的時間—當然，有些人必須再通過這個課程』」
[170]。

　　在這個課程中，新的員工學習關於「迪士尼文化」，被迪
士尼的文獻界定為「價值、傳說、英雄以及符號，對員工有重
大意義。我們的文化是經得起時間的考驗，並且為全世界所認
同」。

　　最重要的是，公園的員工學習以迪士尼的方式來服務大
眾，並且「保留節目的原味」。員工被要求要帶著微笑，與遊
客目光相接，展現最恰當的身體語言並且發覺顧客的需要，部

分分析家指出這是一種「情感勞動」，被界定爲「在服務的過程中，表達社會需要的情感」[171]。主題樂園內也有很多的禁忌，包括：不要讓客人感到害羞、別逾越本分、不要有脫軌的演出、不要和其他員工深交、除了在工作場所，否則不能穿著制服等等的規定。員工所學習以及展現的完美服務被稱爲夢想的顧客服務，詳細的內容請見說明4-2：

說明 4-2　夢想的顧客服務指南

服務

- 總是與遊客目光相接，並且保持微笑
- 超過遊客的期待，並且遊客多接觸
- 永遠呈現傑出的服務品質
- 問候以及歡迎每一位遊客
- 保持對於自身工作品質的高標準

團隊合作

- 不只關心自己負責的部分
- 展現強烈的團隊進取心
- 不管對遊客或是工作夥伴都積極的溝通
- 保存遊客「神奇的」（magical）經驗

態度

- 要求百分之百的表現
- 極端的有禮以及友善
- 在任何時刻都表現出適當的身體語言

- 展現迪士尼的風格
- 對每個遊客說謝謝

直覺

- 提供需要立即服務的直覺
- 積極的尋找機會來滿足我們的顧客
- 在遊客感到不滿意之前，便將問題解決
- 在接受遊客抱怨時，表現出耐心與誠實
- 永遠保持節目的原貌

強調安全、禮節、節目品質以及效率！

資料來源：華德迪士尼公司提供的資料

　　員工訓練也包含該如何處理緊急事件的行為指南，雖然迪士尼對於控制緊急情況的表現並不是很好。例如，安全指南教導員工千萬不要使用「驚慌的字眼」，像是失火、車禍、救護車以及疏散，而使用「迪士尼術語」，像是二十五號信號、四號信號、艾爾發單位（Alpha Units）以及退場（exit）。員工被仔細的教育如何處理這些情況，避免驚嚇到遊客，並且控制可能雖之發生傷害公衆的危險[172]。

　　經過迪士尼的訓練之後，所有的學員便得到一段特定的試用期，領導人則監督他們的表現，週期性的學員可以持續得到試用的機會，因此被公司告知「多注意我們的政策與程序」[173]。

　　除了穿著特別的制服以外，學員必須適應嚴格的服裝規

則。換句話說，主題樂園內員工所穿著的制服，看起來之所以「令人驚異的整潔」，並非自動或自然如此的，而是嚴格執行「迪士尼外觀」的結果。服裝規則的幾個較特別之處，是由一本名為《迪士尼外觀》的小冊子而來，包含下面這段話：

> 給男性員工──整潔、自然的髮型「長度不能超過或遮蓋耳朵的任何部分」。在迪士尼外觀手冊中有圖解，提供適當與不適當的髮型圖例。不允許留任何的鬢角以及鬍子，但是，防臭的處理是必要的。
>
> 給女性員工──不要選擇極端的髮型；禁止在長髮上加上的配件─平的髮夾、金色、銀色或龜殼狀的髮冠或髮帶，不允許有任何裝飾，包括蝴蝶花結。不能超過兩個髮夾或髮冠；只有自然的處理才被允許，指甲只能保持乾淨或用閃亮的指甲油，暗紅、白色、金色或銀色的指甲油並不是迪士尼外觀的一部分。指甲的長度不應超過指尖的四分之一英吋。

到了最近，相關的禁令被擴大，包含不能蓄鬍子、不能有可見的刺青、除了允許女性穿兩個耳洞之外，不能在鼻子或其他部位穿洞。迪士尼外觀是一件嚴肅的事情，根據員工或學員守則，若持續違反迪士尼員工外觀的政策，將遭到解僱的命運。

在主題樂園內還有很多的原因可能使員工被炒魷魚，特別是那些在主題樂園、飯店或因為特殊原因，穿著迪士尼人物服裝的員工。對於這些員工，最重要的是永遠不被允許在遊客面前脫去人物造形的頭套，甚至在員工覺得生病或失去意識也不行，但是這樣的情形是經常發生的。如果沒有遊客看到，穿著

迪士尼人物服裝的員工笨拙的操作，以及偶爾危險的準備是很滑稽好笑的，但是他們一定要一直待在人物服裝中。這些服裝又熱又重，使得穿著的員工常常胃不舒服或是昏倒[174]，這樣的行為很明顯的保留遊客夢幻般的經驗，相較於員工的福利，遊客的美好回憶顯得重要多了（更多的主題樂園討論將在第六章進行）。

除了必須待在人物服裝裡、繼續節目的進行以及服務遊客之外，員工同時應該知道他們正被監看與監視。員工指出迪士尼有能越快掌控越好的信念，透過「時間動作」專家運用的「小時操作控制能力」達到這個目的。一位過去的員工說明道，「在巨雷山（The Big Thunder Mountain），我被要求每個小時接待兩千位遊客，這就像是有裝配線的工廠，主不過這是一間娛樂工廠」[175]。

進一步來說，庫恩茲訪問的員工表示，主題樂園的每個人彼此互相監視，「狐狸」是偽裝的員工（打扮成帶著照相機的遊客），他們會監視遊客，避免任何的危險發生，包含防止公園有扒手與竊盜。同時，「買東西的顧客」（同樣喬裝為遊客）監視以及測驗員工，確定他們的行為有遵循迪士尼的規定。庫恩茲對此下了結論：

> 迪士尼的員工被教導為集體偏執狂，從一開始（對於總還有其他規則可以打破表示懷疑），到最後感覺到他們總是被期待表演會讓人感到急躁的「迪士尼角色成員」，而這是以迪士尼在任何面向緊密的掌控，和管理階層與勞工間，以及勞工間的官僚系統所驅動[176]。

獎賞：薪資、獎勵與趾高氣揚

　　雖然在迪士尼主題樂園工作的員工受到某種特別形式的掌控，但是還存在所有迪士尼員工都受到影響的政策。跳躍報導轉引之前的備忘錄，「迪士尼的薪資等級，很不幸的，與迪士尼這塊招牌所發出的高度光芒並不相稱」，新進員工被警告迪士尼的薪資等級比一般公司低了百分之十到十五，並且加薪速度緩慢，也無一定章法可循。另一位員工也解釋道，「換個角度來說，你的薪資還包含迪士尼的名聲」。這份報告對此作出結論，「這些工作可以到達迪士尼的優勢，但也可能是個陷阱（對員工而言）」[177]。

　　此外，迪士尼的員工清楚知道「過高的行政部門薪資」，我們在第三章已經討論過，記得老鼠領袖（Chief Mouse）艾斯納獲得的七十五萬美金的年薪以及股票選擇權，讓他總是在行政人員報酬的部分排行第一，同時在迪士尼公園工作的老鼠員工（Worker Mice）卻只有極微薄的薪水[178]，這些不同薪水的比較在表4-2。一位工會的代表說明道：

> 這件事情的事實是自從艾斯納與他的頂級同伴出國後，迪
> 士尼最高級員工的薪資與福利便明顯的降低。而且，我們
> 可以確定，他們部分的犧牲是迪士尼公司利潤以及行政部
> 門薪資提高的原因。但是艾斯納與資深行政人員的部分犧
> 牲怎麼了，這些犧牲在哪裡？我猜想領導階層在這些日子
> 以來並沒有好好的數清楚[179]。

　　迪士尼在與新進員工的談判中，也表現出決不妥協的態度，跳躍報導引用一位迪士尼員工的說明，「迪士尼在就業市

表 4-2　薪資報酬比較（美金）

年薪	週薪	日薪	時薪	分薪
艾斯納	204,236,801	3,927,631	785,256	98,191	1,637
最低薪資員工	9,880	190	38	4.75	0.08
一般員工	24,700	475	95	11.88	0.2
美國總統	200,000	3,846	769	96	1.6

資料來源：「Paywatch Fact Sheet」，NABET-CWA website，
http://pw2.netcom.com/-nabet16/page24.html（using 1997 AFL-CIO
data）

場裡像是一隻八百磅的猩猩，他們知道自己的能力，也不害怕
運用這樣的能力，而會讓我們感到挫折」

　　儘管在迪士尼公司內存在著機會與升遷平等的論調，員工
仍表示「如果要得到更高的職位，他們必須被上級喜愛，上級
通常要求他們卑恭屈膝，不要有任何問題，也不要發出任何抱
怨」[180]。舉例來說，主題樂園內的升遷通常是得到領班的位
置，一個次級管理的職務，通常不被視為管理階層或經理的一
員，然而，這個次級領導的職務仍然是管理的第一線，雖然這
個職務只擁有很小的權力，並且對照迪士尼的用語，次級管理
並非經常能升遷到真正的管理部門[181]。主題樂園內的官僚體系
將員工區分為特殊的單位，每個單位有自己的經理負責，經理
「非常認真的從事他唯一的工作，左手不注意右手」，如同庫恩
茲提到的，這是一個新世界秩序的工作模型：「在這個世界
裡，所有的社會規律都被重新安排─就像迪士尼的未來城市那
些吸引人的設施所預期與希望的─藉由公司的規劃，每個人這
樣的社會整合中，進一步順從以及確認公司需要的邏輯」[182]。

爲了對這個勇敢新世界的劇本有所貢獻，許多員工極度的
將自己奉獻給迪士尼，這樣的奉獻可以由極低的員工失誤比率
看出（儘管有人提出相反的主張，表示員工的失誤比例是相對
較高的）[183]，其中一個解釋認爲迪士尼「強化了員工的責任感
以及愉悅感」[184]。迪士尼是一家最低薪員工稱呼執行長爲「麥
可」（Michael Eisner）的公司，迪士尼的員工讓來自全世界的
人感到快樂，員工在主題樂園接受自由的教育。很明顯的主題
樂園內有用不盡的精靈塵土。

米奇的操作員

就像其他的好萊塢公司一般，迪士尼與許多貿易聯盟組織
接觸[185]。一般來說，代表電影與娛樂事業的工會變得越來越多
元，當好萊塢公司涉足的各種不同的事業，造成勞動力進一步
分化後，更使得員工很難結合成一條團結的陣線來對抗所屬的
公司。舉例來說，迪士尼的員工類型包含位於迪士尼工作室的
動畫人員，聰明鴨的冰上曲棍球球隊，以及迪士尼樂園叢林巡
航（Jungle Cruise）的操作員。

員工類型的分化情形在主題樂園尤其明顯，主題樂園內的
員工被廣泛的勞工組織所代表，許多組織甚至與電影沒有關
係，例如，超過一打的勞工組織與迪士尼世界有協議，這些工
會結合成貿易委員會與迪士尼談判合約[186]。超過三十個工會被
八項合約所取代，十四個工會在兩個貿易委員會的架構下進行
談判[187]，同時，在迪士尼樂園，五個工會經常爲與三千名員工
有關的主要協定進行交涉。這些貿易工會包含食品與商業工人
聯盟（United Food and Commercial Workers）；服務工人國際
工會（Service Workers International Union）；旅館員工與餐廳

員工聯盟（Hotel Workers and Restaurant Workers）；麵包、菸草以及糕餅工人聯盟（Bakery、Tobacco and Confectionery Workers）；以及操作者國際兄弟會（Imternational Brotherhood of Teamsters，代表在主題樂園打扮成迪士尼人物的員工）。或許米老鼠與唐老鴨是人裝扮的意念會衝擊到迪士尼迷，但至少這些假扮的員工被一個工人協會所代表，而通常在其他的主題樂園這並不是個問題。

整體來說，工作的分化趨勢造成工會力量的微弱以及工人間結合能力的缺乏，如同洛杉磯時報的勞工記者柏斯登（Harry Bernstein）觀察到的，「這些日子以來，企業大亨除了工作室以及網路以外，還擁有其他的事業。他們或許喜愛製作電影，但是看起來金錢更像是他們主要的目標。所以如果電影工業發生罷工，導致電影的停止製作，大亨們的收入速度或許會減慢，但是們還是可以從其他來源得到金錢」[188]。

因此，迪士尼企圖以持續分化的事業在各方面掌控員工，而且，儘管員工利用某些技巧在他們的工作中找到樂趣以及滿足感，迪士尼通常還是得到公司想要的。如同迪士尼內部消息靈通人士，在跳躍報導建議那些考慮替這隻老鼠工作的人，「不要錯失對事實的觀察是很重要的，迪士尼是一家巨大的公司，所做的一切事業都是為了股東與公司擁有者，這些人希望透過提高公司的價值來賺錢。[189]」

強勢策略下的掌控

用八百磅的大猩猩來比喻迪士尼，是相當符合迪士尼在人力市場上所採取的策略，由於迪士尼與其他公司或是本身的員工接觸，展現出強勢並且有時顯得無所不為的行事風格，使得

迪士尼在這方面顯得惡名昭彰。

　　自從迪士尼隊伍接手後，迪士尼的「成功方程式」就是「談話強勢、如何省錢以及保有完整的控制」[190]。除了我們在第三章說明過的節省開支的方式，迪士尼也一步步將許多觸角深入產業當中，取得公司想要的，這樣的例子相當多，但是最常被提到的是關於迪士尼—米高梅工作室有利可圖的授權協定，迪士尼與數目不多的米高梅律師進行談判，並且拒絕給予重新考慮的機會。迪士尼公園建造同時也具有爭議性，尤其是在迪士尼的支持者，協助公司說服佛羅里達州政府不要支持MCA／環球（Universal）所提出的類似計畫。在這個戲劇性的事件裡，還有值得一提之處，就是在佛羅里達興建工作室主題樂園的計畫是由艾斯納所提出，當時他還在派拉蒙，與環球的領導階層開會時所提出的[191]。

　　迪士尼的策略造成為數眾多的訴訟案，不只是在之前說明過的版權議題上，在範圍廣大的商業交易也是如此，一位律師觀察到纏繞迪士尼公司的是「凡蒂岡（Vatican）掌管訴訟的神」[192]。迪士尼的不付帳單、保留版稅的款項以及堅持以自己的想法來做戲院老闆等等的行為，都相當知名。路易士提到在1987年的時候，迪士尼牽涉到十七件大型的訴訟，其中七百個被告在美國，海外則有七十八位[193]。如同一位商業觀察家指出的，「有關對於迪士尼的批評表示，跟迪士尼做生意意味著面對很多律師組成的隊伍，這些律師在每次的交涉都會佔據極佳的位置，而且如果迪士尼不滿意結果，他們會經常要求重新談判。米老鼠或許是這家公司的靈魂，但是你會在公司法律部門的某處，找到公司的心臟」[194]。這一點都不誇張，迪士尼在好萊塢以變老鼠戲法（Mousewitz）聞名，迪士尼團隊則是一群老鼠

（Rat Pack）。

迪士尼的全球化

　　毫無疑問的，迪士尼成功的重建以及擴張公司擁有的財產，不只是在美國，在全世界也都是如此。1989年，財富雜誌表示「迪士尼成為1990年代美國公司的原型：一家創造性的公司*移動敏捷的開發國際機會*，而這些機會是美國工業佔有優勢的」（底限為作者所加）[195]。當然，迪士尼在海外市場的成功並非自動發生的，也不是因為迪士尼的產品是全世界都必需的，本章的下面兩個部分將討論迪士尼為他的國際商品市場清開的幾條道路，並且開發國際勞動力在全球性機會中取得可能的優勢。

全球性的敏捷：政治的說服

　　迪士尼公司與其他以美國作為基地的多國企業一樣，向海外市場敏捷的移動並不只是公司本身的活動，同時也受到美國政府的協助。迪士尼的活動被政府支持，不管何時何地都會獲得協助，藉由政府機關的力量來保護版權，並且廢除阻礙美國公司「敏捷移動」的國家政策[196]。例如，迪士尼與其他美國為主的媒體公司結合，堅持所屬商品智慧財產權在國外市場的保障，並且依賴美國政府以各種手段來保障他們的權利[197]。

　　就像前面曾討論過的，迪士尼資助支持延長版權法案的遊說活動般，美國的娛樂公司持續對於競選活動給予金錢上的支持，所以受到支持的政治人物以及政府官員會易於支持這些娛樂公司在海外市場的利益。舉例來說，以華盛頓為基礎的回應

政治，一份根據美國聯邦選舉委員會（US Federal Election
Commission）報導的研究，包含民主黨黨員自1995年由娛樂與
通訊公司得到的大筆捐款，資料顯示：十二萬五千美元來自迪
士尼公司，三十七萬三千美元來自米拉美克斯影業公司，把這
些捐款攤在燈光下後，我們一點也不意外總統柯林頓（Bill
Clinton）的貿易談判代表會挑戰限制美國電影以及電視節目在
國際市場販售[198]的規定。

　　雖然迪士尼公司與其他多國企業型態的公司有相似之處，
但是迪士尼在獲得其他國家政府的幫助是相當著名，特別是在
主題樂園與遊樂園的建造上，在這方面，其他公司可能只有在
夢裡尋找。雖然有許多相關例子可供引用，較近的例子是在建
造巴黎迪士尼樂園獲得法國政府的支持，為了吸引迪士尼公司
以及樂園將提供的三萬個就業機會，法國政府在許多方面協助
迪士尼，包含調降土地交易稅率、低利貸款、減稅、改善公共
建設以及其他方面的投資[199]。

　　1999年年底間，完成下面的宣言：

> 香港政府可能給予迪士尼公司十億美金的貸款，並且持有
> 這個世界第二大的娛樂公司可能在當地建造的新主題樂園
> 的多數股權，一個與計畫相近的資料來源顯示。這樣的協
> 定會是第一個政府投資私人企業的例子[200]。

　　儘管迪士尼公司在各國政府面前並非總是吃香，甚至美國
政府也是如此，但是迪士尼在這些場合的表現，使得他們在海
外市場佔有優勢，因此迪士尼的品牌持續越過國家的疆界，迪
士尼的商品也繼續被認定為「全球性的（Universal）」。

全球性的機會：開發勞動力

　　迪士尼不僅全面敏捷的移動到全球的佈局，迪士尼同時在
「開發國際性的機會」上，也表現的相當傑出。如同其他的跨
國公司，迪士尼也掌握機會將商品的生產移到海外進行，以便
取得廉價的勞力以及較低的經營費用，提升迪士尼的競爭優
勢。

　　電影與電視節目的製作被安排在工資低廉或賦稅較低的地
方進行，以便得獲得更多的利潤，而這些地方通常暗示著美國
以外的國家。如同前面討論的，在其他國家製作動畫影片的費
用通常較低，所以迪士尼部份的製作過程是在亞洲、澳大利亞
以及加拿大完成的。

　　但是迪士尼廣泛的商品活動也從分工的全球化獲得好處，
在最近幾個世代的速度更是明顯的加快[201]。像是許多其他美國
的公司，迪士尼經常設計自己的商品，然後授權轉包廠商進行
實際的生產，這些轉包商大多屬於第三世界國家。迪士尼顯然
從控制商品的設計獲利，低價製作商品然後以高利潤的價格賣
出。但是迪士尼同時也從勞動力的全球分工獲益，在這個過程
中，使得非技術性以及沒有革新的勞動力僵固難解[202]。

　　迪士尼以相對較高的比例，將本身的智慧財產授權給其他
廠商，因此這些轉包商必須尋找可能的最低價格來製作商品。
對於依賴手工製作的商品（例如衣服與玩具）來說，代表商品
必須在人工低廉的地方進行，意味著位於發展中國家的美國甜
蜜商店（Sweetshops）以及工廠。

　　一項資料指出，迪士尼授權商品的生產，在全球估計有三
千間的工廠負責製作，通常在第三世界國家，工人通常被給予

員窮等級的新資，並且在不人道的環境工作。例如，1998年十
二月，海地工人的最低時薪為該國貨幣三十元，換算成美金等
於一天二點四美元，一年六百二十四美元，如果工人是以部份
比例系統來計薪，一小時可以拿到海地幣四十二美元，這個數
目還不夠一個家庭一天的伙食開銷。人權團體已經進行努力，
要求正視這些情況，要求必須給予這些海地工人足以生活的工
資—六十美元海地幣[203]。

授權商品同時在中國、澳門以及越南製作，這些工人的薪
資有時會晚發（或是比承諾的數目少），還必須在會接觸到有
毒的化學物品的工廠工作。其他的商品製作則在香港、台灣、
多明尼加、墨西哥、聖露西亞、馬來西亞、巴西、泰國、哥倫
比亞、薩爾瓦多、菲律賓、印尼、斯里蘭卡、宏都拉斯、印度
以及孟加拉等地進行。

詹姆斯崔西（James Tracy）反對將在這些國家製作的商
品，以工業化國家製作的標準衡量出售價格，因為這會讓製作
這些商品的工人，沒有辦法買到他們自己生產的產品。上述這
些國家在1997年的平均國民生產毛額GNP為三千兩百九十六美
元，同時美國的GNP為兩萬五千八百六十美元，日本則為三萬
四千三百六十美元。崔西爭論道：

> 雖然開發中國家的勞工製作商品，但是他們卻被排除購買
> 他們所生產的商品。進一步來說，由這些低廉工資創造的
> 額外利潤附著在商品之上，當迪士尼商品的定價是工業化
> 國家所生產的等級時，迪士尼便從額外的利潤獲得利益
> [204]。

一項在美國某城市進行的迪士尼商品可及性研究中，崔西

比較不同的迪士尼商品以及商品的生產地，他發現大部分（百分之八十）的玩具、珠寶與陶器（必須以手工製作的）是由依賴國家（dependent country）製作，而媒體商品（利於自動生產）則幾乎（百分之九十二）都在工業化國家生產[205]。

雖然迪士尼不是唯一經由全球化的潮流得利的跨國企業，迪士尼品牌的國際支配地位以及強調以兒童為導向的商品，應該吸引我們的目光在這些迪士尼的商業活動上。

推廣與行銷這隻老鼠

迪士尼的受歡迎以及全球化並非自然而成的，而是有意的整合行銷、廣告以及推廣活動所得到的結果。迪士尼發展屬於自己的專家，在美國境內或是國際市場中，負責迪士尼商品的行銷，在美國，整合效果來自以迪士尼公司擁有的通路進行廣告以及推廣，並且仔細計畫與其他公司或大眾的活動相結合，就像本章之前描述的大力士例子所展現的。

迪士尼每年花費相當數目的金錢在各種類型產品的廣告上。事實上，迪士尼在1997年是全美第七大刊登廣告的公司，排名在迪士尼之前的有通用汽車、代理人與投機（Proctor & Gamble）、飛利浦摩里士（Philips Morris）、克萊斯勒、福特以及席爾斯（Sears）。迪士尼在1997年花費十二億四千九百七十萬美元的廣告費，比1996年略微降低了百分之一點一，當時迪士尼是全美第五大刊登廣告的公司[206]，**表4-3**指出迪士尼在美國的哪裡登出廣告，以及迪士尼的生產線要花多少的廣告費。不過更值得注意的是比較美國以外的廣告費用後，迪士尼排行第三十五名，1997年總共花費兩億九千三百七十萬美金，相較

表4-3　華德迪士尼廣告費用，1996-1997（單位：千元美金）

	1996	1997
雜誌	75,704	82,100
週日雜誌	8,755	9,177
報紙	112,599	109,342
全國性報紙	3,440	7,501
戶外	7,407	11,620
電視網	267,209	263,920
區域性電視	176,004	137,986
綜合電視	37,361	55,937
有線電視網	44,205	55,224
廣播網	1,100	1,872
國家區域廣播	23,426	15,069
網際網路	847	3,504
媒體方式總計	758,096	749,801
非媒體方式總計	503,397	499,867
合計	1,263,493	1,249,668
品牌		
博偉影業	465,700	406,500
迪士尼娛樂	97,503	106,063
ABC電視網	47,037	54,681
ESPN有線電視	21,416	17,010

*非媒體方式指的是廣告世紀（Advertising Age）的估計以及包含直接郵寄、推廣、共同合作以及特別事件。

資料來源："100 Leading National Advertisers"，Advertising Age, 28 Sept. 1998, pp.s3-50。

1996 年的花費，足足成長了百分之四十，美國以外的廣告主
要以十八個國家爲主，絕大部分在歐洲（兩億三千六百五十萬
美元），在亞洲（三千兩百萬美元）以及加拿大（兩千三百六
十萬美元）也有，拉丁美洲（一百七十萬美元）則相對較少，
中東與非洲則付之闕如[207]。

　　與其他公司一樣，迪士尼除了廣告外，也運用各式各樣的
推廣促進策略，然而，迪士尼似乎對於創造自己的推廣機會特
別熟練。廣泛的事件被組織起來以及推動，例如兒童假期、教
師獎等等，特別的例子包括在巴黎迪士尼樂園的兒童頂峰以及
兒童的米奇國際快速西洋棋競賽（Mickey for Kids International
Rapid Chess Tournament）。

　　已經高度發展由廠商贊助的推廣計畫被稱爲迪士尼學習夥
伴（Disney Learning Partnership），一種「博愛的出發點，利用
華德迪士尼公司的能力來支持創造性、革新性與教育性的策
略」。這個計畫包括老師的表揚、專業化的發展、全校性的合
作動機以及加強家長和教師的連結。美國教師獎（American
Teacher Award）自1989年開始頒發，全國已經有超過千位的老
師獲得這項榮譽。

　　更接近現在的推廣活動被稱爲千禧夢想家獎（Millennium
Dreamer Award），下面是迪士尼網站對於這個活動的描述：

　你是一個千禧夢想家嗎？
　在我們迎接千禧年即將來到的同時，迪士尼與麥當勞，與
　聯合國教育科學與文化組織合作，舉辦千禧夢想家獎。這
　個全球兒童表揚活動計畫褒揚全世界有直得稱讚的成就的
　年輕朋友，表揚他們有讓我們的世界明天會更好的能力。

千禧年夢想家象徵著華德迪士尼公司與麥當勞公司與世界
上年輕朋友正在進行的約定。我們的搜尋範圍將超過一百
個國家，千禧夢想家是類似計畫中最深入世界的。
總共要選出兩千名八到十五歲的千禧夢想家，並且公元兩
千年的五月八日到十日，接受一趟華德迪士尼樂園的旅遊
招待，他們將在那裡受獎表揚，並登上兒童的頂峰。

　在1997年的年度報告上描述了另一個例子：

維尼和他的朋友計畫在一個特別慶典以及新推出的商品擔
任主角。在八月二日，Pooh 會再度成為友誼日（Friend-
ship Day）的親善大使。在歐洲以及歐洲以外的世界，會
有新的兒童產品生產線出現，以及由互動迪士尼推出的新
電視遊戲[208]。

　更重要的是，迪士尼絕不會錯過任何一個慶祝節日的機
會，哪怕只有一個迪士尼人物、一個主題樂園或是一部電影。
迪士尼的相關事件，新聞界並不會有遺漏的可能，就像迪士尼
為人所知的「取悅」（schmoozing）記者，招待這些記者極為
昂貴的迪士尼主題樂園之旅，並且送給他們小禮物，這樣的結
果使得迪士尼的活動通常得到閃亮的新聞報導。海森（Hiassen）
針對旅遊招待，以及對於強調迪士尼節慶的回應進行討論，在
他的書《嚙齒類團隊》（team Rodent）中提到：

迪士尼非常需要節慶，這些節慶是光芒萬丈的場合，可以
邀請一大群的記者來奧蘭多，進行一個禮拜的享受與娛
樂。因為依賴你便宜的報紙或是電視正在播出什麼，迪士
尼準備好付出一切，不管是空中旅行、住宿或是娛樂[209]。

　　如同海森提到的,新聞界成為迪士尼團隊的一部分,大部分的新聞媒體對於迪士尼都持正面的報導,不管是任何事件或迪士尼推出的商品。

　　迪士尼與旅遊業者也形成類似的關係。一點都不令人意外,旅遊業者會協助迪士尼推廣主題樂園作為理想家庭假期的目的地,迪士尼形成本身針對旅遊業者的訓練計畫,並且授與成功完成訓練的業者證書。即使難以精確的計算,我們還是很難不在意這些努力對於增加公園遊客數量的幫助。

　　迪士尼公司也採取各種手段在海外市場推廣以及販售迪士尼的商品,經常努力改進以便符合當地市場的要求。迪士尼也依著海外市場的想法來調整自己的產品,一個最近的例子是對於迪士尼動畫電影《泰山》音樂調整,在超過三十五個不同的市場重新配音。這樣的情況使得菲爾柯林斯(Phil Collins)需要將電影主題曲錄製成德語版、義語版、法語版以及兩種西班牙方言版,電影也由當地人士以當地語言重新配音,例如在馬來西亞就配上馬來文。之前,迪士尼電影有配上字幕,然而,迪士尼又增加音樂的歌詞以及對話,使得電影對不喜歡看字幕的小孩與大人更容易親近。一位博偉影業的行政人員說明道:「這賦予我們驚人的推廣與宣傳工具,而另外一步是將我們的產品在地化。看起來我們可以把我們的電影拿到世界各地上映,並且讓電影聽起來像是當地出品的影片」[210]。

　　迪士尼通常在國際市場獲得由當地代理商所帶來的利益,例如,博偉配銷丹麥分部負責丹麥境內迪士尼影片的配銷,他們的一位員工談到:「我們只是電影製作公司的輔助手,而且我們的意圖只是保留每部影片的精神給丹麥觀眾。每個國家迪士尼員工的熱誠與創造力,是來自電影上映所帶來的動力」

圖三 全球的米老鼠。迪士尼的人物出現在世界任何一個角落，就像位於德州費班斯（Fabens, Taxes，靠近墨西哥邊境）商店外面的壁畫，以及斯洛伐尼亞近海小鎮派倫（Piran, Slovenia）的遊客商店。

照片由卡德隆與傑庫伯區（Andrew Jakubowicz）提供

211 。

　　有一個例子可以說明這樣的創作工作的推展，就是1994年
《風中奇緣》將在丹麥上映前幾個月所發生的。迪士尼公司安
排一個名叫互動式的風中奇緣旅程，藉由一系列的現場舞台
秀、互動式遊戲與其他展覽說明風中奇緣的故事內容。丹麥分
部的代表將表演安排在鄰近哥本哈根的大型購物中心，小孩與
家人可以在那裡聆聽風中奇緣的故事與觀看動畫，同一時間，
風中奇緣的商品也可以在購物中心中的許多商店買到。當然，
互動的風中奇緣展覽也巡迴好幾個國家，讓其他不熟悉故事內
容，在迪士尼電影的電影上映之前先暖暖身。

　　可以舉出很多很多的例子來，但是，這裡的重點是迪士尼
並非單單廣告自己的產品，迪士尼經由大量的計算以及高度整
合的策略與計畫，在美國與海外市場宣傳與推廣迪士尼品牌。

最後底線

　　迪士尼公司的活動與政策（與任何公司類似）很難總結出
詳細的清單，然而，前面兩章的目標之一是強調迪士尼的運作
與一間公司無異，迪士尼的目標與任何一家利益導向的公司並
無二致。部分公司的政策與策略或許不盡相同，例如，相較於
其他公司，迪士尼可能在掌控本身的產業表現得更為鮮明，儘
管如此，迪士尼的目標無疑的是為公司的股東累積利益。但
是，迪士尼雖然這些年來在這方面獲得巨大的成功，達成公司
代表保證的年度成長與投資回報的承諾，迪士尼公司並非絕對
正確或可以自外於平常的商業潮流。儘管迪士尼的形象像是特
別的、有魔法的王國，迪士尼帝國仍會面臨事業上的緊急事
件。

　　現在我們已經探索過迪士尼帝國，以及知道迪士尼如何運作的一小部分，現在將轉向迪士尼產品所傳達的訊息與意義。第五章將專注於迪士尼大部分的動畫影片，第六章則把焦點放在主題樂園。

第五章

迪士尼觀點下的世界

> 我們製作圖片、影像，然後留待專家們告訴我們這些圖像
> 的意義所在。
>
> 華德・迪士尼

　　透過仔細檢視迪士尼企業生產了哪些成品，以及與這些文化的製成品連結的意涵後，迪士尼企業就被賦予了獨特的特質。在前一章中，我們曾經討論迪士尼企業的演化，以及被此企業援用來提昇基本主體性，繼而哄抬其股份持有者獲利的某些策略。在本章及下一章當中，我們將更貼近的分析某些迪士尼產品，尤其是那些被認定代表著經典迪士尼的部分，詳究他們所象徵的意義，以及這個企業本身的基礎主體性如何影響這些產品。在下一章中，則透過類似的解釋項解析迪士尼主題樂園與實際產品。

詮釋媒體內容的取徑 （Approaches）

　　分析大眾文化的方式仍然存在眾說紛紜的幾種不同的模式，這當中同時包括著重形式或者強調聚焦於內容者。作爲大眾文化的絕佳例證，迪士尼企業的產品性質，當然也已經被這幾類分析媒體的模式分析過。早在首支米老鼠卡通被播放之

際，迪士尼電影就成為電影評論人與分析家的分析對象，這些
分析成果可以見諸大眾出版品之間，而這些評論者大多採取美
學類型、藝術批判或者文學分析的觀點加以看待[212]。

　　不同於上述大眾文化評論者所持的詮釋方式，在緊接著的
這兩章當中，我們將對迪士尼產品做一番徹頭徹尾的學術討
論，而提供這些學術分析的源頭則來自相當廣泛的論域，其中
包含電影與電視研究、地理學、人類學、歷史學與建築學。一
般而言，針對內容或文件所從事的分析（譯按：內容分析
法），已經成為研究媒體或大眾文化的各式詮釋典範中發展出
的特殊技術或方法。在傳播、溝通的研究當中，媒體內容經常
被分析者透過實證主義者的觀點而採取量化的方式加以探究，
但這些技巧卻很少被挪用來研究迪士尼產品[213]。相對於此，針
對迪士尼所進行的內容分析，通常都採取質化的方法，或以文
件分析的詮釋模式，且側重於文學與電影研究，但也包含文化
研究與女性主義的觀點[214]。

　　　一般而言，電影理論與批判主義都反映出這些文件分析的
理論與方法論取徑（approaches）。因此，針對近年來電影批判
的風格做一個回顧，將成為理解曾經被引用來探討迪士尼產品
各式取徑的良好開端。布勞迪（Braudy）和寇罕（Cohen）就
將近100年來電影理論與批判理論區分為四個時期[215]。第一個
時期基本上以正式學者為主，集中於探討電影的藝術收益。第
二個時期則由1960-1970年間集中於電影收益刺激的觀點演化
而來，開始捨棄、批判早期的電影理論，轉而將問題與種族，
階級，性別與語言加以連結。第三個時期介紹各式的新詮釋取
徑，自語言學乃至符號學、結構主義的模型，包括文化人類
學，馬克思主義與佛洛依德派的心理分析。最近，布勞迪和寇

罕則留意到電影分析所產生的折衷化趨勢，各取徑開始嘗試著
相互融合，包括歷史、心理學及語言學，此外，也由女性主
義、新形式主義，認知心理學，實證主義及現象學。

　　在本章中，將呈現最廣泛被運用來分析迪士尼內容的形
式，包括美學、女性主義、心理分析和馬克思主義者的分析，
並將探討某些反覆被分析的特殊議題與領域，例如：被反覆詮
釋的兒童文學，米老鼠的角色、以及女性、種族與自然在當中
的地位。下一章則將檢視那些被認同用來分析迪士尼主題樂園
的主要基調，當中也包括後現代取徑。這些研究大多將焦點集
中於有一系列角色的迪士尼產品。因此，在我們進入各類對於
迪士尼內容的詮釋前，經典迪士尼模式必須先被強調。

經典迪士尼

　　研究電影的學者曾探討美國電影工作室，並指出在特定時
期間或特殊類型的電影，都具備有可被區辦的獨特性質。因
此，即使迪士尼企業已經生產出範圍廣泛的娛樂產品，以及形
形色色的動畫電影，但讓此公司備受矚目的幾乎仍舊是那些立
基於某些特殊公式的商品，而這所謂的特殊公式，則早在華德
迪士尼仍掌管迪士尼工作室時期就已經奠立，而且多年來的轉
變極小[216]。

　　因此，我們也就可能區分出哪些是所謂的「經典迪士尼」
—指的是此公司所出品的著名影集、卡通、及部分真人演出的
電影。再加上由這些產品的中所崛起的固定班底角色們，此
外，則是所謂「迪士尼」呈現於一般社會大眾或批判分析家眼
前的一致主題與價值。

　　所謂眞人披掛上陣的動畫產品包括電影如：《海底兩萬
里》；《瘋狂教授及愛心蟲》，另外還有某些電視節目，如
《大衛歌德與洛羅》。無論如何，迪士尼公司目前也致力於可開
發那些非家庭觀衆群的影集，也因此這些電影通常看來不太像
所謂的迪士尼影集，也沒有迪士尼產品的感覺，甚至，連名稱
也不那麼迪士尼了，故也就脫離了我們所指稱「經典迪士尼」
的範疇（舉例而言如電影《黑色追緝令》、《世界末日》、《驚
聲尖叫》與《傑基布朗》）。

　　除了上述的電影外，還有其他由迪士尼出品或迪士尼參與
製作的產品，很難讓人直接聯想到與迪士尼相關，但絕不會是
那些包含著經典迪士尼角色與元素的產品。

　　不過一般而言，經典迪士尼仍由栩栩如生的動畫電影與卡
通構築而成。我們甚至能夠輕而易舉的指出這些產品或角色，
因爲他們通常都蘊含某種特殊風格、一套標準的故事與角色的
公式，此外，還包括一組類似的主軸與價值觀。更有趣的是，
迪士尼公司往往都以這些所謂的經典迪士尼電影或角色作爲商
品化的重心，即便在迪士尼主題樂園中也是如此。本章的其他
篇幅中將藉由其他分析家與批判者的例證，爲經典迪士尼的特
質尋得恰當的定義，雖然這些學者未必只集中於迪士尼的產品
或內容，但仍舊能夠協助我們理解經典迪士尼。接下來我們首
先就必須先釐清經典迪士尼如何發展與演進。

經典迪士尼的演進

　　羅伯史克拉（Robert Sklar）曾觀察並指出迪士尼最初的卡
通電影通常是充滿想像、夢幻與開放式結局，這些卡通並沒有
明顯的重點，也沒有固定或符合邏輯的規則可循[217]。但在1932

年之後，卻發展出較為封閉的幻想模式：通常為具有特殊開場
序幕並以快樂的結局作收。這些被結構化的情節路徑開始成為
擁有顯著價值預設的道德故事。這樣的轉變在狂想曲（Silly
Symphonies）中最為明顯，它不但幫助經典迪士尼模式的成
形，同時也成為技術（音效／色彩）與美術（動畫技巧，動作
等）的實驗品。於是明亮而輕快的娛樂效果，再加上美妙的配
樂、由插科打諢與鬧劇似的胡鬧構成的幽默，並倚賴將動物角
色的擬人化，都成為區辨經典迪士尼的重要風格。的確，當創
造角色人物時，那些卡通片的繪製者都被交代必須「讓它可
愛」，正如同過去每一個迪士尼角色那般。無論是否只是巧
合，可愛的角色確實有助於商品的販賣和電影的風靡。

　　首部狂想曲，《骨頭之舞》，正是上述所描述早期發展的
絕佳例證，迪士尼公司製造出了這樣一部充滿幻想性與開放式
結局的動畫。這部電影相對而言較為不具結構，甚至因此顯得
有些怪誕。場景被設定在陰森夜晚的公墓，一些骷髏由墳墓中
爬起，並伴隨著特定的樂章秀上幾段舞蹈，最後在黎明拂曉
時，回到他們的墳墓去。

　　不同於《骨頭之舞》，僅在幾年後，《花與樹》這支電影
卻成為擁有明顯開場與結局、道德意味強烈的故事；劇中有擬
人化的角色及正義終於戰勝邪惡的橋段。故事的情節牽涉到一
株男樹與女樹陷入情網，在森林中其他伙伴的協助下，與象徵
黑暗、邪惡的另一株樹展開抗爭，最後這對戀人終於結為連
理。

　　《三隻小豬》的故事則是經典迪士尼逐步形成的另一個好
例子。這個卡通以格林童話為藍本，不但成為狂想曲系列最受
歡迎的一部，且風靡了美國本土與世界各地。而《三隻小豬》

的主題曲：「誰怕壞野狼？」（Who's Afraid of the Big Bad
Wolf?）則被譽爲在美國歷史最糟、最不景氣時，還能提供樂
觀主義的一首「國歌」。許許多多的評論家曾經試圖指出這部
電影迷人的原因，他們認爲這部電影播放的歷史背景值得被強
調，並指出小豬們的故事對於當時灰心喪志的美國大眾發揮著
強大衝擊，三隻小豬的內容能夠鼓勵市民們努力工作，並保持
著樂觀的態度。席柯 （Schickel）相信這展現了「抽象而言談
裡頭的訊息正符合所謂的胡佛主義，強調自助，及古老的團結
美德，保守性格的建築與保持自己家中的整潔。」[218]

　　姑且繞過這些解釋所賦予迪士尼產品的驚人意涵，《三隻
小豬》中確實清晰的包含某些有助於構成經典迪士尼的價值與
理念，並成爲日後電影的重要元素。三隻小豬的風行也表示它
背後所蘊含的龐大利益，播放的第一年，它就爲迪士尼淨賺入
12萬5千美金，並在放映截止前更翻升至兩倍的金額[219]。除此
外，伴隨著電影還有更大的商機，大野狼和小豬們的肖像被運
用到形形色色的商品上，包括各式各樣的玩具、娃娃、文具用
品和遊戲中，總之，從手錶到聖誕樹的燈泡，每樣東西上都有
他們的蹤影[220]。

經典迪士尼的特質

　　無庸置疑的，迪士尼動畫的風格在早年由華德迪士尼主導
時就已經受其影響，但工作室中的其他成員對迪士尼特殊與容
易區辦的風格也有貢獻[221]。經典迪士尼發展成爲具備某種特殊
類型的故事，並藉由一系列公式和角色共同創造成爲可預知的
情節。除此外，迪士尼產品中所強調的主題，更逐步充斥某些
特定價值和被完善處理的意識型態。

　　許多作者嘗試參考迪士尼商品中的特徵與特質，以捕捉迪士尼風格與模型背後所代表的核心元素。正如同我們在第一章中就提到的，雷爾（Real）曾指出迪士尼的全球化[222]：而傑克森（Jackson）討論迪士尼美景，包括迪士尼如何行銷其商品[223]。某些論者以迪士尼文化稱呼之，但仍有其他分析家雖然指出迪士尼產品的特殊性質，但尚未以特定標籤加以區分[224]。

　　將迪士尼與其他動畫類型加以比較，將能夠獲得對經典迪士尼更好的理解。而迪士尼商品最容易被拿來與華納兄弟的產品加以比較[225]。

　　史提夫瓦特（Steven Watts）對於迪士尼商品的觀察，算是壓倒性的評論之一，他認為迪士尼是由現實主義中的現代主義發展而來，或者可視為美學的混合，他將之稱為「情感式的現代主義」（sentimental modernism）。由於史提夫的描述融會了評估經典迪士尼的多方論點，因此值得我們進一步引述與詳細探討：

　　首先，迪士尼產品結合了現實與非現實，自然主義與幻想，且處理這些特質其一時，是為了嘗試凸顯、闡釋另一者。

　　其次，迪士尼藉由特定轉借比喻的方式承襲過去維多利亞時代的風格——誇飾的情感表述、清晰規範的道德主義及不具敵意的可愛取向——安穩的座落於文化地圖之上。迪士尼並以此維護對非線性、非理性及準抽象現代者的探索。

　　其三，雖然經典迪士尼積極挖掘意識的各個層面以釐清經驗與行動的流變，但卻總是諷刺的回頭擁抱理性主義。

　　其四，經典迪士尼以文藝的方式描繪這個世界，並認為生

物與非生物都一樣擁有抱負、意識良知與情感，但當迪士
尼這樣做時都將邪惡與悲劇的存在予以邊緣化。

其五，也就是最後，經典迪士尼總是刻意諷刺挖苦高級文
化的虛榮和自命清高，並尋求將那些概念藉由大眾文化的
方式加以傳遞與賦予意義[226]。

　　縱使華德所提出的公式可以貼合於大部分的經典迪士尼，
並觸及這些年來其他評論家和分析者所區辦出的諸多主題，但
他卻認爲幻想曲（Fantasia）是上述迪士尼式情感現代主義的
最好例子。華德所刻畫的迪士尼風格可以藉由仔細觀察經典迪
士尼產品中不斷呈現的各類型故事、角色、主題與價值加以擴
展。無庸置疑的，必然有一些特殊性與變化性存在於其間，正
如同並非所有的特質都普遍存在於每個產品或內容中。這些特
質都將在後面的個案研究中有更深入的探討。

經典迪士尼故事

重新創生民間童話

　　迪士尼過去經常，目前也仍舊相當倚重於將經典傳說與童
話故事視爲電影或卡通短片的架構基礎。實際上，迪士尼對於
這些故事的改編版本，要比原本的故事更爲人所熟知，特別是
在美國。就像許多評論所述及的，這些被改編的故事或角色，
都經歷了「迪士尼化」的歷程，指的是故事與角色的純潔化與
美國化。這些批判將在本章的後頭有更詳盡的討論。

敘事風格

　　經典迪士尼電影代表著商業性質、好萊塢電影，也因此當

中採用了平易近人的敘事元素。實際上，迪士尼要遠比鮑威爾
（Bordwell）、史泰格（Staiger）和湯普生（Thompson）著名的
「經典好萊塢電影」模式更加好萊塢，所謂的經典好萊塢模式
的特質如下：

說明5-1　經典迪士尼

風格

- 輕快的娛樂效果
- 音樂性
- 幽默（通常是肢體式的插科打諢與鬧劇式的胡鬧）

故事

- 通常由民間童話或傳說改編而成
- 經典好萊塢電影模式

角色

- 擬人化的動物角色
- 落入俗套的女英雄、英雄、惡棍與伙伴角色
- 呈現老套的性別關係與道德規範

主軸與價值

- 主流美式價值

- 個人主義
- 道德
- 樂觀主義
- 逃避現實，幻想的，神奇的，想像
- 天眞、無辜
- 浪漫，快樂
- 正義戰勝邪惡

---

1. 縱使一般的回憶，幻想，夢想和其它的心理狀況也被包含於其中，但其敘事主要仍設定於一現實的外部世界。
2. 個體（而非團體）都被賦予清晰的動機導致故事中的行為和後果。
3. 主要的角色們都有單一的目標。
4. 而主要角色都必須克服各式各樣的敵手或麻煩才能完成目標。
5. 要角們都能成功的達成目標（美好的結局），且電影都會有個清楚的收場，而不是一個無法結束的情節安排。
6. 行為的原因和後果都被清楚的強調。
7. 持續的編輯和其他電影製作技術保障了清楚、線性的發展方式[227]。

有趣的是當動畫讓發明與創新的可能性與潛力得以無限延伸時，迪士尼的公式和這個模式是如此的密切貼合。當其他的動畫製作以毫無章法與創意風格聞名時，迪士尼卻以保守的方式製作，並遵守著傳統敘事風格[228]。

　　除此外，迪士尼電影幾乎總圍繞著一段愛情故事而發展，其類型只有一兩種，也幾乎都會搭配一段音樂。其實晚近的迪士尼動畫電影開始委託百老匯的藝人幫忙譜曲和填詞，因而更容易轉變爲百老匯的音樂類型，例如美女與野獸或獅子王兩片就是如此。哈何（Hahn）以其《透視幕後》一書詮釋迪士尼動畫，「歌曲被用來傳達故事中主要的轉捩點，因此顯得格外重要。在一支動畫電影的發展中，歌曲創作者也成爲故事製作小組的核心人物。」229

經典迪士尼角色

　　經典迪士尼裡頭將出現哪些角色通常都相當容易預測。迪士尼的動畫製作者在創造角色和故事時，都小心的遵循著公式，也就是說，故事總是圍繞著俊男美女的英雄而發展，而這些主角的身家背景不是上層階級就是貴族豪門。故事也缺少不了和男女主角作對的惡棍角色，壞蛋通常是醜陋的，可能是相當肥胖或過度枯槁兩個極端，並擁有誇張的臉部表情。除此外，主角也必定會有個詼諧的伙伴在左右。

　　要區辦出迪士尼動畫作品中的幾個公式角色種類，其實一點都不算是過於學術的──這些特質很簡單的就可以被指認，甚至不需要深入的閱讀或符號式的分析。1998年初，《娛樂週報》雜誌就將近來迪士尼的角色列出一個排行榜，主要是依照符合迪士尼公式中標準角色的「工作內容」程度而定。他們所列出的角色特質和前幾名的排行榜如下：

　　男女主角：這類角色將美國人認為有吸引力的外貌具體
　　化，沒精打彩的閒晃，在風景秀麗處哼唱歌曲，負責任

的，離鄉背井的。躍居榜首的角色：《美女與野獸》中的女主角，貝兒（Belle）。

富有愛心的伙伴：激起惡棍角色的慾望，通常留著一頭長髮，一開始通常被認為是男女主人翁的敵人，通常是單獨一人（多半是女性）。躍居榜首的角色：《鐘樓怪人》中的愛斯摩拉達（Esmeralda）。

詼諧的伙伴：可能是英雄或女英雄調皮的年幼弟妹，目光所及的東西他們都往嘴巴裡頭塞，提供觀眾漫畫式的放鬆。躍居榜首的角色：《美女與野獸》中的科斯沃司（Cogsworth），露米兒（Lumiere）和波特太太（Mrs. Potts）。

良師益友：認為男女主角值得敬佩而勉強加入陣容，躍居榜首的角色是《阿拉丁神燈》中的精靈一角。

惡棍：迫切的希望能夠掌控全世界，伸出魔爪，通常是巨大的，要不就是與之相反的憔悴形象。蒐集致命的靈魂，墜落而亡。最符合的角色是《鐘樓怪人》中的佛洛婁（Frollo）。

忠實的追隨者：擁有愚笨的腦袋，和男女主角的詼諧伙伴時常鬥嘴，在旁提供看似不具效果的協助幫助主角，卻往往使得惡棍的計畫被打亂，而獲得自由。榜首角色是《小美人魚》中的佛拉特珊（Flotsam）和傑特珊（Jetsam）230。

　　這些角色的可預期性，其實也多少顯示著迪士尼的世界觀

在這些年來，只經歷了少許的改變。舉例而言，某些論者就認
爲迪士尼電影中女性的角色都顯得過於狹隘和膚淺，甚至在較
新的迪士尼電影中變本加厲。經典迪士尼的女主角角色，在首
支電影《白雪公主》中得到最好的呈現。白雪公主是純潔、天
眞，順從，美麗，愛好家庭，和溫馴的。雖然迪士尼讓晚近電
影中的女主角展現了比白雪公主，灰姑娘與睡美人更多的智慧
與自主性，但這些角色卻仍舊生活在男人當家的世界中，並且
最後她們獲得自我實現的方式仍舊是藉由與擁有王者風範[231]男
主角間的戀愛關係，例如：《小美人魚》裡的愛瑞兒（Ariel）、
《阿拉丁》中的茉莉（Jasmine）及《美女與野獸》中的貝兒
（Belle）。迪士尼的女主角一貫的特色就是美麗、體態窈窕且通
常是性感有吸引力的，相對於此，惡棍就是醜陋的、過於枯瘦
（如：庫依拉〈Cruella〉），或者肥胖過頭（如：烏蘇拉
〈Ursula〉）。換句話說，迪士尼的角色設定，繼續深化美國主流
文化中普遍流行的體態美。

　　迪士尼當中的女性角色似乎有被相互隔離（孤立）的傾
向，例如《小美人魚》中的愛瑞兒（Ariel）和她的其他姊姊就
幾乎缺乏任何互動。被發現的其他傾向是經典迪士尼中普遍缺
乏母親的角色（有時甚至父母都隻字未提）。朵夫曼（Dorfman）
和瑪特拉（Mattelart）就提出對迪士尼喜劇中「無性生殖與性
別關係深植世界」的有趣分析。但是動畫的架構仍舊繼續深化
這些傳統。愛瑞兒、茉莉和貝兒就都只有父親而沒有母親。當
「家庭的神聖性」被當作足資代表迪士尼電影的支配性價值而
四處宣揚時，很諷刺的，在迪士尼電影的情節中，卻少有完整
的家庭存在。

經典迪士尼的主題和價值

　　許多人都認定早期迪士尼產品中所呈現的價值觀，最初是
受到華德迪士尼本人所偏好的美國中西部保守主義影響。但是
卻也可以說經典迪士尼的特質，是因爲華德迪士尼和工作室中
的其他成員，認爲觀衆們會接受並喜愛這些風格。換句話說，
他們判斷能夠以他們的動畫產品娛樂和提供觀衆們歡笑。

　　自1930年中葉起，迪士尼的電影就開始得到不斷增多評論
者的詮釋（通常是正面的），但迪士尼卻懶得去承認旗下產品
擁有外於娛樂層面的價值。迪士尼的這種情緒其實就表現於本
章開頭所引用的題詞，迪士尼甚至將這樣的態度清楚的以各種
方式反覆傳遞。席柯就注意到：「假使某種想法並非由他的理
性有意識的發展出來，或者由當中獲取智識，那麼概念的存在
就不是爲了他。」[232]

　　話雖如此，迪士尼公司所製造出的產品卻富含意義與價
值，某些意義和價值是被有意的編入產品中，但其他部分則是
非預期性的。要收羅迪士尼出產成品中所包含所有主題與價值
不但在本書中不可能，或許在其他讀物中也希望渺茫。但我們
卻可以試著將某些經典迪士尼中反覆出現的主題和價值標誌出
來。

個人主義和樂觀主義

　　泰東（Taxel）描述的迪士尼價值系統其實就與基本美式
套裝價值如出一轍：「個人主義，藉由自立自強獲得提升，嚴
格依循工作倫理，認爲人性的進步和發展最終將帶領著社會整
體的改善[233]：極端的樂觀主義。」以歷史的角度而言，某些迪

士尼卡通確實服膺這些價值。《三隻小豬》的例子再度浮現腦海，同時出現的是《白雪公主》的某些場景，小矮人們盡忠職守，並在工作時愉快的哼歌。不只是辛勤工作的部分，當米老鼠和其他角色遭遇到邪惡角色或困境時，他們一貫尋求個人式的解決方案。類似的情感也表現在晚近的迪士尼中：愛瑞兒將麻煩事都攬在自己身上，因此她可以成爲人類。

　　迪士尼或許不是在大衆文化場域中強化這些價值觀的唯一推手，經典迪士尼中的角色和故事情節確實爲支配全美的意識型態提供了一個不差毫釐的最佳典範。

逃避現實，幻想，神奇，充滿想像

　　許多迪士尼電影都圍繞著角色希望能夠自既存的環境或情形中逃離的情節來發展。這樣的例子有很多，由白雪公主（她的主題歌曲就叫做「我希望」〈I'm Wishing〉），到奇歐佩托（Geoppetto）（他希望能夠由小木偶變成一個眞實的男孩），到愛瑞兒（她渴望由美人魚變成人類），以及阿拉丁（他的主題曲是〈一個嶄新的世界〉）。當然的，這些願望通常都透過仙女或神奇生物而得以實現，而不需要主角們付諸行動。迪士尼所提供的幻想自然十分吸引人，因爲它讓個人能夠不費吹灰之力的從既有環境中逃離出來，到一個更有吸引力的世界。這樣的幻想和逃離性主題主要是依賴於神奇魔力的出現，舉例而言，充滿魔幻的王國。但現實的世界並沒有太多的幻想和神奇魔法四處流竄。幻想總是被小心的控制著，也極少想像的空間留存著，就如同我們將在下一章討論迪士尼主題樂園中繼續討論的那般。

純真

　　經典迪士尼所創造的世界總是那麼樣的健康和純真，也因此和我們實際居住過活的世界相較之下顯得格格不入。當許多人認為這樣的產品性質對於兒童有所助益時，迪士尼的世界卻不是只有兒童在觀看而已。華德曾提出解釋：「我所製作的電影並不是僅僅提供給兒童。也不是只想喚起兒童的純真情感。對你我而言，最糟的事並非失去純真的赤子之心，而是將他深深的埋藏起來。在我的作品中，我就是試圖要觸摸純真，並與之對話。」[234]另一種觀點，更認為迪士尼的產品主要的訴求對象就是成人，並採取了「成人世界的顯著符號」。同時還有另一群評論者指出「所有的事情都顯得如此美好和甜蜜，除了獨一無二的一股暴力外，也沒有任何其他的衝突存在。」[235]亨利葛歐司（Henry Giroux）認為迪士尼以其世界進行「純真教育」，經由欺騙和有趣的娛樂性[236]，教導兒童特殊的觀點。

　　另外一個和純真相關的故事主軸則是迪士尼電影中男女主角的年紀設定，這通常與前述的個人主義及缺乏父母的主軸密切相關。哈荷就注意到：

> 你是否曾經注意到有多少個主角出生自非傳統性家庭？貝兒、茉莉、寶佳康莉（Pocahontas）和愛瑞兒都沒有母親。《睡美人》中的奧蘿拉（Aurora）則被迫和她的父母分離。毛利（Mougli）、阿拉丁、闊西魔杜（Quasimodo）和美女野獸中的那隻野獸，全部都沒有父母。部分童話故事字裡行間中，總希望能夠傳達一趟童年之旅，主角們能夠獨立於父母親的照顧而獨自成年[237]。

浪漫和幸福

　　劇中的首要角色幾乎總是一見鍾情，劇情緊接著也圍繞著他們如何追求真愛而發展。迪士尼當然並不是唯一強調浪漫度日觀念的唯一作俑者，但電影中實在過度集中於強調愛情。迪士尼角色所遭遇的「麻煩事」大多都與個人浪漫情懷脫不了關係。不過當然的，他們最後也都是以快樂的結局收尾。

正義戰勝邪惡（邪不勝正）

　　迪士尼中的道德概念是清楚且壓倒性的。正義終將得到回報，邪惡也必然遭到懲罰。角色總是清楚的可以劃分為正義或邪惡，曖昧和複雜的情況很少存在。正義也總是勝利的，被攻擊、失敗和不正義打敗的情節在迪士尼的世界從未被發現。凡事總是對於好人有利，無一例外。

　　必須強調的是，上面所統整的一些主要情節都並非專屬於迪士尼，而迪士尼出品的作品，也並非全部都有這些角色、特質和價值觀。不過這些年來，一般論者還是認為經典迪士尼還是很符合這些套裝式的美國主流價值，也因此迪士尼產品強化了他們所處政治與文化脈絡中的支配性價值。此外，在迪士尼企業成功的整合運作下，這些套裝價值更有效率的被深化著。

美學分析

　　文化產品有時會被美學的角度加以討論，或者就被當作藝術的成果。美學取徑通常檢視成品的設計和美感，但卻普遍忽略探討產品製造的背景環境。因此美學分析將導致諸多問題的浮現，包括將試圖超越歷史背景[238]、將流於主觀判斷，同時也

可能有深化複製某階層文化（無論是高低階層）之虞。但我們
仍必須探討這種分析模式，因為仍有為數眾多的論調認為華德
迪士尼是一位藝術家；而迪士尼動畫是藝術品。這些觀點大多
集中於分析經典迪士尼電影，就如同本文在之前所做的那樣。

華德迪士尼：藝術家，有洞見的導演

　　正如第二章所提及的，華德迪士尼常被視為一藝術天才而
獲得讚美。1930年和1940年代期間，有一票藝術家以「藝術家
迪士尼」歌頌他，把華德迪士尼和達文西、米開朗基羅、林布
蘭特和畢卡索以及其他知名藝術家相提並論[239]。學術領域也加
入藝術世界，哈佛大學、耶魯和南加大都紛紛以公開的儀式，
頒給華德迪士尼榮譽學位。

　　對於電影創作者的頌揚固然並不罕見，藍傑（Langer）卻
發現這位動畫創作者要比其他類型的電影製造者更常被當作藝
術家對待：「直到最近幾年，分析動畫卡通一直有其一貫的傳
統，習慣將動畫中的特質歸諸於某單一個人的成就，將之等同
於研究真人電影的獨特方式。」[240]天縱神才理論認為電影的背
後都有一個富有創意靈感的個人（通常會是電影的導演），而
這樣的分析觀點在近年來十分流行。然而相較於其他動畫的製
造者和電影導演，華德迪士尼受到的矚目還是遠超過其他人。
芬曲（Finch）就如此稱美迪士尼「是電影史中，最具創意和
洞見的電影製造者。」[241]

　　正如第二章所提及的，華德迪士尼在早期的成品中就將榮
耀都歸諸於自己，甚至遺忘了其他的動畫製造者時，他包辦來
自其他人的這些讚美其實也就不用太過驚訝。這樣的作風也助
長了華德迪士尼的那些故事是如此的契合於美國個人成功的美

夢。

　　但假使只把焦點放在華德作爲迪士尼現象（Disney phenomenon）幕後的創造天才將是錯誤的。就如本書在前面提過的，華德或許是工作室發展的主要推手，但他卻不是迪士尼企業電影如此成功的唯一功臣。一般而言商業電影的製作，尤其是動畫，都是一群藝術工作者的成果。相當諷刺的，迪士尼曾經發表的《透視幕後》中解釋到：「動畫就像是一個團隊的運動。是的，我們有領導者和跟隨者，但多半的時候，一部動畫電影是由一組相當具備創意的人才來完成。」242

　　華德迪士尼對於所謂「迪士尼藝術」的眞實貢獻難以評估，就如同對於他藝術天份的稱頌在這些討論中是那樣的普遍和深刻。大部分的傳記作者提到華德迪士尼時，都會論及他的天份，他們指出華德迪士尼不是一個偉大的藝術家，因爲在1926年之後，他就不曾爲他的這些卡通畫過任何一筆，甚至也很難再完成他那著名的簽名。他比較像是一個對於故事發展、時機和角色有強烈靈感的生產者，故事編輯或是設計師。華德迪士尼早期是工作室的主要領導者，羅依迪士尼對於此公司的成功也有很大貢獻，就如同工作室許多其他人一般。換句話說，華德迪士尼仰賴於其他藝術家和管理者一起完成工作室的作品，並打造出所謂的「迪士尼藝術」，值得一提的是，當華德迪士尼晚年將他的注意力轉移到其他產品時，迪士尼動畫的風格在他不介入後，仍藉由工作室中主要的動畫家予以精練而不斷延續著，並在新迪士尼的意涵下復甦。

迪士尼作為一種藝術

　　在華德去世後，人們得以將更多的注意力轉移到動畫製作

過程本身，甚至終於留意到那些「眞正的動畫家」。迪士尼的動畫風格被透徹的說明，並有無以計數的書籍、文章開始從事對它的「除魅」（dissected）工作，他們討論到理性化的產品製造過程、對藝術家們的控制和訓練，當然也提及動畫工作室運用哪些技術來製作栩栩如生的動畫產品（舉例而言如多層面相機的發展、旋印照片的使用以及眞人模型）[243]。各式各樣的作品在討論迪士尼動畫家，這些人在近年來終於有了個人的聲望[244]。

華德迪士尼通常避免把他的作品視爲藝術加以討論，他曾經解釋：「我們並非藝術家，只不過是一群移動圖片的製造者，並試圖以此提供娛樂罷了。」[245]此外，他也強調：「我從未稱呼我的作品是藝術，它只是表演事業，創造娛樂的事業。」[246]但是自1930年後的眾多討論仍普遍將迪士尼電影當作藝術看待。確實的，1930年代的藝術與電影評論家都醉心於迪士尼工作室的作品，紛紛讚美那些動畫電影中富有特殊風格的創意和平民式的主題。許多電影製造者表示他們對於迪士尼感到敬畏，包括俄羅斯的製片家瑟屈愛因斯坦（Sergei Eisenstein），他特別喜愛迪士尼工作室的卡通和《白雪公主》[247]。

即使傑克森認爲直到1937年《白雪公主》播放前，迪士尼的作品嚴格來說都不能當作藝術形式來看，但瓦特思卻引述無數1930年代早期的例子，這些爭議都與迪士尼究竟是否呈現出藝術性有關[248]。早在1933年，迪士尼的作品就開始在藝廊中展示，而且開始成爲文章的焦點，其內容可能是將迪士尼動畫與芭蕾相提並論等等。當某些人還在熱烈討論著迪士尼產品究竟是否爲藝術的呈現時，某些人卻根本沒有這些疑慮，透過很多

書籍和文章都以「華德迪士尼的藝術」[249]為題便可略知一二。
1942年，菲爾德（Feild）更大聲疾呼迪士尼的動畫是「或許可以稱得上有史以來最有力的美學傳達」[250]。

　　當迪士尼在1930年代和1940年代間吸引著藝術和電影評論家的注意時，對迪士尼的一般動畫理論性分析，卻顯得被1950年代和1960年代間蓬勃發展的電影研究給相對忽略[251]。就像霏林（Pilling）解釋的：

鮮少電影評論者或理論家認為他們有能力處理與圖片和塑膠藝術的關連比和一般電影小說將敘事性深植於相片實在主義和心理主義更多的藝術形式。當論及有關真人演出的電影時，我們可以討論它的類型、拍攝風格、表演方式、燈光或注意它的編排是採取短促的描繪或是以多點比較的模式。因此即便讀者不曾看過他們所討論的電影，他們也能跟上作者的論點。但對動畫而言這樣的描寫性分析比較難以達成[252]。

　　雖然1960年代時，動畫成為某些電影研究學者的分析對象之一，但他們的注意力幾乎都投注在獨立的、實驗性質，或所謂的「高級藝術」動畫。直到1970年，好萊塢或商業性質（或被當作「低級藝術」）的動畫，可能由迪士尼、華納兄弟和其他公司出品的動畫才終於成為學術討論的正當對象。蘭傑認為：「動畫被高層文化制度接受的程度逐步升高，正巧這些動畫也正被更多社會基礎廣泛的制度所接受。動畫的特定區域被主流文化所認可，於是動畫將不再只是提供給那些頭腦簡單或童心未泯者觀看的娛樂而已[253]。」其實某些人認為商業動畫，尤其是迪士尼所出品的電影，往往佔據了動畫討論的絕大部分

254。就像菲立普凱莉丹絲洛（Philip Kelly Denslow）注意到
的：

> 在好萊塢只要提到有關動畫電影的行銷或看法，就會自動
> 將之視為受到華德迪士尼公司影響的領域。迪士尼，現在
> 或許是指有線電視的透納卡通頻道（Turner's cartoon
> channel），引導大多數觀眾對於動畫的定義。同時也因為
> 觀眾這種有意識的定義，影響著迪士尼動畫工作室決定是
> 否以動畫字眼形容他們的產品。顯然迪士尼和現在的特納
> 頻道對於控制大眾的看法極有興趣，他們影響觀眾判斷什
> 麼是動畫？以及誰才是大眾應該視為動畫的提供來源？255

我們仍然可發現對於動畫的學術與大眾討論中，通常仍依
賴於「偉大的個人／偉大的藝術家」的模式，當中尤以迪士尼
動畫為最。藍傑就指出：「當大眾動畫也是藝術；而商業好萊
塢電影如迪士尼和安佛力（Avery）是所謂藝術的說法，其接
受度逐步成長時，高級和低級間的藩籬已經有所轉變。256」

當對於迪士尼產品的美學分析仍持續時，其他分析類型也
開始出現。後面的幾個部分就脫離迪士尼藝術的美學討論，轉
而進入特殊個案的研究，展現其他取徑如何研究經典迪士尼。

米老鼠

「切記！這一切都是從一隻老鼠開始。」

我們若想解釋迪士尼，一個明顯的起點就是由一個能夠代
表迪士尼王國的角色開始。米老鼠已經發展為一個特殊的角

色，他的意義遠超過由迪士尼公司生產出來，一個在卡通裡頭的動畫人物而已。這隻老鼠是那麼樣的容易辨認，更或許是全世界最廣爲人知的文化圖像。

　　米老鼠（以他作爲迪士尼工作室的代表）象徵眾多文化、政治和經濟的交織：就好像迪士尼公司一樣，米老鼠是美國各種事務的象徵符號。他可說是美國大眾文化中的一部份：凱迪拉克（Cadillacs）、貓王（Elvis Presley）、瑪莉蓮夢露（Marilyn Monroe）和米老鼠[257]。「米老鼠」一詞其實已經發展出屬於他的特殊字義：象徵著輕巧的、微不足道的、廉價的和愚笨的。相對於以上的意涵，米老鼠同時也代表著幻想、愉悅並帶領著觀眾逃離這個世界。

　　米老鼠在過去這些年來，已經成爲眾多分析的對象[258]。舉例來說，華特班雅明（Walter Benjamin）就以這隻「環繞全球」的老鼠作爲「一個集體夢想圖像」的例證。其他人則以榮格心理學的觀點解釋這隻老鼠，他們認爲米老鼠是一不斷循環的符號，象徵著終極整體；米老鼠甚至被認定是「老鼠的原型」（archetypal mouse）。於此同時，佛洛姆（Erich Fromm）則相信觀眾之所以很能認同米老鼠，是因爲他貼近人們的生活：個人總是與社會搏鬥[259]。

　　米奇被認爲是第一個擁有鮮明個性的卡通人物。無論這樣的說法眞確與否，這隻老鼠在這些年頭經歷了某些轉變：從一個齧齒動物的長相（長鼻子、小眼睛和有薄膜的四肢）轉變的較爲討喜逗趣，有著大眼睛和圓滾滾的外型。有些人發覺重新設計的原因和經濟考量有關：因爲圓形增加繪製的速度[260]。

　　就如同之前提到的，許多迪士尼的角色都強調兩個特徵：擬人化和幼年期。布洛可威（Brockway）就曾經討論到米老鼠

圖四　躲在石堆中的米奇。迪士尼的愛好者喜歡在主題樂園或
其他的地點中尋找「躲起來的米奇」。藝術家彼得伍德(Peter
Wood)以躲起來的米奇為主題,繪製了一系列的原創作品,例
如這幅「躲在石堆中的米奇」。

的幼年特性,認為這個角色總是長保年輕且並未發展完全(呈
現四隻手指,而不是五隻)[261]。事實上,勞倫斯(Lawrence)

認為米老鼠的年輕特性是為了帶領人們重返童年時光[262]。

　　席柯等人曾經將米老鼠的發展和華德的人格和他在公司裡頭所扮演的角色加以比較。不只是華德替米老鼠配音，或其他的地點中尋找「躲起來的米奇」。藝術家彼得伍德（Peter Wood）以躲起來的米奇為主題，繪製了一系列的原創作品，例如這幅「躲在石堆中的米奇」。

　　同時還因為兩者的發展都經歷了幾個類似的時期：1.酷但是逗趣的個性；2.正直的人；3.重要的人物；4.是公司的象徵符號。當華德的自傳中揭露了他生命中這幾個不同的時期後，米老鼠的發展也由特定的卡通片中呈現：1.年輕逗趣的米老鼠：《孤兒米奇》（1931）；2.英雄和正直的米奇：《郵件領航》（1933）；3.更成熟的米奇：《樂團演奏會》（1935）和《勇敢的小裁縫》（1938）。

　　雖然米老鼠將繼續和這幾個階段的意義有所接連，但就現今而言，他最重要的角色是作為迪士尼企業的團結符碼。過去的幾十年來，米老鼠只出現在極少數的電影當中，但卻扮演著代表整個迪士尼世界的符號圖像。也因此當我們接觸到艾斯納（Eisner）於迪士尼1993年年刊（Annual Report）中，對於米老鼠角色的符號意義所提出的解釋時，也就不會那樣驚訝了：

> 米老鼠，就如同經典迪士尼的其他角色一般，並不以實體存在於現今的世界中。相反的，他和他的迪士尼伙伴們存在於世界各地人們的心裡、回憶中和腦海裡。每個世代中米老鼠都得到更新，這表示直到米老鼠65歲甚至165歲時，他都將永恆的延續年輕的形象，永遠那樣的樂觀和勇敢。

批判迪士尼對於兒童文學的詮釋

正如前所述及，1930和1940年間對於迪士尼產品的評論，大多抱持正面的態度，甚至都免不了迸發出對於華德迪士尼對藝術發展所做貢獻的讚嘆。但是在二次世界大戰之後，開始出現較為激烈嚴厲的評論。論者以為因為對於現實主義（realism）的追求，故迪士尼似乎變得過於墨守成規、靜止，較諸於其他動畫工作室的產品也不夠刺激。有一部份的評論開始嘗試超越美學角度的探索，轉而將焦點置放在迪士尼如何詮釋經典兒童文學和童話上，因為文學和童話都是迪士尼用來當作許多卡通和大部分動畫電影的靈感源頭。

迪士尼對於兒童故事的處理，往往都牽涉到對於原始故事主軸和角色的大幅更動，包括文化性和地理位置的設定[263]。迪士尼化的民間童話和兒童故事引起來自民俗學研究者，兒童文學專家和教育者的強烈抨擊，他們認為這些改寫有意將原始故事予以消毒，抹煞了原始故事的核心元素和寫作動機。更有甚者，評論者指出迪士尼版本的敘事結構和平衡性格，都過度強調故事的某些片段或為了娛樂效果而著重在某些角色，最後將導致既有故事的原始目的被扭曲。

最為嚴厲的攻擊是1965年知名兒童文學專家和自由主義者，法蘭西斯克拉克沙耶爾（Frances Clarke Sayers）所提出。她最初是為了回應加州公共教育組織的主管，麥克斯拉芙提（Max Rafferty）的觀點，他認為迪士尼的電影是：「在好萊塢製片所創造的性愛、虐待和色情電影的叢林中，唯有迪士尼的電影成為合宜和健康的聖殿。」沙耶爾加以反駁，她指出迪士

尼的電影扭曲了真實的生活。「他錯置了美好，也錯置了暴
力，導致最後的結果將如同肥皂劇一般，並未確實與生命的偉
大真理有所連結。[264]」

　　沙耶爾希望華德迪士尼個人能夠「對於他在出版的電影與
書籍中，對那些傳統兒童文學的貶低負起責任。」除此外，她
還指控迪士尼操控並將一切都通俗化：「只爲了他個人所需，
他對民間傳說的所作所爲完全沒有注意到它的人類學、神聖的
和心裡學的意義。每個故事都在花俏動畫的考量下被犧牲。」

　　沙耶爾附和其他的評論，當她觀察到：

迪士尼採用偉大的傑作並且閹割它。他將名作刪減為難以
置信的長度，且為了達成這個目的，他就必須將所有的事
物改造得十分明顯。所有的情節都發生的十分倉促，並且
以相當淺顯的語言傳達出來。並沒有任何的地方讓兒童去
思考、感受或想像……我認為迪士尼先生基本上只關心銷
售數字。對他而言，一切都只是為了吸引更廣泛的觀眾群
[265]。

　　其他評論者也都將迪士尼對經典兒童文學的重新改編與市
場取向連結在一起。梅（May）指出迪士尼的「商業化」概
念，他注意到大部分源自歐洲經典文學在經過美國化後，其實
就開始追求商品是否能有廣大的市場[266]。民俗學家傑克李普斯
探討的更爲深入，指責迪士尼已經褻瀆童話故事既有的文學版
本，並將這些童話故事以商業化的方式包裝出售。「迪士尼並
未試圖採用科技增加觀賞者對於敘述內容的公共認知，也不以
此表現出故事所經歷的重大轉折，他卻使用動畫家和科技來阻
礙對於變化的思考，將一切都侷限在他的電影中，並緬懷那些

墨守成規領域。[267]」

　　於此同時，柯林史巴克斯（Colin Sparks）採用稍微不同的取徑仔細觀察小熊維尼的迪士尼化，他發現維尼所有的改變都是來自於經濟層面的考量[268]。史巴克斯將經典維尼，也就是麥尼版（Milne version）的維尼與迪士尼版的維尼加以比較，辨別出兩者在外型、音調、位置、語言和敘事內容和角色各方面的差異。他認為經典維尼之所以有所轉變，都是希望能夠讓牠符合美國式的期待，縱使這個角色最後還是被套裝於全球販賣：「迪士尼修改產品成為他所需求的樣貌，但不是轉變為全球化的商品，而是成為美國式的商品。畢竟迪士尼要販賣到世界各地的是美國的產品。」因此，史巴克斯對於維尼所進行的分析和討論，不但與全球化的本質相關，也和迪士尼對於兒童文學的修改有關。

　　其他的評論人則關心迪士尼版本對於故事的更動，以及迪士尼版本傳遞出的意義和價值。不同於迪士尼故事想要提供兒童的積極、建設性價值，朵夫曼和馬特拉提發現這當中的訊息其實需要更多的思考。「在迪士尼那些可愛美好的角色之下……潛伏著所謂的叢林法則：嫉妒、冷酷無情、殘暴、恐怖、黑函、利用弱者，並缺乏自發性和與生俱來的感情，因此兒童由迪士尼學到了恐懼和憎恨。[269]」

　　最近，齊伯斯（Zipes）認為迪士尼將民間故事重新拼裝，藉由動畫幫這些故事進行了一次革命。然而，和其他人一樣，齊伯斯並不認為革命替這些故事帶來什麼正面的發展：「迪士尼拼裝出的偉大魔法，其實只是他們將童話故事動畫化，且只為了媚惑觀眾，迪士尼更希望能夠藉由這些在大螢幕上演的不真實承諾，以觀眾內心渴求的烏托邦幻夢和希望來逗

他們開心。[270]」當其他的動畫家們各自創造童話故事的版本時，齊伯斯認為迪士尼卻被這些童話故事的緣起深深吸引，因為這些內容反映了他自我生命的掙扎[271]。

　　然而更具說服力的，是齊伯斯探討迪士尼如何適應於童話故事本身在環境變遷下產生的興革。追溯文學中講故事的口頭傳統直到17世紀末，齊伯斯提醒我們直到19世紀，童話故事通常都「由父母於床邊、學校或寢室中朗讀給孩童聽，以安撫他們過於緊張不安的情緒，因為童話故事通常都以圓滿的結局給予兒童樂觀積極和建設性的協助。」轉型為印刷形式也對於童話故事的接受性產生其他影響。正如普茲論及的關聯性：「童話故事的印刷模式，可以讓這些故事成為資產被所有者持有，並且由它的擁有者在他感到逃脫、慰藉與鼓舞士氣的時候朗讀，達到休憩的目標。」更進一步，童話書當中的圖例雖然往往是出自無名氏之手，但卻讓故事的豐富性與深度提高，換句話說，他們有助於內容的表述。

　　童話故事繼而藉由戲劇的模式呈現出來的轉變，其實影響是更加深遠的。「在電影中，想像的元素在當中發揮影響內容，並且形成他們自身的文本與文學模式相對抗，對卻同時有助於印刷文化的被注意。」齊伯斯總結對於迪士尼將文學童話故事轉以大螢幕的方式表現的看法，他認為這造成了原始版本接踵而來的特殊轉變：

1. 技術優於故事性；故事只是用來頌揚技術人員與他的工具。

2. 所謂的想像是經由動畫家的手和電影進行的誘惑與哄騙來傳達。

3. 想像與後續發展都導致一種「完整」意向的呈現，一種
   天衣無縫的完滿與和諧。

4. 角色總是只有一種面向，也都爲了服務於電影所需的某
   種功能而存在。沒有什麼任何角色得到什麼發展，因爲
   角色們都被定型，服從於某種想像教條的聖像下，並因
   此而被安排。

5. 這種美國式的童話故事殖民其他國家的觀衆，正如同那
   些想法與樣貌都被刻化成爲行爲的模範被模仿。

6. 核心的元素包括清潔、控制和組織化的企業，因爲這些
   都有助於強化電影本身的技術性。

7. 私我性質的閱讀樂趣被在非個人化戲院的娛樂觀賞所替
   代。

8. 迪士尼的童話故事的娛樂性是被設定朝向非反省性的觀
   看。一切都被設定於表象之中，單面向的，而且我們也
   樂於這種單向刻化和思考方式，因爲他的單純顯得如此
   迷人可愛，簡單和舒適。[272]

　　隨著這些變遷，一般的文化工業，其中尤以迪士尼爲最，
都抹殺了過去童話故事所能提供的潛在能量和幻想。換句話
說，幻想都已經按照迪士尼的風格進行徹頭徹尾的規格化和工
具化，這有點像是法蘭克福學派分析家於1930年代所觀察到的
文化現象。雖然仍有另類或具有破壞力的其他讀物的存在空
間，然而這卻是另外一個問題，而這個問題將被擱置到第七章
中，論及迪士尼的觀衆時再行討論。

　　來自民俗學家和其他文學分析者的抨擊看來將持續上演，
只要迪士尼企業仍繼續採用經典故事或童話，並且繼續以迪士

尼的特殊處方進行改造[273]。以迪士尼版本的兩個童話故事：白雪公主和小美人魚為例，將可以提供我們對於迪士尼改造過程更清晰的理解。

白雪公主與七個小矮人

齊伯斯和其他評論家都直指白雪公主就是奠定迪士尼電影重新解釋兒童文學模式的電影。這部電影吸引了許多來自各種不同觀點者的關注與評論，但更重要的其實是他被視為呈現經典迪士尼的最佳例子。

《白雪公主與七個小矮人》最早於1937年冬天首映，並且是迪士尼的首支動畫電影。它被當作美國第一部動畫電影以及第一部鮮明色彩的電影，更於1939年獲得學術獎項。但是在《白雪公主》正式放映前，這支動畫的製作卻被譏諷為「迪士尼的蠢念頭」。許多電影公司的成員都不相信觀眾將會為了一部電影長度的卡通而枯坐於電影院中。然而，在某些考量下，迪士尼仍堅持己見，因為他深信這種電影方式終將排擠簡短卡通電影的生存空間，而且唯有能夠吸引更多收入的電影模式，才能為動畫事業帶來春天。

《白雪公主》於1934年開始動工，一共花了超過三年的時間才完成。當成品出爐時，號稱支出一百五十萬美元，雖然席柯認為應該有一百七十萬美元。這部電影在它首度播放時獲利八百萬美元，直到1983年它被重複播出了有六次之多，而收益也提高到四千七百萬美元。1987年，當《白雪公主》因為週年紀慶第十五次播出時，在短短八週以內，這部電影就吸引了超過四千萬美元的票房。

即使這個故事已經被製造成為動畫（貝蒂小姐（Betty

Boop）由瑪斯費雪（Max Fleisher）於1933年改編爲動畫，時間與白雪公主相近），迪士尼認爲白雪公主簡直就是完美的故事，當中充滿幽默，浪漫和引人入勝的情節。齊普斯曾經提到：「《白雪公主與七個小矮人》的成功，使得迪士尼開始全心全意的改編文學童話故事，並且讓他的簽名成爲二十世紀那些最爲人所接受之童話故事的註冊商標……白雪公主成爲最早具備決定性的動畫化故事—之所稱呼它爲具備決定性，是因爲它決定了其他由童話故事改編而成的動畫電影該如何被呈現。274」

　　大部分的評論家都承認迪士尼將白雪公主的故事改編成適合美國觀衆的脾味，過去紙張印刷的格林兄弟童話（Grimm brother's tale）被添加進各種不同的轉變。下面我們就藉由齊伯斯的意見將這些變遷統整出來：

格林版本	迪士尼版本
• 母親去世／父親尚在	• 沒有父母
• 白雪公主不工作	• 白雪公主如同女僕般的工作，負責清潔城堡
• 王子：無關緊要的角色	• 王子在電影的開始就出現
• 皇后	• 皇后：嫉妒白雪公主
• 動物們	• 動物們：白雪公主的朋友和守護者
• 小矮人：無名的，扮演卑微的角色	• 小矮人：取了名字，有自己的特殊性格，成為主要角色

- 皇后到森林中拜訪白雪　　　• 皇后只造訪一次
  公主三次
- 皇后得到的處罰是穿著　　　• 皇后在企圖殺害小矮人
  火熱的鐵鞋，在白雪公　　　　們時被殺死
  主的結婚典禮上跳舞
- 白雪公主復活的原因是　　　• 白雪公主復活的原因是
  因為小矮人們在搬運棺　　　　因為王子的親吻
  木時跌倒

　　當有些評論者認為上述的改變有待商榷時，史東（Stone）
提醒我們格林版本同樣也是將原本口頭版本的白雪公主童話加
以改編而成，而這些都取決於是誰在講述這個故事而遭到轉變
和修訂[275]。史東發現當由口頭講述到紙張印刷，直到電影製作
的數次轉折中，免不了會產生對於文本內容或情景脈絡的犧
牲，史東總結指出，電影版本表達了對於這個故事最基本和最
能夠處理的部分。迪士尼電影被指為：「孤立了創作者和閱聽
人之間的關係，並且提供了更加微弱的互動可能，因為迪士尼
對於場景、音效和動機都做了修飾。電影內容因此以最僵化的
內容和脈絡，提供可供連結各方關係的狹窄橋樑。只存在獨一
無二的白雪公主和七個小矮人。[276]」

　　當格林版本與迪士尼版本同樣都採取類似的取徑來看待應
該被馴化的女性角色時，齊伯斯認為迪士尼更強烈的使這個故
事著重在「受到放逐與迫害者的勝利」，並且再度將這支電影
與迪士尼本身的生命經歷串連。王子最後是這部電影的勝利
者，就好像迪士尼作為生產過程監控者的角色。換言之，對於
齊伯斯而言，當中最明顯的符號是「迪士尼以其自我榮耀的簽

名作爲正義之名。」並（再一次）作爲追求控制權力的可能：

> 迪士尼希望整個世界都是潔白無瑕，並以蠟筆似的柔和色
> 彩和犀利的繪畫線條製作清潔的意念，正如同每一幕情節
> 都反映著乾淨的意味，並賦予電影中的每個角色注定的命
> 運。對於迪士尼而言，採用格林童話並不是為了恰當的傳
> 達這個故事更深意涵與歷史背景。毋寧説，迪士尼採用白
> 雪公主這個故事，想要展示的是當他作為一個工業時，擁
> 有最新科技與美術潛力的動畫家能夠做到什麼程度。
> 迪士尼複製他所處時代的音樂與電影風格，他更以家族長
> 式的方式貼近採用童話故事，這其實暗示著所有科技發展
> 並不會被運用來加速美國社會的變遷，並會造成權力被掌
> 握於類似迪士尼這樣的個人手中，他認為自己被賦予權力
> 設計和創造一個新的世界。
> 只要他還擁有絕對的控制力時，迪士尼始終期望能夠完成
> 某些新而獨特的事物[277]。

　　還有許多討論涉及迪士尼版本的白雪公主，他們關注迪士
尼如何利用浪漫的元素來營造愛情、情感和羅曼蒂克的氣氛
[278]，並檢驗美麗這個主軸[279]。但我們現在要轉往探討白雪公主
如何結合這些多元成分，繼而成爲本文上述經典迪士尼的絕佳
例證。

經典迪士尼和白雪公主

　　美國式白雪公主，也就是我們所稱的迪士尼版本，可以說
完全奠立了經典迪士尼的公式。先不談別的，這部電影是富有
娛樂性的，特意強調七個小矮人和他們漫畫似的調皮舉動。當

時的動畫技術限制了這樣的轉變，因為人類並不是動畫化的最佳對象。因此更適合於卡通風味的小矮人們就以各個令人窒息的笑點，通常是以肢體的動作或鬧劇式的對話，提供本片漫畫似的娛樂釋放口，更進一步成為這部電影的重要角色。

　　這部電影也有設計配樂穿插全劇之間，這可以說是大部分經典迪士尼電影的特質。角色們都以音樂來介紹出場和發展。而迪士尼也不例外的為這部電影中加入了擬人化的動物角色，雖然在白雪公主中動物角色的舉足輕重比起其他電影有過之而無不及。兒童似的舉動在這部電影中也被添加許多，包括那些豐富的可愛角色、白雪公主她自己、動物和七個小矮人們。

　　白雪公主的迪士尼版本中也刻意強調辛勤工作的美德，小矮人們上工時就愉快的唱著歌和吹著口哨（「工作不忘吹口哨」和「嗨唷！嗨唷！讓我們去工作吧！」）。至於白雪公主也辛苦和努力的工作，證據是在第一幕時白雪公主看來正在清理城堡，之後則是她在清理小矮人的房舍。

　　白雪公主的主題曲（「我希望」）讓這部電影的主軸也圍繞著逃離和幻想。其他的場景包括神奇的許願蘋果（夢想將成真），更包括白雪公主祈禱她的夢想能夠實現。

　　白雪公主的名字就象徵著純真，除此外也在她的性格中流露。她是那麼的相信小矮人……甚至是巫婆皇后。電影中也強調整潔。白雪公主有很多時候都在打掃，除此外，小矮人哼唱的洗澡歌也傳達了清潔和純淨的意涵。

　　經典迪士尼的另一大重點是它對於正義必定戰勝邪惡的描述。皇后／女巫因為顯然代表邪惡的一方，最後也遭到死亡的懲罰。白雪公主的純真和善良讓她得到美好的報償。最後，她因為與王子陷入愛河而得到圓滿。樂觀主義和快樂瀰漫在電影

中，「給個微笑和哼首歌曲」。故事的根本核心就是浪漫，正
如以往一般，這是個一眼就可以判定的愛情故事。「有一天我
的王子會來到」。電影的結局也正是如此，王子來了。結局也
是快樂的－在白雪公主中，結局的節奏相當快，王子出現後，
他們一起離開森林並進入城堡中。由於白雪公主期盼王子出現
的美夢成真了，因此身為觀眾的我們應該就假設在這之後也都
是快樂的。無論如何，我們被如此告知：「他們從此以後就過
著快樂的日子」。

迪士尼產品的女性主義分析

介紹女性主義的分析

　　有關女性主義者對於大眾文化的批判是隨著過去幾十年女
性主義理論的發展而成長。早期女性主義的觀點對於媒體討論
的取徑，通常都集中於女性角色在這些媒體產品中的缺席、邊
緣化和細微繁瑣化，如果引用塔克曼（Tuchman）的說法，這
樣的過程可以稱之為「符號性的毀滅」（Symbolic annihilation）
[280]。女性主義者也注意到文化產品中相對較少的女性角色，以
及女性觀眾成員的被忽視。女性主義者認為媒體以其刻板印象
反映了社會的主流價值並不足為奇，因為媒體的從業者本身就
被這些窠臼給包圍[281]。

　　直到晚近，女性主義者指出當媒體中女性角色的出現雖然
確實較為普及，但他們卻仍舊反映著社會中對於兩性的觀念和
女性角色的刻板印象[282]。更多深入的討論圍繞著家父長意念的
呈現，以及意識型態的議題。女性主義喚起我們對於大眾文化

學術研究中較爲忽略、排斥的性別議題的重視。

　　也因此，我們似乎就可以理解近期的文獻分析有很大一部份都集中於迪士尼電影的性別分析，因爲迪士尼電影中包含著豐富的女性角色，故提供了女性主義分析的大量文本[283]。某些人將迪士尼的這些人物描寫與華德本人直接連結，因爲他曾經有一次在接受採訪時提到「女孩們都認爲我沈悶無趣，直到現在還是如此。」但是本文則認爲，我們還是必須要小心不能認爲單一個人就能夠影響大眾文化產品的特質與屬性。其實，經典迪士尼中女性角色的呈現與其他一般大眾文化的描述相差不大。然而，迪士尼刻化印象的持久性，以及他們在兒童心目中受歡迎的程度，都驅使我們必須特別關注經典迪士尼產品的呈現模式。

　　當對於迪士尼產品的女性主義分析成爲基本的觀點時，我們卻發現這種分析的例證在過去十年來屈指可數。和批判兒童文學的迪士尼化一般，史東以女性主義觀點分析格林兄弟和迪士尼版本故事中的女主角。她發現當格林童話裡的女主角不能引起興趣時，「那些迪士尼裡頭的女主角就更加沒有活力了。實際上，她們之中就有兩個很難不以沉睡狀態加以交代。」史東批判迪士尼描寫的女性都是刻板的壞或好，她更比較迪士尼中的女主角與男主角。最後她提出男主角總是成功的，這並不是來自他們的長相如何或者是他們有什麼願望，而在於他們做了什麼。「對於劇中大多數女主角的試練和挑戰，所需要的只不過是她們與生俱來的特質：一張美麗的臉蛋、一對小腳，或者只是令人舒服的脾氣。這樣的論調我們至少可以在那些轉譯格林童話的內容中習得，尤其是從華德迪士尼中[284]。」

　　最近，荷俄諾（Hoerrner）回顧由白雪公主以至獅子王的

迪士尼電影，發現女性在當中都被描述成虛弱、原始的，且
無法獨立行動。以內容分析的方式來看，研究結果發現男性佔
了迪士尼角色的57%，而女性只佔21%。除了男性角色更加具
有侵略性外，他們的行動有47%是包含有肢體性的侵略[285]。

　　以較爲近期的迪士尼電影爲例，將可以提供我們更清楚的
理解女性主義者的觀點，是如何被援用來解釋經典迪士尼。

小美人魚

　　雖然《小美人魚》激起了許多女性主義者一股分析迪士尼
產品的風潮，但在這些解釋間卻產生衝突。1989年播放的小美
人魚，是在華德迪士尼本人逝世後的第一部「經典級」動畫電
影。羅依迪士尼解釋道：「這將是華德會做出的電影。」這部
電影花費了三年的製作時間，在兩千三百萬美元的預算下，它
首次上映時，就替迪士尼公司賺進了八千四百萬美元。這支電
影和它的女主角特別受到年輕女孩的青睞，並且除了電影院和
錄影帶之外，還被發展成爲電視影集播送。小美人魚的錄影帶
在首次販售時就銷售了九百萬支。公司爲此所做的努力包括四
十張專屬執照的取得，並於第一年就吸引了兩百五十萬進帳。

更多的迪士尼化

　　安徒生童話《小美人魚》（Lille Havfrue），在經過諸多對
內容和角色的修改後，被模塑爲符合經典迪士尼公式的故事。
在原本的故事情節中，美人魚希望得到的是一個不朽的靈魂，
而不是變成人類或者嫁給王子。在安德森的版本裡，美人魚爲
了證明自己，所以以人類的形式出現，並且必須獲得王子的
愛，但她最終的目的仍然是不朽。由人魚轉變成爲人類的過程

相當痛苦，縱使她後來發現其實能夠以做好事取得靈魂，但她仍舊失敗，且死亡。於此同時，王子迎娶另一個女人，並且得到了人魚的祝福。

在迪士尼的版本裡，美人魚之所以一開始就渴望成為人類，是因為人類所製造的「所有美好事物」。但是在拯救了愛瑞克王子（Prince Eric）後，她就希望能夠停留在人類的狀態，並且成為人類嫁給王子。小美人魚在迪士尼的版本中成功了，但這是在故事中加入了其他角色的幫忙，尤其是希巴絲婷（Sebastian）和佛朗得（Flounder）的幫助。

小美人魚故事和角色的轉變，相當符合於經典迪士尼自1930年代即以建立起的特色。這部電影展示了迪士尼確實有能力能夠以技術製造出令人印象深刻的動畫，尤其是那些海底世界的場景。色彩也經過細心的協調，以此製作出美好的場景與設定和具有吸引力、有魅力的角色。無論如何，這是一部娛樂片。故幽默和音樂被強調而貫穿全劇。角色不但出配樂加以襯托，更以主題樂章引導著內容發展。當擬人化的動物角色略顯普通時，有趣的是迪士尼在這部電影中，加入了不被賦予人類特質的動物角色（例如鯊魚）。

有些論者認為近期的迪士尼動畫電影已經經過了翻新和現代化，這樣的傾向尤其反映在那些「新的」女性主角身上。愛瑞兒是一個敏感、積極、淘氣、喜愛冒險、聰明和獨立的年輕女孩，相較於此，白雪公主則是一個害羞、順從、優柔寡斷、過於幼稚、純真和母性象徵的女性。不過，這兩個角色都被男性角色給包圍，不滿足於她們現在的生活，並且都希望能夠與王子結婚。有些顯而易見的事情看來還是沒有改變。實際上，齊伯斯指出一旦迪士尼建立了適於電影長度的童話故事公式

後，它就被繼續採用，即使在所謂的新迪士尼中也是一樣。
「這就應驗了『永歸於一』這句話……促使這些電影變得更具
有觀賞娛樂性和技術上的發展，都是因為將之視為商品的後
果，但是卻沒有任何嶄新的發展被致力於新故事情節、動畫和
其他任何顯著的地方[286]。」

《小美人魚》一片提供給不同種類的女性主義分析家豐富
素材。許多作者以檢視這部電影中的女性角色作為開端。愛瑞
兒被視為較諸其他迪士尼中的女主角，例如白雪公主，更為積
極的角色模型。她聰明、充滿好奇心且叛逆的；但是，她當然
仍舊擁有美麗這個迪士尼產品所有女主角的特徵，她身材苗
窕，豐滿勻稱。某位作者還將她和看來患有輕微厭食症的芭比
娃娃相比[287]；另一位作者則坦言愛瑞兒讓他想到的是會出現於
美國貨卡車擋泥板上頭的女性肖像。

另一方面，劇中的女性壞蛋，烏蘇拉，就是醜陋、肥胖和
約定成俗的邪惡。羅貝塔崔特（Roberta Trites）注意到這期間
的差別，她發現迪士尼開始複製1970年代對於體重先入為主的
文化價值。她認為「這部電影描述的好人是以美女和消瘦的身
材表現，而邪惡則是以對人類身體扭曲和帶有偏見的方式表達
[288]。」

同時，愛瑞兒如同其他迪士尼筆下的女主角一樣，她仍舊
是王室的成員，居住在一個由男性統治的世界，並且最後獲得
自我實現的方式還是與王子成婚。在迪士尼的版本裡頭，愛瑞
兒和其他劇中的女性角色都是隔離的，尤其是和她的多位姊姊
們。愛瑞兒接受她的男性夥伴的建議，不同於在安徒生原本的
故事中，那隻人魚尋求祖母的協助和忠告，並且得到姊姊們的
幫忙。正如崔特注意到的：「祖母和巫女（在迪士尼的版本是

烏蘇拉），公主，姊姊們，以及天空的女兒，都是美麗的、願意支持協助、女性的。但是在更改這些角色的性別後，由於迪士尼反女性的動機和重新設定他們在劇中的功能後，迪士尼可以說是扭曲了所有的角色[289]。」而且小美人魚中還是沒有母親的位置，除非你認爲俄蘇拉可以被考慮成爲母親的象徵。

進入的權力與身分認同（Access and identities）

蘿拉薩爾斯（Laura Sells）認爲這部電影可歸納於女性主義者爭論女性定義的論辯脈絡中：

> 小美人魚反映了美國女性主義者和改革者對於進入權力的要求和彼此間的緊張關係，這決定了對於男性或女性的性別認同是一成不變或是可以加以補充的空間，而且對於性別持有激進重塑想法者認定符號的變遷可以視爲社會變遷的開端。於是在這樣的背景之下，美人魚的角色同時成爲布爾喬亞女性主義（bourgeois feminism）和企圖重新創生「女性」類別者或者是重新想像女性可以置喙題材者的標誌和符碼[290]。

薩爾斯討論來自自主性和獨立的挑戰，以及要進入「白人男性系統」的代價，但她認爲迪士尼藉由「消毒計劃」將這些議題予以模糊處理，例如將愛瑞兒「夢想進入人類世界」轉移爲愛上艾瑞克王子，「以身體型態的聖潔來撫慰進入男性世界的痛楚，而身體型態的轉換帶來的疼痛來自愛瑞兒以她的鰭來交換雙腳時的變形。」還犧牲了愛瑞兒和女性的連結，「弒母的暗示：烏蘇拉這個劇中唯一強壯的女性角色的死亡。」薩爾斯承認這部電影很難歸類爲「女性主義者抗拒的讀本」。雖然

愛瑞兒最後取回她的聲音，但這部電影仍舊：「教導我們達成
進入白人男性的系統的方式，端視於我們是否可以保持安靜，
而且我們是否可以切斷與其他女性的聯繫[291]。」

母系社會或父系社會

　　女性主義者的評論自然還涉及評估社會中的權力最後掌握
在誰的手中，無庸置疑的是在這些故事裡頭，都是控制在男性
的手中。在迪士尼版本中的兩個世界（譯按：水中與陸上）都
是父系社會（patriarchy），社會都是由男性所掌控。但是電影
中還呈現這樣的意向「男性的權力是正面的，女性的權力的負
面的[292]。」不只是艾瑞克王子殺掉烏蘇拉，翠多國王（Triton）
最後也首肯愛瑞兒變成人類和嫁給艾瑞克王子的事。安徒生童
話的版本中所描述的社會比較接近於母性社會（matriarchy），
但是迪士尼卻刪除了許多女性的角色，並貶抑女性權力。就像
英格沃斯坦（Ingwersens）總結的：

> 安徒生的海洋近似母系社會（有一個皇后母親，國王和眾
> 姊姊們），但是迪士尼的電影卻只傳達出女性統治可能帶
> 來的負面影響，以及男性統治的正面價值……迪士尼的民
> 間傳說其結局是令人滿意的；但是它所更改的部分卻包括
> 由強調正義的力量，以至於女性統治可能的邪惡和麻煩，
> 即使是以靈魂交換人類的愛情，也都是十分熟悉的題材，
> 無論古今。大眾似乎比較喜歡陷入愛河的人勝過於聖人——
> 而迪士尼更進一步假設大眾喜愛父系社會勝於曖昧的母系
> 社會[293]。

　　顯然迪士尼的電影將繼續受到女性主義者的關注，只要經

典迪士尼的模型仍在，就無法避免性別議題被提出。

迪士尼世界的心理分析

　　另一種形式的文本分析是由心理分析理論發展而來，這些觀點立基於西格蒙佛洛依德所創造的原始公式，討論內在的心理結構和在他們之間的複雜關係。佛洛依德的理論架構是由精神官能症的治療發展而來，最初是因爲他發現許多上門求診的病患所抱怨的身體不適，其實並沒有任何確切生理學的根據，反而是由源自於他們的心理問題。直到最近，以心理分析的形式來探討文化研究蔚爲風潮，大部分都以拉岡（Jacques Lacan）的研究爲基礎，他主要探討語言結構和語言的非意識。同時，上面曾經提到的女性主義者也援引心理分析來探討兩性關係[294]。

　　雖然近期僅有少數的例子在討論迪士尼的文本，但是心理的分析和佛羅依德的概念確實曾經被用來解釋幾部電影。就如同其他的取徑一樣，心理學的詮釋也將迪士尼文本中的某些特殊性質和華德迪士尼本人加以連結，注意到他那令人著迷的人格和其他心理學上的特質。

　　既然布勞迪將《木偶奇遇記》視爲迪士尼「最偉大的心理學電影」，那麼貼近觀察這部電影將有助於我們釐清經典迪士尼中某些心理學的主題[295]。

木偶奇遇記

　　《木偶奇遇記》是迪士尼第二部電影長篇的動畫電影，在1940年二月首次放映，其製作成本將近三百萬美元。這部電影

相當的成功，但是由於二次大戰以及迪士尼流失歐洲市場的雙
重影響下，這部電影並不像《白雪公主》一般，在首次播放時
就能夠創下佳績。然而，當《木偶奇遇記》1973年在美國和加
拿大重新上映時，《木偶》的收益超過一千三百萬美元。再加
上1984年的播放，進帳總額高達兩千六百萬美元。

　　《木偶奇遇記》可說是迪士尼經典電影中，擁有最新奇的
視覺效果和技術發展的一部，某些人更認為這是迪士尼的最佳
電影。舉例而言，動畫工作室運用了多平面攝影技巧遠勝於
《白雪公主》，光是在處理開始時，小木偶村莊的部份就花費了
12個不同的平面，共花費了兩萬五千美元。

　　當然，這個故事迪士尼照樣的重新模塑了原始的故事，最
早是卡洛可洛帝（Carlo Collodi）於1913年，以連載的形式發
表「小木偶的冒險」（Le Avventure di Pinoccio）。在原來的故
事中，蟋蟀這個角色始終沒有名字，而且在故事發展的早期就
被小木偶掐死；相較於此，重新修訂的故事中，蟋蟀的角色被
大幅擴展，也得到了一個名字：蟋蟀吉米尼（Jiminy
Cricket）。他可以說是第一個被迪士尼用來使得故事更為活躍
的角色，或者就像個旁白者。除此外，迪士尼版本中的小木偶
的本質較於原版故事顯得善良許多，在原來的故事裡，他是吝
嗇、調皮愛惡作劇，而且有時是態度散漫的。迪士尼則設定這
個木偶／男孩為無罪的、天真的，並且是其他角色的受害者。
雖然小木偶的角色仍展現著迪士尼的風格，但這部片相較於其
他的經典迪士尼電影，則有較多的動作、刺激和恐怖的特質，
而且較少的配樂和浪漫情懷[296]。

心理分析和小木偶

　　布勞迪發現有關肛門的鏡頭和團結的主題在迪士尼童話中屢見不鮮，可以由《三隻小豬》和《彼得潘》中找到例證。有關肛門的圖像主要圍繞著「時常被踢進屁股」的吉米尼蟋蟀上，在小木偶中有豎立的畫面（皮諾奇歐的鼻子、驢子的耳朵），而團結則可明顯見諸於在小木偶和季佩托（Gepetto）在鯨魚肚子裡頭的場景。還有其他的角色和情節都可以被佛洛依德式的詮釋加以釐清。

　　小木偶沒有母親，裡頭也沒有提及任何性別的話題，這些都是迪士尼故事的慣例。實際上，皮諾奇歐是以一個不平常的方式「出生」，他是由他的父親賦予生命，因此激起佛洛依德式對於男性生育的幻想。角色所象徵的意義依舊明顯，吉米尼蟋蟀代表的是「超我」，然而當中仍舊有迪士尼偏好的設計，當小木偶拯救他的父親時，角色象徵的意義就反轉了。布勞迪認為這樣的橋段可以取悅那些帶孩子到戲院觀賞此片的成人心中的「童心」。他留意到「到電影院或者看電視將是更可接受的，假使你和你的孩子都感受到娛樂效果[297]。」迪士尼版本的小木偶也添加了某些讓小孩害怕的元素。人類尋求享樂的概念清楚的表現在對於「歡愉之島」的描述中，在那裡小木偶接觸到各種禁忌，其結果是讓男孩們都變成驢子的恐怖後果。

　　柏蘭（Berland）認為迪士尼對於小木偶故事的重新改寫，將故事中的暴力予以消毒，並且禁止那些可以讓孩子成熟的必要想像，因為迪士尼一向鼓勵孩子們「不要長大或者成長的過於迅速。」柏蘭進一步還觀察到迪士尼「洗滌」了一些經典的兒童故事；因此這些故事就「失去了他們的心理學價值，但卻

保留票房吸引力[298]。」同時，包特罕（Bettelheim）注意到當
幻想是大量生產時，兒童自己的幻想就容易被判定爲正確或者
錯誤，於是，可以幫助兒童成熟化過程的衝突於爲被避免。

當有些人並不想接受心理學式，尤其是佛羅依德式對於迪
士尼電影的詮釋時，由於心理學理論對於文化研究和女性主義
者的分析的重要性，這類型的分析仍將不可避免愈加舉足輕
重。

迪士尼中的種族表述

對於大衆娛樂中如何表現種族議題的討論從未間斷，在最
近的幾十年來焦點更轉移至一般人的激進刻板印象，其中以迪
士尼中對於種族的描述爲最。威爾森（Wilson）和古帝俄茲
（Gutierrez）就觀察到文學或戲劇在開始時就已經加入了刻板
印象（一些公式，可能是過於簡化的概念，觀點和信念）的元
素在其間。雖然刻板模式是設定角色發展的捷徑，但當我們採
用偏見和必須考量到歷史特殊背景的模式時，就容易產生問題
[299]。

舉例而言，視覺藝術是特別具有挑戰性的。如同某位回顧
者提及的「由於電影高度的視覺本質，因此逃避這些潛在問題
幾乎是不可能的，而把角色動畫化則更加困難[300]。」在某些個
案中，迪士尼公司面對外界對於片中種族意向的批判時，通常
是解釋他們絕對無意扭曲弱勢團體。問題是即使這些大衆文化
的生產者，所擁有的是值得獎勵的、非種族性的目標，但遺留
下來的卻是這些作者的產品，而不是作者究竟抱持如何的動
機。而這些作品，一但冠上迪士尼的名號，就變得格外值得重

視，尤其還包括迪士尼產品對於青少年觀眾的吸引力。曾經參
與迪士尼《風中奇緣》一片製作的美國原住民運動家，羅素銘
茲（Russell Means）就解釋到：「由於這是迪士尼的產品，有
數以百萬計的孩童在形成期會持續觀賞它，所以它將影響這些
孩子們在未來的生命中，藉由這部電影所傳達的，來看待自我
的族群以及我們的文化[301]。」

　　《三隻小豬》裡頭的那隻野狼要算是迪士尼電影，最早被
認爲呈現出種族偏見的例子。劇中壞蛋最早選擇僞裝的對象是
猶太小販，這被席柯串聯到迪士尼有明顯的反閃族情結。「華
德迪士尼明顯承繼了……在他那個生長的年代和家鄉背景相當
普遍的反閃族情結。他的工作室裡，沒有僱用任何的猶太員
工，而且至少有一次他在大螢幕上頭表現出對於猶太的惡意嘲
諷[302]。」但是聖約翰（St. John）卻認爲這支卡通要傳達的更爲
複雜，而且「有技巧將對於印地安人、黑人和猶太人的刻板印
象，完全帶入生活中[303]。」即使有些人認爲大野狼所象徵的其
實是美國當時的「大蕭條」，而辛勤工作的小豬則代表努力工
作的美國大眾（如同我們在第二章中簡短提到的），聖約翰仍
堅持這部卡通中所釋放的右翼訊息其實代表著攏罩整個國家
「步步逼近激進反叛的幽靈」。

　　另外一個引人注目的例子則是《小飛象》裡頭所描述的那
群烏鴉，這讓我們回想到阿莫絲（Amos）和安迪（Andy）的
角色。當上述的刻板印象一一呈現，以及其他包含於迪士尼更
早期電影中的種族偏見時，種族議題在1940年代顯得更爲重
要，他們開始討論1946年《南方之歌》（Song of the South）中
的雷木斯叔叔（Uncle Remus）童話。由喬錢德勒哈利斯（Joel
Chandler Harris）創作的雷木斯叔叔，在迪士尼版本中顯然遭

到許多的扭曲，他們由超過一百個故事裡頭選取了些許故事出來改寫。有好幾個場景被發現「問題同時存在於充斥的激進種族情感和過於濫情[304]。」相對於原來故事中雷木斯叔叔是一個有尊嚴的說故事人，許多人認爲迪士尼的版本將他轉變爲某種民族主義者典型，或者說另一個湯姆叔叔（Uncle Tom）[305]。顯然迪士尼公司的部分人士認同這些說法，因爲這1950年晚期這部電影已被捨棄，然而它已經藉由錄影帶反覆播放著。

在1950和1960年間，有更多的種族問題在迪士尼電影中呈現，尤其是有關美國原住民的電影。甚至連動畫工作室的發言人都承認在《彼得潘》（1953）裡頭「所有的的印地安角色都是丑角。」不過在戴維克羅奇特片中所描述的美國原住民則多半被低估[306]。

最近，新迪士尼對這一世紀動畫電影的多元文化簡介，激起對於種族意向的又一回合評論潮。舉例而言，迪士尼版本的《阿拉丁》就吸引了美國阿拉伯裔團體的立即反應，他們譴責當中的某些圖像和配樂的歌詞。這些抗爭導致錄影帶版本中歌曲之一歌詞的轉變，但對於其中某些阿拉伯角色圖像的攻訐仍舊持續[307]。對許多人而言，仔細閱聽這部電影可以發現「其中反映出一狹隘且傳統的歐洲式閱讀／書寫中古波斯故事的保守作風[308]。」安德森認爲這個故事主要圍繞著過於天眞的個人主義發展：主角們追求自由目標的實現。茉莉公主的角色是這部電影對於種族和性別意識型態的重要鎖鑰，而這兩者是相互補充的。茉莉公主的「自由」以美國風格的浪漫模式表現，這使得公主自伊斯蘭教式的狹窄性別符號中跳脫，同時提供一「以道德修正改變伊斯蘭文化」。安德森更進一步認爲：

《阿拉丁》中茉莉一角所提供給我們的，是以一假女性主義者的圖像，以服務更深沈的種族主義者電影，這部電影以動畫形式重新刻畫了至少兩個美國文化策略。其一是家庭內部的策略，型塑性別的概念：對於掌控浪漫愛情權力的迷思，並認為追求浪漫真愛是女性的權力。其二是屬於對外的策略：《阿拉丁》中的政治策略，延伸了複雜美國對於「自由市場，純粹政治意向或衝擊」的隱喻，這樣的觀點下，財富和機會都是自由個體與生俱來的權力。而在劇中的意識型態市場中，伊斯蘭教的女性被贈與了勝利[309]。

迪士尼版本絕非第一部首度嘗試詮釋阿拉丁故事的電影；夏爾曼（Sharman）認為其他電影和卡通的版本，也展現類似的視覺成分和意識型態的傾斜[310]。然而，迪士尼公司在新範圍《獅子王》中也有違反事宜，即使《獅子王》本來被認為在種族意向中毫無問題。但是問題還是被指出，劇中對三隻「痞子土狼」的描述，這些角色被認為其實以叢林版本來暗諷貧民窟中的黑人或西班牙人[311]。除此外，文化分析家還發現這部電影也透露出對於同性戀的反感、種族主義者和性別主義者的意識型態，更強化階層和保守主義的價值[312]。

同時，負責《風中奇緣》（1995）的製片者解釋他們其實有意識的回應過去其他迪士尼電影因為種族刻板印象所招致的抨擊，這是一個值得敬佩的想法，尤其這部電影是立基於一個真實的歷史事件。正如同迪士尼大多數的電影般，創作者在寫作劇情分景和設計角色時都做了周延的研究。在籌備工作中，他們造訪了原始詹姆斯殖民鎮的所在位置，也和歷史學家、學

者和女主角寶佳康莉的祖先。他們也聘用了美國原住民爲諮詢
師，以保證他們都「作對了」[313]。除卻這些小心的研究，這部
視覺上令人驚異的電影卻仍舊未盡符史實，並再度染上經典迪
士尼的許多元素。如愛德格頓（Edgerton）和傑克森注意到的
「迪士尼的那些製片家根本不是眞的希望讓風中奇緣一片貼合
實事，除卻片中那些充滿情感的修辭，他們只不過做出另外一
部動畫電影罷了[314]。」

　　首先，寶佳康莉本人的圖像其實還存在。不同於眞實寶佳
康莉第一次遇到約翰史密斯的十二歲小女孩，迪士尼版本中她
被描述爲相當成熟的「美國原住民芭比」。據傳聞，這部電影
的動畫家監製看著寶佳康莉本人的畫像，決定要「改善」她的
外貌，增加亞洲人的眼睛，纖細的腰枝，以及一雙無可挑剔的
長腿─「比較少的美國印地安特質，較多的流行外國風。」不
只一個男性（包括梅爾吉伯遜（Mel Gibson），及約翰史密斯）
曾經稱讚「她眞是個尤物」[315]。

　　這個故事過度誇張寶佳康莉生活中的某些章節，並且當他
們刻意忽略某些原始故事中令人不悅的觀點時，還蓄意杜撰其
他部分。就像在大多數經典迪士尼故事中那樣，這個故事被修
改成爲繞著浪漫的愛情事件而發展，縱使在眞實世界中，寶佳
康莉和約翰史密斯從來就不是一對戀人。迪士尼化的故事排除
了寶佳康莉被英國人綁架、她和基督徒的對話、她嫁給一個英
國貴族和她在二十一歲時死於結核病的幾個環節。最後，迪士
尼以典型「從此以後過著幸福快樂的日子」作爲結局，嘗試閃
避任何有心人的攻擊。然而，愛德格頓和傑克森指出最後一幕
其實仍舊強化了某種刻板印象，它讓寶佳康莉扮演調節者的角
色。「這支電影最後的印象，也因此再度以玩笑的方式，回頭

強調英國人、美國印地安人和歐洲人現在可以和平共存。種族
於是成爲一個戲劇或者僅限於文字上的設置，但制度化的種族
主義，其更深遠的後果從來都不允許相反論調即使只是短暫的
入侵到觀衆的認知領域。[316]」

　　這部電影也曾經被解釋爲新殖民主義的例證，或者換句話
說，它將詹姆士鎮當作一個未開化的土地時，就正當化殖民主
義和種族主義[317]。奇派翠克（**Kilpatrick**）則指出劇中對於美國
原住民和英國殖民的描述都是單一面向的[318]。（最重要的是，
英國輿論堅決地支持後者的觀點。）

　　最後，《風中奇緣》吸引來自評論家和觀衆各式各樣的回
應[319]。某些評論者讚美這部電影，他們認爲這部電影其實是一
「對於經典迪士尼童話故事公式的尖銳修正」，並且認爲寶佳康
莉是迪士尼中「最具破壞力的女主角」。某些美國原住民的參
與者也讚頌這部電影。（舉例而言，銘茲就認爲風中奇緣「是
好萊塢影史中對於美國印地安人處理的最好的一部」。）而某
些人則對於史實遭到竄改而悲傷。愛德格頓和傑克森結論道：

> 無論是破壞份子或性別主義者，畏懼或是反動份子，《風
> 中奇緣》是一部極具衝突的作品，……原本就充斥著矛
> 盾，迪士尼的風中奇緣傳遞了豐富而混雜的訊息，它或許
> 強調出迪士尼重建美國原住民圖像的限制，或者任何其他
> 主要好萊塢工作室存在的限制，因為對他們而言最重要的
> 是一般夢想的行銷和相關消費商品的販賣[320]。

馬克思主義者／帝國主義者的分析：迪士尼

本文曾經介紹的一些詮釋性取徑，就已經以各種不同的方式，由所謂的馬克思主義者的取徑中，借用了某些分析文化的觀點。在本書中我們無法對於馬克思文化分析的各種不同面向做一通透的討論，但由唐諾拉沙爾（Donald Lazere）提出的綜述或許對我們有所幫助：

> 無論是被援用的任何文化觀點中，馬克思主義者的方法都企圖釐清其明顯的、潛在的意義，和物質產品形式所反映的符碼，意識型態價值，階層關係和社會權力的結構──種族的或性別的，政治或經濟──以及人群在一明確的歷史和社經情境下，其自覺的狀態[321]。

或許應用這種取徑來分析迪士尼最為人所知的例子，就是被稱為《如何閱讀唐老鴨》的簡短研究。愛瑞兒朵夫曼（Ariel Dorfman）和阿曼馬帝拉特（Arman Marttelart）在1971年發表他們對於迪士尼漫畫的評論，此時藉由民選的自民黨政府正嘗試在其里（Chile）建立一個社會主義社會。然而就像大衛昆若（David Kunzle）在他英文版本的導言中解釋的，「事實證明想要將銅幣全國化要比讓大眾傳媒脫離美國政府的控制來得容易[322]。」即使在阿蘭德（Allende）政府到位後，許多其里的電視節目和戲院中所放映的百分之八十的電影，都是由美國來的，甚至這兒也有許多美國所有的報社和雜誌社。因此朵夫曼和馬帝拉特的評論，其出發點是想要鼓勵其里的居民能夠抗拒這些國外文化產品。因此當美國在1973年九月成功鎮壓其里的革命

運動後，這本書在那兒就成爲禁書，就一點都不足爲奇了。此
外，美國的消費者基金會起初還禁止這本書被輸入美國販售，
原因是這將對迪士尼的版權有所傷害[323]。但這本書此時已經在
全世界各國家出現。

　　就像昆若觀察到的，「如何閱讀唐老鴨」是「一本被激怒
的、挖苦人和充滿政治熱情的書籍[324]。」但他也包括了各種研
究取徑的整合，主要是以馬克思主義者對於「迪士尼意識型態」
的評論中尋得基礎，當中包括階級的分析以及符號學和心理分
析的取徑。這個分析由其里1970年代發行的一百本迪士尼漫畫
書爲樣本。這些漫畫書的主角幾乎都是迪士尼的鴨子們：唐老
鴨和他的姪子們，乎威（Huey），杜威（Dewey）和路易斯
（Louis）和史霍桔叔叔（Uncle Scrooge），不過也有一些其他的
角色，包括米奇、米妮和布魯托。作者拆解這些漫畫書文本，
直接將注意力集中在那些迪士尼意識型態的共通特質上，並且
強調出文化帝國主義的意涵：這樣的概念在1970年代和1980年
年間得到熱切和豐富的討論。當有一群研究者認同迪士尼所代
表的外國文化時[325]，馬帝拉堤和朵夫曼的研究對於這一連串的
討論有較戲劇化的衝擊。

　　朵夫曼和馬帝拉堤的討論發現，迪士尼漫畫中敘述第三世
界的主要基調就是視這些人爲「高貴的野蠻人」。特殊的國家
性在當中被刻板式的呈現，尤其是第三世界國家中，人民都代
表著落後、原始、野蠻和無知。「迪士尼當然不是重新創造這
塊陸地上的居民特徵，他只是強迫他們進駐到某種特定的模子
中……在迪士尼的觀點之下，未開發國家的居民就像是孩童
般，他們也被如此對待……[326]。」

　　唐老鴨的故事反映了對於幸運的典型追尋，而幸運在裡頭

發生的方式總是那樣的神奇，在這些漫畫中，幾乎鮮少有涉及
這塊土地上生產或工作的部分。「在迪士尼的世界中，沒有人
必須爲了生產而辛苦工作。當中描述著買進、賣出和消費的循
環，但卻沒有任何被提及的產品需要付出丁點努力。所有的工
作都只提到消費而非生產³²⁷。」對於消費性的強調，可以由迪
士尼當中的角色都不斷追求錢財看出端倪。「這就像是一個消
費主義的旋轉木馬。財富是每個人所渴求的，因爲這使他們的
世界逐步具體化的質素³²⁸。」

　　許多美國人沒有發現迪士尼所呈現這些意識型態訊息的問
題所在，因爲實際上他們也共享著這些價值觀。然而，相同的
這些訊息一旦輸出到其他國家，就變得大有問題。正如大衛昆
若觀察到的：

　　假如美國大多數的知識分子都被迪士尼給哄騙的服服貼貼
　　或成爲共犯，那是因爲他們也抱持著如同華德一般的基本
　　價值觀、他們也認爲廣大的民眾也享受這樣的文化特權；
　　但只要他們將這些「普遍」的意識型態加諸在其他非資本
　　主義者、未開發國家身上時，這樣的共謀將會變成一種罪
　　惡，因爲他們忽略了存在於迪士尼夢想中的財富和休閒與
　　第三世界確切需要間的落差，顯得那樣的怪誕³²⁹。

迪士尼漫畫的一個註腳

　　一般而言，對迪士尼漫畫的研究要遠少於迪士尼電影的研
究，這也就是爲什麼往往在討論中迪士尼漫畫都被忽略的原因
之一。顯然，華德迪士尼本人對於迪士尼公司的漫畫書生產線
也不太有興趣，最直接的原因是因爲漫畫所帶來的收益不比其

他產品。因此，負責漫畫部分的藝術家們，被認為可以在華德的控制之外活動，這或許可以解釋為什麼有些時候迪士尼的漫畫顯得與經典迪士尼有些落差。

然而，縱使漫畫這些日子以來，在美國所受到的歡迎程度較少，但漫畫仍舊在其他許多國家的市場中，受到熱烈的支持，就像本文在第三章說明過的[330]。相對於朵夫曼和馬帝拉堤針對其里地區，某一特殊時期迪士尼漫畫部分主題所作的分析，其他的一群分析家則以其他有利的角度來看待迪士尼漫畫[331]。故對於這些產品更多的關注顯然是必要的。

迪士尼中所描述的自然世界

分析家以迪士尼所代表的自然世界圖像作為分析主軸，看來是無可避免的，因為這些年來，迪士尼傳奇中對於動物的描述是相當重要的一部份。動畫形式讓動物為主角的電影成為可能，但迪士尼對於卡通和電影中動物角色擬人化的程度，卻成為某些評論者討論的議題[332]。但迪士尼本身於1950年的嘗試則更推進一步，在所拍攝的紀錄電影中，就對於自然世界有更詳盡的描述。

由於華德迪士尼的緣故，迪士尼工作室入侵自然紀錄電影始於1942年《小鹿班比》（Bambi）的製作，當時之所以將真實動物帶進工作室內，是希望能夠讓藝術家們在刻劃動畫動物角色時能夠更加真實。然而，迪士尼顯然希望能夠更切合寫實主義，因此他們在自然中設置了機器以便拍攝動物被獵殺時，竄逃的畫面，並且存取以留待未來之用。於是自1949起工作室就生產了一系列的紀錄電影，包括《真實生活中的冒險》（True-

Life Adventures），《人類與地方》（People and Places）和《眞
實生活幻想曲》（True-Life Fantasy），這些電影都讓工作室有
意無意的進入到教育性傳媒的領域。

　　席柯就指出自1952年，博偉便開始於學校或組織中播放16
厘米版本的迪士尼劇場。然而，如同我們在第二章中提過的一
般，迪士尼工作室在二次大戰期間，也以製作政府電影來傳達
他們無畏於發行非虛擬性電影。戰爭過後，迪士尼公司仍繼續
爲學校、教堂和市民俱樂部製作教育性影集，其中包十五捲幻
燈片長度的大英百科全書。在六○年代時期，迪士尼更提供學
校超過二百部長度約一到四分鐘的短片，並附上一個攜帶方便
的收納匣。通常這些幻燈片直接由迪士尼曾經放映過的材料中
取得，尤其是那些以迪士尼爲名發行的自然生態的電影。席柯
於1968年曾發現「迪士尼的電影工作室不但獲得了行銷之便，
和一般的好處外，同時更藉此在快速成長的教育科技工業中佔
有一席之地[333]。」

　　若不是論者指出迪士尼工作室蒙受了來自教育學者相當多
的限制，或許我們還可以發現迪士尼在教育性媒體中更多的影
響力（然而這可以視爲迪士尼追求控制更多領域的另一例
證）。即便如此，許多自然生態的紀錄片，和其他少數的教育
短片，已經成爲「學校課程的必需品」，並且還在美國和其他
國家中的學校和教育體制中被採用。迪士尼在此期間內的教育
電影和記錄片應該得到文本分析者較以往更多得注目。在下一
個部分中，我們將引用稀疏幾個對這些電影的研究，更爲仔細
的檢討《眞實生活中的冒險》系列影集。

眞實生活中的冒險

　　就表面而言，迪士尼所拍攝自然生態的電影，並未必反映出經典迪士尼的成分，因爲這些元素多半被運用於迪士尼虛擬部門的創作中。然而，假使我們能釐清在這些「紀錄片」中如何在某些層面上，符合於迪士尼公式，將更具備啓發性。

　　在1940年代晚期，迪士尼安排業餘攝影愛好者艾爾（Al）和艾爾瑪美洛帝（Elma Milotte）到阿拉斯加取景，也造就了1949年始於海豹島（Seal Island）的《眞實生活中的冒險》系列電影。雖然起初這部電影難以在戲院上映，但在獲得最佳短片主題學的術獎項後，則成爲票房保證。

　　而如此這般的成功轉而成爲迪士尼公司的龐大收益。雖然在製作期間公司動用了精良的器具和支援，但拍攝自然生態電影的花費仍遠低於製作動畫電影的。舉例而言，1953年播放的《活躍的沙漠》（The Living Desert）　片，一共耗費了四十萬美元，大約等於當時典型好萊塢電影一半的製作費，並賺進超過十倍的收益。之前提過司爾大陸拍攝的預算爲三十萬美元，畢佛谷（Beaver Valley）的製作費預定爲三十萬美元，光是這兩部電影就帶入了近乎九百萬的進帳。1948到1960年間，共製作了十三部的《眞實生活中的冒險》，其中有六部更延伸爲電影長度播放，成爲迪士尼工作室的搖錢樹[334]。

　　這部電影不只得到電影工業頒予許多學術獎項的榮耀，並爲華德迪士尼豎立了紀錄片和教育者的美名，下面的數個獎項或許可以作爲例證：

• 1955年得到美國攝影關係協會頒贈的獎項，原因是「他

以電影記錄了自然」。

- 1955年獲得奧杜邦（Audubon）社會獎，因為迪士尼「對於保存所做的卓越貢獻」。
- 1956年，出席高等教育總理會議。
- 1963年接受國家地理社會的表揚，認為迪士尼「是自然的發展、地理和歷史的首席導師」。

繞過這些讚揚和諂媚，迪士尼本人卻拒絕那些對迪士尼產品教育性的肯定，他曾解釋道「我不是一個教育者。我主要的目標是娛樂──但是假如人們想要在我的作品中尋找教育意義，對我而言倒無所謂335。」

真實生活電影對於自然界的介紹和非虛擬類別電影所吸引的廣大觀眾都受到褒揚，因為這些電影的高品質的電影藝術，因為「呈現出野生生活的險峻和肢體暴力的模式」，也因為這些電影應用了創新的故事處理方式和戲劇技巧在記錄的形式中336。金（King）指出，

> 這是自然，但是一種相當特殊的類別：不是一種生態系統（ecosystem），而是一種自我系統（ego-system），人們是藉由一種自我指涉的眼鏡來看待這一切，將之賦予擬人化、情感和道德色彩。論者認為這種取徑是一種知覺化和侍從化。由這種新紀錄片的萌芽，我們可以看到對於自然界創新和正面的評價及賦予其主體性、可接近的，也是人性化的337。

席柯發現要對自然電影提出評論相當具有挑戰，因為這些獨特的成品都具備一定的高水準，並將過去難得一見的自然生

態場景首度搬上大螢幕。但是，自然世界在歷經迪士尼化後，
似乎仍舊有些值得商榷之處。

　　我們可以在知悉工作室本身對於電影的描述後，看出與電
影本身的落差，並藉此取得對於這個問題的些許理解。一方
面，公司的行銷部門解釋道：

> 對於自然的誠實以對以及對細部過程著重，是區分《真實
> 生活中的冒險》一片的標誌。迪士尼根據事實的主題通常
> 都回歸到很基本的——通常是為了生存而奮鬥。但旁白敘述
> 的節奏必須要是悠閒的。他的語調必須是嚴謹的——而非嘲
> 弄或嘻笑的。而尤其當由長者或專家擔任故事述說者時，
> 也不抱持過度傲慢的姿態[338]。

　　在另一方面，華德迪士尼本人也解釋這些電影的目標，因
此，

> 這是我一直強調的，任何冠上迪士尼名號的都該是娛樂的
> 象徵。我們當然呈現真實的一面，但同時我們也有戲劇、
> 歡笑和配樂在這當中。我們的目標不是做自然科學的正式
> 教育。我們的主要目標是將娛樂和歡笑帶入戲院中[339]。

　　從一開始，這些電影就並非全然真實，因為不真確的描述
和舞台效果的場景通常被包含於其間。即使某些最支持迪士尼
的人都發現這些問題：「雖然迪士尼製作《真實生活中的冒險》
電影的目的是想跟觀眾分享他個人對於自然的敬畏和熱愛，但
他對於故事傳統一成不變的認知，則讓某些幻想的成分和不真
確在解釋自然現象時浮現[340]。」有許多的例子可以被指出，但
最著名的事件是在《銀白色的野外》（White Wilderness）中的

場景，在這一幕中北極旅鼠縱身入海，「這是具備戲劇效果的
集體自殺，但卻和科學家認為真實生活中的現象有所矛盾
[341]。」一個相片偽造專家就說：「感謝迪士尼，很多世代的美
國人相信旅鼠真的會集體自殺[342]。」

　　除此外，自然在影像化的過程中都無可避免的遭到扭曲，
尤其是再使用時間差（time-lapse）的照片和遠鏡頭拍攝後，而
編輯的過程也降低了自然世界，讓這些自然電影成為只充斥著
戲劇效果場面的庸俗化版本。當然，正如金所指出的，迪士尼
並非唯一展現這些效果者，雖然對於許多美國人而言，迪士尼
版本的庸俗自然（tabloid nature）是他們獲得自然世界的初體
驗。

　　無論如何，迪士尼的自然電影也強調娛樂性，就像華德所
強調的，因此我們也不難發現在這些片子中融入了被經典迪士
尼模式運用於虛擬類電影的相同技術和價值。舉例而言，《真
實生活中的冒險》就由配樂和幽默貫穿。除了富有情感和人性
化的的解釋由連續的音樂伴隨著之外，敘述者也隨性的引領著
觀看者，他可以任意的解釋和評論動物的行為甚至是判斷動物
們可能在想些什麼，並教導觀看電影者如何回應。

　　一般而言，自然生態的電影也十分仰賴擬人化，就像迪士
尼其他的電影一樣。虛構類型的電影採取擬人法或許接受度較
高，當迪士尼在自然電影中，將範圍拉至「人性化」的動物
時，引起的爭議就遠大於此，有時甚至偏離了某些動物的真實
天性，失去真確性。特定的生物還被冠上名字，因此強化了他
們的角色，以此奠立他們被當作英雄或惡棍的身份。

　　在這些紀錄片裡，動物的行為都由人類加以詮釋或者以同
理心來揣測。換句話說，在人類以清晰的特質、價值觀將動物

們歸諸於其道德位置時，道德科層化便隱然成形。在討論母性時，我們被引導某種動物是「毫無良心的母親」或者相反的「極具母愛天性」。席柯總結認為，「迪士尼的自然生態電影總是以一種恩賜心態呈現」。

　　評論者更進一步指出迪士尼不只是以人類形式來呈現動物，並且這些拍攝最後也是為了滿足人類的需求。在迪士尼觀點下，最終加諸在這些動物身上的價值，其實就和人們對待他們寵物的態度一樣，這樣的想法被認為是希望人們得到滿足感，或者是追求娛樂的目的。換言之，迪士尼對於動物世界的描述其實直接來自人類世界。與其說提供我們理解自然生態，席柯認為這些化約主義反映了迪士尼的不成熟：

> 面對那些對他而言並不清晰的事物，他的處理方式要不是撇過頭展露出厭惡，要不就是以他所知道或喜好的語調來加以竄改或重塑。雷同的情事也發生在他所製作的動畫電影上，在當中所有的材料都被削足適履的改造，以吻合華德個人所堅持的藝術風格，但是不同的主題可能會讓風格的不協調性顯得突兀[343]。

　　所以，所謂的「真實生活」其實也屈從於經典迪士尼模式的娛樂邏輯。如電影評論者包斯里克羅瑟（Bosley Crowther）發現的，這些紀錄片中「展現一種隨興而戲虐的編輯和安排……所以它所展現的野外生活……是以人類和公民的方式構作……一切都顯得幽默和充滿欺騙。但這些都不是真實的生活[344]。」

活躍的沙漠

對於《眞實生活中的冒險》系列作更仔細的探討，有助於我們理解這些評論。《活躍的沙漠》是眞實系列電影中，首支製作成爲電影長度的電影，並且於1953年贏得了紀錄片類的學術獎項。這部電影被當作迪士尼開創嶄新電影拍攝手法的例子，同時也大膽的以與人格化相關的方式介紹大家所不熟悉的動物種類。

在這部電影的開頭，開始介紹觀衆「沙漠」——個陌生的，不尋常和充滿神秘的世界，在那裡「生命體現其黑暗面」。然而，這部電影卻集中在這塊陸地上的戲劇和神秘面。而且，跟隨著迪士尼風格，整支電影中充滿配樂和幽默，來解釋這個「神秘」的沙漠。

除卻許多的不眞實外（包括突如其來的洪水和其他被設置完成的場景），在這當中還有許多擬人化和以高傲姿態面對這些沙漠生物的例子。最常被引用的場景是一群蠍子在進行方塊舞蹈，並伴隨著音樂和旁白稱呼他們是「有次序的動物」。在另外的場景，我們遇到了一群走鵑，牠們被形容爲「詭異的」、「愛管閒事的」、和「愛開玩笑」的；或者描述烏龜爲「害羞的」和喜歡聽小道消息的松鼠，他最後還成爲迪士尼電影中的主角。而巨型蜥蜴、蜘蛛和各式各樣的蛇類則被認爲是壞蛋。

在另外的畫面裡，旁白介紹我們「毒蜘蛛夫人」（一位致命的小姐，它可令人昏厥），耗子夫人（牠從未扮演好母親的角色），以及有騎士精神的烏龜們，牠們爲一隻母烏龜而相互競爭，稱之爲「公平的淑女」且給予男性公平競爭的機會。我

們可以毫不費力的在迪士尼紀錄片中，找到對於動物世界裡，男女角色扮演的刻板印象。

　　在這些電影中也時常可以發現人類（通常是美國的）陳腔濫調的使用。舉例而言《甜蜜的家庭》就伴隨著「沒有地方像家庭」的配樂。

迪士尼和自然

　　許多人認爲迪士尼的自然電影對於日後的動物影集有著深遠的影響，而這些技術直到目前的自然節目中仍被採用，例如情節的架構，擬人主義，動物的傳記，種族的階層性和技術的母體效應，全都成爲迪士尼公式的「枝幹」[345]。迪士尼對於大衆自然世界的認知和態度也有深厚的作用，尤其在大多數的美國人都居住在城市和半城市區域後，就增加了他們體驗自然的距離。金就指出：

> 我們賴以建立對於自然的想像和理解，由過去第一手的經驗轉而由小說中取得，西部學校的繪畫課和自然攝影，都是由既定的影集和電視版本中逐步積累，而這些則多受到華德迪士尼公司的動畫電影和1940年代晚期的《真實生活中的冒險》系列的影響[346]。

　　迪士尼的自然影集之所以接受諸多榮耀，是因爲他們將注意力集中在人類和自然間的關係，並遠比其他方向的探索來得成功，因此這些電影提供讓環境主義成長的背景工程，可說是「人道主義的成功」。金更進一步注意到：

> 將電影應用到動物而非人類明星的拍攝上，不但掌握理解

人類和動物間抗爭所衍生文化問題的鑰匙，同時讓這些電
影能夠調和，引導和模塑其間的關係。迪士尼電影藉由電
影和電視，甚至是教室，將其影響力遍及數百萬的兒童和
他們的父母，這也讓迪士尼的文化效應遠廣於羅樹卡森
（Rachel Carson）的《沈默的春天》或《山脊俱樂部》。迪
士尼教導美國人如何看待自然，如：勇敢的螞蟻、花花公
子遊手好閒的螃蟹、勤勞的蜜蜂，甚至是成功的野生麥草
347。

　　我們也不可忘記這些電影是如何財源滾滾，以及他們是如
何融入於此間公司的其他業務中。這些紀錄片分配於教育制度
的情況本文在前面已經提及。但是這些自然電影同時也於1950
年代和1960年代間，被迪士尼用來在ABC電台中反覆播放，這
些電影也提供迪士尼樂園某些具吸引力的主題，如此一來，則
又加深自然電影普及的程度。

　　自然和動物持續成為迪士尼產品的主題，全新迪士尼動物
王國的成立就是證明，這讓我們有必要進一步探討迪士尼的世
界—或是主題樂園們—這些是下一個章節的主題。

閱讀整體迪士尼

　　我們在本章討論了解釋迪士尼動畫電影和卡通的各種取
徑。正如在本章開始提到的，研究迪士尼產品中所呈現的意向
和想法十分重要，我們同時也對這些文獻做了一全面的檢視。
雖然對於迪士尼作品的探討有多種取徑，但在這些詮釋中，我
們還是可以找到其中的一致性，當我們在下一章分析迪士尼主
題樂園後，也會得到類似的一致性。

　　某些人或許會認爲所謂的共識是來自於迪士尼謹守著其品牌的名號，或者就是我們所謂的經典迪士尼。換句話說，迪士尼的產品總是小心翼翼的生產和製造，以便於消費者辨認出「迪士尼」產品。這樣的論調可能聽來有點多餘或明顯，所以很容易被文本分析者忽略或低估。除非迪士尼所做的背景能夠被納入考量，否則我們將只能透過文獻分析家，以最新方法來研究某個單一的迪士尼文本，卻忽略更廣大範圍的產品群[348]。

　　更進一步來說，假如我們是希望完全的瞭解迪士尼現象，那麼迪士尼商品的接受度和消費也必須被納入考量中。雖然最近一些分析者開始嘗試在文本閱讀時，也加入觀衆的回應和接受度（對於這種趨勢的更詳盡討論，置於第七章），但多數對於迪士尼作品的分析，仍舊只強化了這些讀本主體性的本質。

　　此外，只集中於單一文本時，則迪士尼整體所輸出的意向或意識型態位置就容易被模糊。賀伯史奇樂（Herb Schiller）在多年前就曾表達這樣的概念：

> 就像迪士尼的管理部門發現一經採用單一系統方式來販售產品後，就將收益良多，想要得到理解迪士尼所販賣訊息的最好方法，就是採用系統分析取徑來探討這些產品——那就是將迪士尼機制視爲一個整體，並且檢視諸多他的產品時，都把他們當作一個整體中的組成部分，都包含著某些雷同的性質[349]。

　　史奇樂呼籲使用的「系統取徑」正呼應了本書的目標，我們正希望呈現一個整合的取徑來理解迪士尼。換言之，對於迪士尼文本生產與消費的分析就需要對於他們的顯著性和獨特性有所瞭解。

　　在探討迪士尼主題樂園時，更需要一個整合的取徑，因爲
主題樂園讓經典迪士尼所富含的意識型態以物質模式呈現，提
供一個充滿歡笑和家庭娛樂的地點，但它們同時也是高度成功
的商業產品。在下一章中，我們將集中於分析研究迪士尼主題
樂園的廣泛觀點。

第六章

解構迪士尼的世界

我要告訴所有來到這個快樂之地的人們：歡迎你們，迪士
尼樂園是你的樂園，成年人可以重拾往日溫暖的回憶；年
輕人可以得到挑戰以及對未來的承諾。

迪士尼樂園看板的題字

「我正要去迪士尼樂園」[350]。

　　1967年，席柯觀察到「學術界對於迪士尼樂園的美學成分
的爭論幾乎不曾停止」[351]，這些爭論至少已經持續了三十年，
甚至更久。從那時開始，如雨後春筍般的研究不只企圖說明迪
士尼主題樂園的藝術性，同時將迪士尼所傳遞的意義與符號視
爲美國當代文化的旗手。如同威爾森（Wilson）的觀察「在華
德迪士尼對於美國流行文化的諸多貢獻當中，他的主題樂園有
著特殊的吸引力，因爲他們建構了一個與迪士尼所面對的美國
歷史與政治實體相反的地域」[352]。

　　雖然有許多人同意威爾森的感想，但是，迪士尼公司與支
持者卻經常對於這種將主題樂園的作用視爲家庭娛樂以外的解
釋作出反擊，姑且不論迪士尼官方的目標，迪士尼的成就形成
一個充滿價值（value-laden）的環境，將經典迪上尼延伸與擴
張到物質的與精神的存在物，並且提供所有美國的意識形態強
烈的刺激。

　　如同我們前面提到的，最近有越來越多研究迪士尼的學者
將焦點擺在主題樂園，並以各種學術取向來進行詮釋。本章將
不會提供另一個關於主題樂園的旅遊指南，而是針對解答迪士
尼的世界如何造就迪士尼現象以及美國文化的各種取向的解
釋，進行概略的說明。首先，本章將簡短的討論迪士尼公園歷
史的發展，接著，總結分析主題樂園的重要研究，最後，以慶
祝城的迪士尼社區的討論作爲結尾，也就是說迪士尼主題樂園
概念，至少深入部分民衆每天的生活。

迪士尼世界的歷史

　　第一個迪士尼世界（迪士尼樂園）的誕生，通常被認爲是
主題樂園概念的開始，但是，如同許多時事評論家提到的，我
們在歷史上可以看到大衆娛樂公園或遊樂園的先例，例如美國
的康尼島（Coney Island）以及歐洲的提瓦利花園（Tivoli
Garden），二十世紀早期，這些娛樂場所爲許多工人、移民以
及年輕人提供休閒以及歡笑。亞當斯（Adams）的報告，在
1919年美國境內的娛樂公園數量約在一千五百到兩千個之間，
在經濟大恐慌時期則呈現下滑的情形，但是在二次大戰後，美
國家庭有較高的收入來從事休閒活動，娛樂公園又變得受到歡
迎[353]。

　　迪士尼樂園也是世界事務的特別回憶，以未來觀點結合過
去的慶典。布萊曼描述迪士尼公園的獨特性在於「結合將主題
景點放入一個主題環境的轉移效果以及將世界展覽／博覽會的
概念的轉移效果，置放在永恆的場域」[354]。戴維斯（Davis）
則辯稱迪士尼最重要的貢獻是帶來一個全部經過設計的主題環

境（或是樂園）的概念，所有的服務都在室內提供[355]。

關於迪士尼樂園的構想最知名的故事，與迪士尼歷史的建構以及與創造天才華德迪士尼的想像，和他想成爲慈愛的、付出一切的父母之間的結合有關。許多故事都談到華德迪士尼想爲他的女兒建造一座乾淨而且安全的娛樂公園，而且也適合成年人遊玩，因此，出現稱爲迪士尼工作室回程旅遊的計畫，安排火車繞行特別的主題區域，這個計畫最早在1930年代提出，特別在1940年代，成爲迪士尼公司討論的主題。此外，在1950年初，華德提出一個構想，包含有自動人物的迷你場景以及迷人的畫面，用來讚頌美國的過去，並且命名爲迪士尼樂園（Disneylandia）[356]。在這個時期，華德較少參與工作室的電影製作，而投入他自己的計畫，特別是他對於鐵路的嗜好[357]，事實上，馬琳（Marling）提出一個有趣的觀點，他認爲華德對於迪士尼樂園的計畫，特別是受到1948年的芝加哥鐵路博覽會（Chicago Railroad Fair）的影響，這個博覽會以戲劇的方式表現鐵路的過去與未來、主題餐廳等等的手法[358]。

因此，華德迪士尼希望建立迪士尼樂園的動機，相較於迪士尼官方簡單的以作爲一個父親的激勵帶過，無疑的顯得更加複雜。如同米爾斯（Mills）所推測的：

迪士尼認爲這是一個新奇機會，可以不只是創造一個有利可圖的事業，更可以作爲英雄的代理人，越過電影的固有限制推廣美國價值。他看到一扇創造機會之窗，不只是一個美國價值呆版的紀念物，更能作爲動態的推手，能夠促進美國文化，幫助解決他看到美國社會面臨的危機。由於經濟大恐慌被群眾動員式集體活動所解決，華德希望藉由

重建兩個面向的大眾信念，以便治療以及除去公眾記憶中
的疾病，包含過去個人主義式的神話以及未來的科技可能
性[359]。

　　因此，主題樂園同時給予迪士尼擴張經典迪士尼的主題，
以及強調與促進美國價值的機會，或者說是那些迪士尼信奉的
價值。進一步來說，迪士尼樂園被設計為以另一種消費形式，
重複利用既有的迪士尼故事以及人物，儘管迪士尼以大眾的假
期以及遊樂景點來美化後來的主題樂園（特別是華德迪士尼樂
園），迪士尼樂園是第一個迪士尼主題樂園，是某種哲學的例
證，同時也為後來的迪士尼世界建立了大部分特別的公園架
構。

　　主題樂園與遊樂園已經在第三章介紹過，同時也有許多詳
細的研究描述其中的細節[360]（見表6-1）。既然說明參觀迪士尼
樂園已經是老生常談，接下來的討論將預設讀者與這些主題樂
園有部分的認識，在這裡先向未曾有這些經驗的讀者致歉（沒
有經驗的讀者可參考的文獻將在下一章說明）。更進一步的討
論將會直接指向主題樂園，而非最新的遊樂設施，就如同多數
的時事分析都將焦點放在主題樂園一樣[361]。

分析迪士尼世界

　　這些年來，迪士尼世界收到來自學術界各方的批評與讚
美，最重要的批評之一，是1958年由小說家哈樂維（Julian
Halevy）於所提出，經常被用來作為批評迪士尼過分低調的例
子[362]。哈樂維比較迪士尼樂園以及拉斯維加斯，總結迪士尼提

表6-1　迪士尼主題公園

主題公園	開幕日期	門票收入，1998
迪士尼樂園 （加州的安納罕）	1955年七月	1370萬美元
華德迪士尼世界 （佛羅里達的奧蘭多）		
魔法王國	1971年十月	1560萬美元
未來城市（EPCOT）	1982年十月	1060萬美元
迪士尼—米高梅工作室	1989年五月	950萬美元
迪士尼的動物王國	1998年四月	600萬美元
巴黎迪士尼樂園	1992年四月	無法取得
東京迪士尼樂園	1983年四月	無法取得

資料來源：Mark Albright，「Theme Park Attendance Nationwide Drops」，St. Petersburgh Times, 23 Dec. 1998。

供「價格便宜的公式比迪士尼更的販賣」，而且即使是拉斯維加斯，都更能成爲一個比迪士尼更滿意的合理來源[363]。當然，席柯在1960年代晚期對於迪士尼的著名研究，包括對於迪士尼樂園的評論，特別是強烈反對以視聽動畫版本的亞柏拉罕林肯[364]。

　　1973年，席勒與雷爾在他們對於大衆傳播媒體在社會中扮演的角色，進行廣泛的研究，雙雙將焦點放在迪士尼樂園[365]。1980年代期間的研究並不多，包含《流行文化期刊》（Journal of Popular Culture）以整個專題的篇幅來討論主題樂園，還加上由艾柯（Eco）以及布希亞（Baudrillard）在1990年代進一步爲後現代設定模式的沉思[366]。

　　迪士尼公司的主題樂園在迪士尼的世代不斷擴張，也形成

分屬不同領域的學術研究的焦點，包含人類學、藝術、建築
學、商業、民族研究、電影與媒體研究、文化研究、性別研
究、地理學、歷史、行銷、政治科學、流行文化、修辭學以及
都市計畫[367]。在這裡不可能說明所有上面所列出領域的研究，
但是，一些普遍的分析主題對於我們理解迪士尼現象應該相當
有幫助。

　　布萊曼利用以迪士尼爲主題的研究文本，提出值得讚賞的
相關討論，註明從馬克思主義分析到後現代批判的種種研究取
向，儘管研究取向如此紛雜，他指出分析者應該會同意主題樂
園展現的什麼，如同他在研究的引言評論中所提及的：

> 雖然在這裡呈現的研究中，每位分析者利用的主題與取向
> 相當廣泛，但是作者在檢驗主題樂園的時候，他們的理論
> 位置或研究計畫往往是互相獨立，毫無關係。迪士尼研究
> 普遍相當有趣，既然這表示著作者的研究架構相當分歧，
> 但是從馬克思主義或符號語言學（semiotics）又各自能產
> 生前後一致的結論。或許「取徑」對於作者而言才有較大
> 的影響力，超過當他們或我們變成讀者的時候[368]。

　　布萊曼接下來的討論，特別強調關心主題樂園所代表的經
濟與意識形態的角色間互動的取向，雖然源於研究的文本相當
多樣，我們還是必須了解在整個脈絡中，主題樂園所扮演的角
色，是迪士尼帝國的關鍵部分。換句話說，主題樂園對迪士尼
公司而言，代表著一項合理又有利可圖的事業，同時也能支撐
著保守的、團結的消費個人的意識形態。爲求適當的呈現經濟
與意識形態間的交織，先回憶迪士尼帝國內的主題樂園是如何
運作的，以及爲什麼對於公司的主要任務如此重要這兩個問

題，對於我們是相當有幫助的。因此，討論會從與迪士尼主題
樂園經濟面向最相關的主題或主要部分開始，接著將轉向其他
主題樂園分析家提出廣為接受的論點。

主題樂園的主題

協力（Synergy）

　　1950年代中期，迪士尼樂園—主題樂園以及迪士尼樂園—
電視節目的結合，被視為跨媒體合作推廣行動的模型[369]。我在
第二章曾經指出，ABC買下迪士尼樂園的股票，而且同意在
ABC電視網上製作每個禮拜播出的電視節目，迪士尼樂園成為
長達一小時的節目主角，當然也包括樂園內各個附屬樂園（邊
境世界、明日世界等等），透過節目進一步宣傳迪士尼樂園。

　　就像前面提到的，這些安排過去被稱為系統取向（systems
approach），但是，在1990年代，相同的概念被稱為協力，而且
主題樂園也成為代表協力作用的例子，把媒體產品以及商品集
合到同一個位置。戴維斯對此說明，主題樂園是商品行銷最重
要的啟動器，而且「主題樂園工業銷售以及提供授權商品的潛
力，是協力策略的核心部分」[370]。

　　對迪士尼公司而言，主題樂園與遊樂園的運對於達成迪士
尼官方的目標，有著顯著的貢獻，不但提供持續的利潤，並同
時宣傳迪士尼帝國的其他部分，就像我們在第三章略為提到，
將在第四章加以說明的情形，的確，我們很難談論到迪士尼品
牌，卻不討論主題樂園。

商品／消費

　　迪士尼的主題樂園可以描述爲娛樂與歡娛，以及商品化與
消費間小心翼翼的整合。對富吉曼來說，這是對於迪士尼所有
的事業最基礎的描述：「迪士尼（特別是他們的主題樂園）把
經驗與回憶當作商品來生產、包裝和販賣」[371]。

　　參觀迪士尼世界的「回憶」與「經驗」，最終都將與消費
纏繞在一起，最重要的是，主題樂園本身就是商品，從門票收
入蓄積可觀的財富。雖然我們很難獲的正確的資料，指出來自
入場費用的收入有多少，戴維斯估計，一般來說主題樂園的收
入，有一半來自門票費用[372]。迪士尼主題樂園與遊樂園部門在
1998年的總收入爲六十一億美金。

　　由於門票所費不貲，等於鼓勵遊客在主題樂園內待得久一
點，因此來自飯店與其他遊樂活動的收入大量提升，由飲食費
用以及商品購買取得的收入也是如此。除了門票以外，由於主
題樂園基本的設計，使得在園內進一步的消費是難以避免的，
巧妙的引導遊客進入禮品店以及攤位，陳列著各式各樣以迪士
尼爲主題的商品。席柯觀察到「樂園普遍的設計，更加增強遊
客購買迪士尼的商品的意念。樂園設施的配置，助長遊客想發
現商品的感覺，更進一步鼓勵他們購買」[373]。

　　富吉曼在他1992年的研究中，提出「購物中心清單」，這
是一份華德迪士尼世界內兩百零四家商店的列表，並不包含餐
廳或任何其他的餐飲設施（見表6-2）。主題樂園不只提供販賣
過去或新角色與故事爲主題的商品的機會，樂園也製作自己的
商品，例如上衣、帽子與出版品，用樂園的某個特殊區域或整
個公園作主題。威利斯（Willis）曾經指出，即使是迪士尼的

表6-2　華德迪士尼世界內商店的數目，1991

公園	商店數量
魔法王國（包括美國16大街）	55
未來城市 EPCOT	65
迪士尼—米高梅工作室	22
旅館	29
迪士尼鄉村市場	20
颶風礁湖與歡樂島	13
總計	204

資料來源：Fjellman, Vinyl Leaves, pp.178-83。

反派人物，樂園內也有商品出售，提供那些不想陷入典型迪士尼消費者主義的人們另一種選擇，然而，最後，施卡（Scar）的絨毛玩偶與烏蘇拉（Ursula）的娃娃，對於迪士尼的持續發展仍有貢獻[374]。

　　的確，部份觀察家指出樂園內的景點幾乎都與消費有關係，例如，世界櫥窗（World Showcase）最好改名爲世界購物中心（World Shopping Mall），在十一個展示區域內，共有五十二家商店[375]。美國大街（Main Street USA）也是另一種形式的購物中心，有許多個別的商店所連接而成。就像布萊曼指出的，「消費呈現了歡樂與夢想的某個部分，作爲一個完全的參與者，遊客必須消費」[376]。

　　許多主題樂園的評論家已經討論過消費與娛樂間的糾結，有時「表示兩者間沒什麼不一樣」，或是「一種消費的傾向，飲食、住宿以及參觀主題樂園變成是無法逃脫的糾結」[377]。威爾森稱呼主題樂園爲：「一座商品的建築物⋯⋯是我們在北美

能發現的最完整的商品陳列，根據商品行銷來組織公園的公共
空間；我們可以知道私人空間是作為個人消費的建築附屬品」
378。

商品化／公司結盟

　　在「策略聯盟」的概念廣爲流行以前，迪士尼便將其他公
司作爲事業的夥伴。迪士尼樂園最初有三十二家廠商參與展覽
或園內餐廳的贊助，包含康乃馨（Carnation）、通用電氣以及
曼沙多（Monsanto）。當然，如果遊客能到柯達（Kodak）在公
園四周設置的回憶小站走走，更能抓住美好的回憶。

　　主題樂園持續有其他公司參與，特別是在EPCOT，未來城
市得到AT&T、通用汽車、卡夫特（Kraft）以及柯達伊士曼的
贊助，在世界櫥窗也有特定國營公司的攤位，例如日本航空、
拉巴特啤酒（Labatt Beer）等等，其他公司的參與減低迪士尼
公司所冒的風險，同時也能宣傳與加強迪士尼的理念與價值，
而確實的，未來城市就是要來宣傳這些價值的。在迪士尼官方
的文獻中，未來城市被敘述爲「一個創意的實驗性社區，允許
企業自由的參所與展示與人類的希望和夢想相關的想法」。富
吉曼總結道「WDW（Walt Disney World）對於世界上製作商
品的公司來說，是一個值得學習的聖地」379。

　　除未來城市之外，主題樂園分析家提出爲數衆多的公司結
盟實例，但是最著名的是由通用電氣所贊助的進步的旋轉木馬
（Carouse of Progress）。最初旋轉木馬的登場是在1964年的紐約
世界博覽會，後來被移到迪士尼樂園，並由通用電氣贊助，後
來又在1975年被轉移到華德迪士尼樂園（做部分的更新）。這
個展覽描述「經由電器的運用，使得美國的家庭生活獲得改

善」，並且以 「中產階級機器人家庭」的表演主題，分為1900年代、1920年代、1940年代以及現代四個場景進行。在每個場景中，家庭成員慶祝各種省力工具的使用，並試圖尋找未來可能的改良方向，並謝謝「那些通用電氣的研究人員」。這項展覽不僅僅是通用電氣的商品會，如華勒斯指出的，「是對於進步的讚頌—界定為消費者商品可能性的解放」[380]。如同未來城市內的許多景點，旋轉木馬不只明顯的宣傳迪士尼的理想，同時也使得這項展覽與其他主題樂園的聯繫增強，特別是與那些代表過去的連結（我們將在稍後討論）。我們一點也不訝異贊助商會對這些活動的結果表示滿意，一位通用電氣的代表評論道，「迪士尼組織以戲劇性而值得回憶以及令人喜愛的方式，在將我們公司介紹給大眾的工作上，表現得非常耀眼」[381]。

所以迪士尼世界不只擁有自己的文化產品，他們也宣傳以及合理化整個資本主義制度。富吉曼說明道：

> 當商品形式成為文化的核心部份，文化變得商品化時，我們可以藉由特別的文化產品來接觸文化，就像商品化的爭論般，也像是在符號上合理化整個系統。文化與商品間形成互相纏繞的辨証關係[382]。

「我正要去迪士尼樂園」

誰會去迪士尼樂園？又為什麼要去？雖然迪士尼公司從不公佈參觀遊客的詳細數量，但是貿易資料報導迪士尼的主題樂園在1998年吸引五千五百四十萬的遊客參觀，1998年全美五十大主題樂園的參觀人數是一億六千五百萬，比1997年還小降百分之一。就像表6-3顯示的，迪士尼主題樂園不只在遊客人數

表6-3　全美十大主題公園排行榜，1998

主題公園	門票收入（百萬美金）
魔法王國（WDW）	15.6
迪士尼樂園	13.7
未來城市（WDW）	10.6
迪士尼—米高梅工作室（WDW）	9.5
環球片場（佛羅里達）	8.9
迪士尼動物王國（WDW）	6.0
環球片場（好萊塢）	5.1
佛羅里達海洋世界（奧蘭多）	4.9
巴奇花園（Busch Garden，坦帕灣）	4.2
加州海洋世界（聖地牙哥）	3.7

資料來源：Amusement Business, Dec. 1998。

上領先全美其他主題樂園與遊樂園，華德迪士尼世界更被宣稱爲全世界規模最大的旅遊景點。

　　亞當斯曾經指出，由於二次大戰後的嬰兒潮在1950年代形成一波兒童潮，迪士尼樂園能獲得某個程度的成功是可預料的，能自由調配投入休閒活動的資金增加、旅遊主義的興起、以及交通的進步也帶動主題樂園的流行，1997年，平均一個美國家庭每年花費一千八百十三元美金在娛樂上[383]。

　　1989年，據稱有百分之七十的美國人曾經參觀過華德迪士尼世界或者迪士尼樂園[384]，當小孩的數目減少後，在園內經常見到成年人，與小孩的比例大約是四比一[385]，除此之外，迪士尼隊伍繼續在主題樂園與遊樂園內增加以成人爲目標景點，包含歡樂島，大量的娛樂設施與觀看體育活動，以及對較年長的

遊客提供教育性服務的迪士尼機構。

　　話雖如此，迪士尼主題樂園的基調始終環繞著家庭。宣傳以及廣告適合家庭的設施，並且在整個公園內以不同的方式來展現（例如，進步的旋轉木馬展覽中的機器人家庭）。更特別的是，如同許多分析家指出的，中產階級家庭所描述的理想與價值，和迪士尼公園的中產階級風格相近。

　　對於部分家庭來說，主題樂園的門票費用（見**表6-4**）與交通花費，形成阻礙他們參觀的高牆，因此，據報導華德迪士尼世界的遊客有四分之三是專業人員、技術人員或是管理人員，只有百分之二是勞工，而且，儘管經常出現在迪士尼的廣告當中，在華德迪士尼世界的遊客中，只有百分之三是黑人以及百分之二的西班牙裔。就像富吉曼提到的，華德迪士尼世界

表6-4　迪士尼主題公園的門票費用（2000年）

公園	門票
迪士尼樂園	
一日遊／成人	41美元
／兒童	31美元
三月護照／成人	99美元
／兒童	75美元
華德迪士尼世界	
一日遊／一個主題公園／成人	48美元
／兒童	39美元
四日公園遊覽／成人	196美元
／兒童	158美元

*上面所列的價格與經由主題公園販賣的價格無太大變動

「是美國重要的中產階級朝聖中心」[386]。將迪士尼視為家庭聖
地的概念，是其他的主題樂園分析家廣為採取的基調，並且從
兩個方面加以強調，迪士尼公園成為「神聖的中心」，人們感
受到前去參拜的壓力；並且對這個不熟悉以及結構不明確的聖
地訂出某些儀式[387]。雖然摩爾（Moore）與其他分析家主張，
迪士尼世界的朝拜之旅已經變成一種類似宗教的經驗，布萊曼
表示將公園經驗做宗教的比喻是受到環境的限制，他辯稱遊客
並沒有帶著新的感覺回家，而是「重新讓原有的感覺再度運轉」
[388]（迪士尼在過去的象徵將在稍後說明）。在同一時期，亞當
斯利用聖地的比喻強調之前我們討論的幾個主題：

> 就像往麥加（Mecca）、坎特柏里（Canterbury）、勞地斯
> （Lourdes）或羅馬的旅程般，代表訊息的傳遞，經過聖地
> 的淨化可以成為神聖社群的一員，參觀華德迪士尼世界等
> 於認可公司文化的價值，並且經由這個二十世紀的聖地，
> 在科技、管理科層的控制以及消費者主義等面向，重新確
> 認資本主義聖經的進展[389]。

「魔法的後台」

　　對於部分遊客來說，迪士尼主題樂園的吸引力，來自那些
經由靈巧的織夢人的設計與測試，讓遊客感到驚異的設施，其
他遊客則欣賞主題樂園內的乾淨、效率以及組織[390]。
　　許多作家對於建立這個引人注目的藝術產物的精密計畫有
所評論，包含公共設施的掩蔽以及入場服務，還有完全在迪士
尼世界地下的複合建築物，包括電力設備、員工運輸以及儲藏
空間等等。這個地下系統被稱為效能走廊（utility corridor），

包含長達一英哩的隧道，使員工能輕鬆到達工作地點，同時將主題樂園內「非魔法」的部分加以隱藏，例如垃圾處理、配輸線、公共設施、排氣孔、纖維稜鏡線以及電腦設備[391]。

　　公園的管理與運作是讓人印象深刻的，被認為像是藝術般的使用科技，舉例來說，垃圾在地面上收集完之後，便經由氣動式的管道，直接移動到位於地下室的垃圾車。主題樂園的運作受到電腦的輔助，用來監督與控制主題樂園與遊樂園以及聲音系統的能源的消耗、冷卻以及保存。保養工作則在夜間進行，而且並不只是清掃所有街道或是清潔整個地面，更對園內各式各樣的設備重新上漆或是磨光，波柏姆（Birnbaum）在華德迪士尼世界旅遊指南中簡介美國大街，便是一個例子：

　　不管是外面與裡面，保養與清潔工作都做得相當好。穿著白色服裝的衛生人員巡行整條大街，撿起以及剷除任何從馬身上掉下的東西，這些馬是負責將馬車由城鎮廣場拉到城鎮中心。魔法王國內所有的人行道每個晚上都要用消防水管清洗。，有一群專門負責保養的工人，他們唯一的工作是將屋頂的白光作些微的調整，還有一些工人專門負責木製圖畫的維護。當這些工人逐漸移動到城鎮中心之後，他們又重新回到城鎮廣場開始同樣的工作。呈現綠色，用馬做造型的鐵製車廂平均每年要重新上漆二十次，每次都要全部刮掉原來的漆；部分遊客發現這些細節之後，感到相當令人神奇，因為平均一位遊客從大街的一頭走到另一頭要花上超過四十分鐘的時間[392]。

　　公園內所有的管理與運作的表現，長久以來為許多專家所讚賞。事實上，迪士尼的管理策略一直是相當知名的（曾在第

三章提及），現在迪士尼在迪士尼機構提供掛上本身品牌的商
業與管理計畫，關注的焦點包括人員管理、領導能力、消費者
忠誠度、高品質服務、創造力與革新以及人際關係管理等等的
課程。華德迪士尼世界就像是模型般，或是「運作中的實驗室」
般，經由這些課程提供學員致富的可能（主題樂園的門票費用
包含在課程費用中）[393]。

　　主題樂園內精密的管理，與主題樂園分析家所認定的相當
一致，在本章後半，將以更多的實例討論迪士尼掌控的技術與
能力。一位迪士尼的代表說明道：「樂園的乾淨，樂園的安全
對於提升我們娛樂大眾表現的卓越以及品質的幫助，超過在象
牙塔內或是意識形態的研究所能提供的」[394]。話雖如此，對於
清潔的執著就是任何一個經典迪士尼希望的主題樂園外貌，可
以吸引更多的遊客。杭特（Hunt）與法蘭伯格（Frankenberg）
對此作出結論，將保養議題與樂園遊客的類型相連結，「迪士
尼樂園提供乾淨的歡樂給乾淨的家庭。垃圾，按照字面意義，
就是意指那些不需要的人，都應該被排除在公園之外」[395]。

可預測性與期待

　　主題樂園內的設計與組織，根據迪士尼的宣傳、遊客以往
的經驗以及迪士尼樂園在這些年來得到的好名聲，已經建立某
種程度的可預測性，是遊客所期待發生的。評論家已經指出在
迪士尼遊覽的安全性與可靠性，主題樂園被設計成避免日常的
危險以及真實世界中日常生活的憂慮，就像海森觀察到的：

　　比起囓齒類隊伍，沒有人能提供更安全，更無憂無慮的管
　　理。不管你在迪士尼的海岸線，或是在迪士尼圓木溪谷，

或是迪士尼高爾夫球場的第十八洞，你可以相當肯定沒有
人會告密或拿著四五口徑的手槍在背後對著你。這不只是
感覺，更是事實（沒有人會把迪士尼想像成仁慈的妖怪）
保護者的形象已經深植所有父母的內心[396]。

　　但是遊客的期望與迪士尼主題樂園呈現的主題也有關係。
遊客期待他們能在這個魔法之地度過快樂的時光，所有的服務
人員都會又親切又有禮貌，街道會是乾淨的一塵不染，而這樣
的意像與夢幻會是完全並且持續下去的。

　　有許多故事可以當作例子說明這些期待。舉例來說，經過
簡短的訪問，一位商業記者回憶起參觀迪士尼樂園的經過，她
看到任性的孩子攻擊一位穿著迪士尼角色服裝的工作人員，這
個意外事件在當工作人員開始還手後，吸引眾人以及樂園幹部
的目光。那天之後，在參觀樂園內的主要講台時，這位記者目
睹一群遊客要求園方退費，因為打鬥的場景破壞了他們將主題
樂園視為「地球上最快樂的地方」的期待。

　　另一個更公開的意外，一位遊客與他的孫子在1995年在迪
士尼樂園的停車場，遇到持槍搶劫的意外，並因而控告迪士
尼。在這項意外發生之後，相較於搶匪，她對於迪士尼的員工
反而較為不滿，「小孩的想像被殘酷的抹去」只因為遭遇到沒
有組織的後台工作人員。這項訴訟表示迪士尼將孩童暴露在
「迪士尼角色的真實之下，而這曾經是孩童所深信不疑的」
[397]。

控制、控制、再控制

　　迪士尼主題樂園存在著可預測性是有可能的，因為有樂園

內的管理部門嚴格的控制，事實上，幾乎全部的樂園分析家都
認為在各方面進行控制，是迪士尼世界運作的基礎[398]。布萊曼
區分出樂園內六種層次的控制，可以幫助我們組織關於這個概
念的各種解釋[399]。

1. 主題樂園經驗的控制

　　主題樂園的配置，包括路邊與展示，被設計用來控制遊客
的活動與經驗，幾乎所有的主題樂園研究者都同意這個說法。
整個遊覽過程固定從美國大街逛起，這是魔法王國唯一的入
口。精細的指引路徑引導到達特定的景點以及柯達回憶小店。
恰當的音效、音樂、甚至是芳香的氣味，經由小心的處理，充
滿整個主題樂園[400]。樂園內的景點或路邊通常是「有計畫的表
演」，遊客不管是利用車子、船隻或電車來活動，都會看到事
先佈置好的或是一成不變的景象，這些都是經過精細的聲音與
運動的安排。如同布萊曼所提到的，「每個人會看到和其他人
相同的景物，所以遊客在許多主題樂園景點的經驗是受到控制
的，甚至是被標準化的」[401]。

2. 想像的控制

　　但是不只是遊客的活動或經驗被控制。一個主題樂園研究
者不會忽略的要點，在於遊客被動的參於主題樂園的活動，因
此遊客的想像主題都壓倒性的受到迪士尼以往作品的影響。艾
柯直接的指出：「一個消費社會的諷刺，一處屬於絕對肖像主
義（iconism）的地方，迪士尼同時也是完全被動的地方，迪士
尼的遊客必須同意像迪士尼的機器人般的活動」[402]。

　　《洛杉磯週刊》的記者卡森（Tom Carson）寫道：

我喜歡大眾文化是因為這些文化具有民主的特質，讓所有喜歡相同事物的人結合在一起。但是迪士尼樂園卻禁止這種舉動，迪士尼是被隔絕的，是被控制的畸形天堂。我不能在各方面經驗或產生意義，除了華德所賦予的部分。如果華德真的希望我們的想像可以高飛，他會給我們一對翅膀，而非老鼠的兩隻耳朵[403]。

許多評論延伸這種論調，指出遊客的活動甚至是思想都被「頻道化」或是「操控化」。杭特與法蘭伯格解釋道：

迪士尼的運作是透過控制（controlling）已被控制（controlled）的想像，來操控（controlling）想像……我們只是因為笑話而歡笑，對於設計師與工程師天才般技術成就發出讚嘆。我們太過於把自己降級到孩子般的情形，因為被操作而運動，而非主動。閱讀的興奮真的已經被翻譯與重新描述了[404]。

同時，尼爾森（Steve Nelson）提出下面的評論：

在這個時代，具體化夢幻的產品達到新的高峰，迪士尼站在這一波潮流的第一線。例如電影《羅傑兔》（Roger Rabbit）以及《法櫃奇兵》（Indiana Jones），以及主題樂園像是迪士尼—米高梅工作室，用極為精確的設備重建電影夢幻的實體。但是，他們做得太過頭了，只留下小小的空間給遊客的想像以及夢幻的感覺。我們不再向星星許願，因為你可能會從太空船上看到星星。迪士尼娛樂事業的優良科技與複雜是相當危險的，因為這些設備都是被設計用來欺騙人類的[405]。

除此之外，由於主題樂園拒絕任何對於工作或勞力的建議
（稍後將進行討論），想要體驗真實的遊樂是毫無機會的，沒有
溜滑梯、游泳池或是其他允許兒童（或其他人）獨立以及自發
使用的設備。杭特與法蘭伯格下了這樣的結論：「這裡遊戲的
形式，是符合經濟與意識形態的要求，無法分離的結合，提供
前置的、時間的、價格的與價值的服務」[406]。

3. 主題的控制

許多主題樂園內的景點強調控制的作用，並且很少在意這
種觀點的展現，最常被用來說明這種論點的景點是「與土地共
生」（Living with the Land），由雀巢公司贊助（之前稱為「聆
聽這片土地」（Listen to the Land），由卡夫特食品贊助）。遊客
被安排在船舷，透過各種景物說明如果沒有技術與科學，我們
就無法克服艱困的大自然。關於這個景點，富吉曼觀察到，
「這片土地是經過人工處理的，充滿欺騙與打擊，告訴我們什
麼是應該聽的，以及什麼是不應該聽的」[407]。

我們也可以在主題樂園其他的地點，清楚的看見對於想像
主題的控制，包括邊境世界裡面美國西部的馴服，以及在冒險
世界裡對於其他世界的征服。布萊曼在有關控制的討論中作出
結論，表示我們可以注意到各種主題在公園間的連結有多緊
密，例如公司的聯合與技術的進步[408]。

4.勞工行為的控制

迪士尼對於勞工的控制在第四章已經討論過，但是我們可
以回憶迪士尼公司透過「亞利安式的服裝密碼」（Aryan-
android dress code，海森所提出）達成幾近完全掌控員工出席

的目標，並且精密的監督與訂定員工的行爲，同時將焦點放在員工的「情感勞動」（emotional labor）之上，這些都是之前討論過的。顯然的，這樣的管理影響公園帶給遊客的經驗與意義，例如迪士尼外觀以及迪士尼行爲（Disney Behavior）對於建立可預測的迪士尼以及遊客所期待的迪士尼，有著不小的貢獻，同時也強化主題樂園強調全都是美國人的價值[409]。

　　由於迪士尼公司非常注重主題樂園形象的維持，員工被教育必須能以特別的方式處理緊急事件，如同前面所說明的。舉例來說，迪士尼極力避免主題樂園內任何的死亡事件被披露，一位員工表示醫療人員被告知必須等待，直到離開迪士尼資產範圍，才能發布死訊。所以按照迪士尼的官方說法，主題樂園內從沒有人死亡[410]。

5. 週邊環境的控制

　　庫恩茲發現，迪士尼公司的政策就是「沒有任何東西能夠在沒有規律或不受控制的情況下，出入迪士尼公司的資產。」[411]而主題樂園與遊樂園也顯現出迪士尼公司有能力控制這些樂園，「藉由柳橙樹林以及沼澤地，將外在世界隔絕在這個夢想王國之外」[412]。關於主題樂園與其他景點的建造細節，已經有許多作家加以描述，迪士尼公司本身也曾經提出說明。比較特別的是，主題樂園在被認爲是不可能或非自然的土地上建造，這是主題樂園的特徵，也是公園吸引遊客的原因之一，最近的例子是新動物王國的建造，以非天然的環境來展示非土生土長的動物，在動物王國建造完成後，卻將這個景點宣傳爲天然而成的，廣告文宣的片段是這樣的：「爲滿足人類長久以來對於各種動物的著迷，新的主題樂園提供超過一千種動物的棲息地

圖五　遇見米老鼠。迪士尼主題樂園內，一個適合孩童與成人
的景點是遇見「真的」經典迪士尼人物。圖中的米老鼠正問候
著一群參觀迪士尼樂園的遊客。
照片由愛爾登（Jeremy Alden）提供

　　……稀少而美好的生物，土生土長在這塊土地上……自由的漫
步。安全措施自然到幾乎看不見」[413]。

　　甚至那些天然的事物也受到特別的處理，得以維持適當的
形象。舉例來說，海森說明本來迪士尼灣湖（Disney Bay Lake）
由於樂園被柏樹林所圍繞，而呈現不自然的茶色，迪士尼公司
將這些樹木移開，重新填上進口的沙子，並且灌入遊客期待的
青色湖水[414]。有許多的報導說明1988年所發生的黑禿鷹意外，

迪士尼公司被指控殺害國家保育的鳥類，只因爲這些禿鷹的自然行爲不符合迪士尼所要求的景觀，迪士尼公司在事件中慘敗，必須捐款給佛羅里達的狩獵基金會加以補償[415]。

　　迪士尼的魅力部份來自小心翼翼的控制環境，將遊客與「眞實世界」分離。但是迪士尼公司的控制舉動同時也越過主題樂園的大門之外，特別是在華德迪士尼世界。由於迪士尼樂園天然的土地面積限制，提醒迪士尼在佛羅里達的樂園上，需要掌控較原先計畫更多的土地，所以迪士尼安排購買兩萬四千英畝的土地，供迪士尼世界複合體使用，現在這些土地上佈滿許多旅館以及遊樂設施。將旅館與主題樂園連結是不只是考慮營利目的的做法，同時（如布萊曼指出的）對於整個區域基本外貌的掌控也有幫助。

6. 自身命運的控制

　　迪士尼從政府取得所需的幫助已經是很普遍的情形，不管是區域的、州政府級的或是國家級的政府都是如此。如同在第四章的討論，許多有意的舉動都是爲了影響政治決策，以便符合迪士尼的事業所需，例如智慧財產權的保護、出口總量管制以及免稅規定。就像前面提到的，迪士尼也說服政府參與主題樂園的興建，在佛羅里達，政府成立基金用以改善道路，法國政府也改善巴黎迪士尼樂園周邊的交通連接。

　　然而，蘆葦小灣區域（Reedy Creek Improvement District）改善計畫，是最適當的例子，顯現迪士尼公司掌管本身事務的能力。1967年，佛羅里達的立法機關在蘆葦小灣的開發上，給予迪士尼特別條款，這個條款允許迪士尼不需要取得建築許可，也不需要付給州政府相關的費用，便可以管理這個地區，

建立自己的建築物，甚至徵稅。實際來說，蘆葦小灣顯示迪士
尼有成為一個私有政府的能力。迪士尼有自己的水源、通信設
備、消防隊，如果迪士尼需要的話，甚至可以建立自己的核能
裝置。這些設備明顯的被八百名打扮成「主人」與「女主人」
的員工看守著，這八百名員工也就是所謂的安全警衛[416]。

　　雖然許多分析家（特別是布萊曼）都相當認同整個主題樂
園，充滿著控制的氣氛的說法，他們卻忽略了一個重點，也就
是對於「控制」的強調，一直是迪士尼帝國相當堅持的。即使
威爾森企圖將兩者加以連接，卻還是將重點指向主題樂園：
「全球化的迪士尼的首要原則就是控制……這個原則以及由這
個原則所建立的直接空間，在我們的社會是稀鬆平常的（購物
中心或超級市場），但是控制很少以系統性的方式呈現」[417]。

　　我們必須強調，主題樂園內處處可見的控制原則，同時也
是迪士尼其他活動的特質，長久的存在於經典迪士尼的脈絡當
中。

經典迪士尼及其超越

　　許多評論家發現主題樂園的周圍，有組織的環繞著迪士尼
電影人物的故事[418]，因此，我們一點也不訝異於迪士尼的主題
樂園，會重複利用經典迪士尼娛樂產品的故事與人物，特別是
那些動畫影片，對於迪士尼的協力策略有相當大的貢獻，我們
已經在第四章提及並加以描述。故事與人物，特別是動畫電影
的部分，在主題樂園以全新的面貌重新登場，例如人物造型的
車輛、真人裝扮的人物以及遊行，進一步多元化經典迪士尼的
面向，同時增加經典迪士尼的價值。富吉曼提到（特別是針對
華德迪士尼世界）：「華德迪士尼世界所傳遞的意識形態訊息

是相當廣泛的，而且複雜的交織在一起」[419]。

　　參觀主題樂園本身就代表著經典迪士尼主題的展現，例如下面這段在迪士尼網站上，對於迪士尼世界的描述：

> 歡迎來到這個地球上最神奇的地方！請進來這個令你不可置信的夢幻世界，為你而存在的樂園與人物將讓你的夢想與靈魂高飛。美妙的景點使得你像進行一趟迷人的冒險之旅。有你最喜歡的迪士尼經典故事與人物，參與豐富的遊行與節目，讓你開懷大笑。現在正是來這個王國的好時機，這個王國也能創造你永遠珍藏的回憶。

　　許多經典迪士尼的主題─夢幻、魔術、逃離、幸福與歡笑將在這裡上演。迪士尼強調的幸福主題不斷的重複以及擴張（如同前面提及的）成為迪士尼主題樂園可預測性的一部分。杭特與法蘭伯格發現：

> 你一定看過這些電影，你也一定熟悉這些卡通人物，曉得他們經歷過的冒險與苦難都是詼諧的，並且終究會得到美好的結局。你期待（而且知道所有的故事，而且不是被迫的）在你的參觀旅程中，也有同樣的興奮與感動[420]。

　　其他的主題也被整合在主題樂園內的景點，例如，許多觀察家談到主題樂園讚揚個人主義的概念─尤其是美國旅程（American Journeys）與美國冒險（American Adventure）兩個景點，但是我們也可以在邊境世界與明日世界發看這種精神的落實。亞當斯認為迪士尼公園內的一切，都是為了推展樂觀主義而生的，「一種堅持不斷朝向完美的改善的信念」[421]（回想之前談論過的進步的旋轉木馬展覽）。

　　關於逃離的主題，我們已經在經典迪士尼電影討論過，在主題樂園內得到極為強烈的重視，遊客被鼓勵遺忘日常生活的瑣事以及憂慮。前紐約巨人隊的防守邊衛泰勒（Laurence Taylor）曾經說明他廣為人知的嗑藥以及相關問題：「我們全都希望有一個沒有冒險與苦難的生命歷程，但是我們並非住在迪士尼樂園。」[422]類似的話語經常在日常生活的對話中出現，迪士尼被視為不真實的、逃離的以及過於浪漫的代稱。

　　儘管如此，迪士尼主題樂園與經典迪士尼的電影，所要傳遞的訊息是相當清楚而直接的。「迪士尼的形象，雖然代表複雜的網絡也帶有虛構的成分，卻有著清楚的自我解釋，能夠實現迪士尼長久以來的信念：『讓大家清楚！』（Make it read）建立特殊的行動與認可。這一點也不矛盾，一點也不含糊」[423]。相較於經典迪士尼的主題，迪士尼世界代表的意義較為人所了解與提及，對於杭特與法蘭伯格而言，這樣的情形意味著：

　　　一段美好的時光是可能的，當所有遊客、情侶、父母和小
　　　孩都不在時間的範疇中：沒有每天固定要做的事、每天的
　　　需要以及每天都可能發生的衝突。這樣的地方一點也不嚴
　　　肅，我們不用每天在工作的世界數日子。同時，像是其他
　　　的休閒活動，多多少少對於家庭或是盎格魯撒克遜白人的
　　　優越感，起著一定的哲學社會化的作用，這也正是一場美
　　　國價值的化裝舞會[424]。

　　雖然經典迪士尼的主題是相當明確的，迪士尼的理想與價值依然在主題樂園各處被強調以及擴張，尤其是那些有關過去與未來的景點。就像前面提到的，迪士尼樂園提供華德迪士尼

機會，建構他認為的過往美國，以及他的觀點下的未來。下面
的部份將觸及這些主題。

過去：華德迪士尼的美國

迪士尼樂園最初而根本的主題（如同本章一開始引用的題
字所表現的）是對於過去的緬懷以及對未來的承諾。魔術王國
的許多景點都相當強調過去，像是美國大街、自由廣場、邊境
世界與冒險世界。同時， EPCOT的未來世界和美國冒險雖然
經常有關於未來的展覽，但是也明顯的表現出過去的元素。

主題樂園的懷舊特質受到許多作家的關注，他們經常指出
華德迪士尼版本的過去，根本是不存在的，主題樂園的設計人
員也確實同意這種說法。一位造夢者說明，「我們創造的是
『迪士尼現實主義』（Disney Realism），是某種烏托邦，我們小
心翼翼的設計，用正面元素取代負面、我們不想要的元素」
[425]。所以，迪士尼式的過去是乾淨以及快樂的，最重要的是，
這樣的過去是被有計畫的組織。這樣的論點經常在有關美國大
街的討論被強調，美國大街以華德迪士尼面臨世紀交替的家
鄉，密蘇里的馬西林，做為藍本。儘管華德的童年並不快樂，
但是美國大街是根據他所有的哲學，呈現出的美國小鎮的本
質。

部分作者將對於過去的重視，與另一個主題樂園強調的主
題連接：消費。布萊曼提到：「對於過去主題相當強烈的懷
念，不只是由於向過去傾斜，也因為懷舊帶來的溫暖感覺，將
鼓勵遊客消費」。艾柯也發現，：「美國大街的外貌就像玩具
屋，並且邀請我們進去，但是裡面總是隱藏著超級市場，你會
在那裡執著的購買，但深信你還是在遊玩」[426]。

其他評論家指出主題樂園內對於過去的呈現，典型都是滑稽的、快樂的，最重要的是娛樂的方式，一種迪士尼在電影或電視呈現的風格。

在其他方面，迪士尼呈現的歷史細節是相當精細的，迪士尼極端的強調「一定要正確」（get it right）。以美國冒險為例，徵詢歷史學家事件的真相是什麼；機器演員的服裝與原來的設計非常吻合，加農砲砲彈的尺寸也經過仔細的計算。織夢人令人注目的技術，將歷史帶到生活當中。

但是，對於迪士尼版本的過去最普遍的批評，來自華勒斯與富吉曼稱呼的「扭曲」（Distory），有關未曾出現的事物，特別是有關美國歷史梗概的景點。布萊曼將迪士尼的遺漏區分為下列三種：（1）由工業與企業造成的問題；（2）關於階級、種族與性別的議題；（3）有衝突發生的場景。

華勒斯指出迪士尼對於「過去的選擇性重建」，也可以在其他懷舊形式的歷史呈現中發現，像是十九世紀蠟像館以及工業博覽會，將科學與工業視為未來進步的關鍵[427]，進一步來說，迪士尼的各種展覽都被特殊的歷史背景所影響。在1950年代與1960年代建立的景點（特別是進步的旋轉木馬以及總統紀念堂）代表提倡團結主義與愛國情操的精神，這些特質在1970年代，興建未來城市的時候則較不易被接受。後來出現的景點（特別是未來世界）則開始承認過去並非全然完美，而有部分的小瑕疵（大多與環境有關），但是解決的方式已經—並且會持續—由企業與科技提供。因此，迪士尼環繞著現代化來向中產階級的遊客保證能一切都會變得更好。

華勒斯認為在1980年代，公眾意見的改變影響了未來城市內美國冒險的呈現，在這個景點，道格拉斯（Frederick

Douglas）、約瑟夫（Chief Joseph）與安東尼（Susan Anthony）
被三十五個視聽動畫技術的機器人代表。伯漢姆的旅遊導覽說
明這個長達二十九分鐘的表演：

> 這個構想希望能勾起歷史插曲的回憶，不管是負面或正面
> 的，對於美國精神的成長最有貢獻的片段，或者引起「創
> 造性的新爆炸」（以設計者的字眼），或是「更加體認我們
> 都是美國經驗的夥伴」。這項表演雖然很難理解，卻是
> 「一個一百碼的衝擊，希望在特殊的時刻捕捉到這個國家
> 的精神」[428]。

　　儘管如此，華勒斯提出解釋，這仍是迪士尼的歷史，仍然
可以強化部份迪士尼的價值，這是一種復甦、積極、理想以及
根基於個人主義的價值。以金恩（Martin Luther King）博士為
例，他被認為是「民權運動的象徵，而不是發言人」[429]。但是
我們仍可以發現其中的遺漏之處，包括沒有注意到集體的力量
（例如勞工運動），以致於很難去描述整個社會運動，以及不能
被樂觀表現的戰爭（越戰）。就像史密斯（Michael Smith）提
到的，這是一個「去脈絡的歷史」，為了緬懷過去與維持魔法
的存在，而降低現實的成分[430]。

　　對於某些批判而言，教育（尤其是歷史）不能也不可以用
有趣或娛樂的方式加以處理，就像華勒斯提到的；但是，如果
為了娛樂的目的而選擇性或非現實的呈現，問題有可能變得更
嚴重。或許現在我們更清楚的理解，為什麼許多知識份子與其
他人會質疑迪士尼建立以美國歷史為主的主題樂園計畫，就像
在第三章提到的。

回到未來？

　　除了緬懷過去，迪士尼的世界同時也宣稱提供「對未來的挑戰與承諾」。明日世界包含夢幻冒險的設備，例如太空山（Space Mountain），以及景點，像是進步的旋轉木馬、時光守衛（The Timekeeper）以及夢想飛行。在未來城市的未來世界中，迪士尼與事業夥伴的展示場內展示他們所想像的未來，並將焦點放在農業、通訊、海洋、能源、衛生以及其他不成熟的想像。

　　許多迪士尼分析家指出，企圖預見未來就是回憶世界的事物，確實的展現比較能實現的觀點，以及那些與科幻小說家所經常捕捉到的不同意向。而呈現未來的困難之處在於，永遠都必須保持領先當下的位置。

　　最重要的部分在於迪士尼的努力並非全都獲得成功，主要的原因之一是過度與贊助展覽廠商結盟。雖然織夢者負責整個展示的設計，分析家關於未來的設計多與家庭有關，連接贊助商現在的產品。關於未來的展示意味著明日的公民可以等待美國公司所提供的科技解決方案，就像庫恩茲觀察到的，「未來被簡單的呈現；社會機制造成這樣的展示，但是這樣的展示卻沒有形成社會結果。」[431]

　　大部分的主題樂園分析家暗示迪士尼的未來只是過去的反射，或只是迪士尼式的過去反射，因此，對於既有社會關係與地位的具體化有所讚揚，換句話說，就是現在。確實的，迪士尼傳達的一個保守的訊息，內容是清楚而且不會有錯的。雖然遊客實際上並不在主題樂園裡直接面對當代，園內對於過去與未來的展示卻在許多方面認可當代社會的狀態與結構（特別是

認可社會的階級）。如同布萊曼提到的：「將當代隱藏，帶來讓遊客對於他們所生存的世界感到舒適的作用。藉由呈現過去與未來樂觀的畫面，當代的問題受注意的程度便降低了。」[432]又一次，這是一個朝向樂觀而舒適的未來的虛擬逃脫，一個與現在狀態無異的未來。

可動性／交通運輸

　　一個經常未被提及的迪士尼主題樂園的主題，與移動和交通運輸有關。索爾金（Sorkin）提到，迪士尼樂園以及迪士尼世界內的「移動是普遍而首要的問題」，這些地方被稱為旅遊的「目的地」，迪士尼的主題樂園同時也有各式各樣的運輸系統（火車、單軌鐵路、平底船等等）[433]。「遊客為旅遊而旅遊」，大多數的景點都是以接駁的方式來移動遊客，而非採取遊客步行的方式。馬琳認為事實上迪士尼樂園，就是對於自動操作的城市批判的代表：

> 在一個社會中，駕照就像是通往成人世界的門票，簡單的邀請成人扮演乘客，迪士尼的運輸系統就可以逆轉這個過程，讓成人回到童年。而這趟旅程不會在辦公室、購物中心、小型娛樂公園或其他地方發生。迪士尼的船隻與火車行駛過內心的某處，朝向一個快樂的過去，一個存在於記憶或夢想的完美童年出發[434]。

後現代分析與人造經驗

　　部分作者將迪士尼世界視為後現代的象徵。事實上，富吉曼將他廣泛的迪士尼研究總結為十個命題，其中有一點表示華

德迪士尼世界是後現代的產物，「華德迪士尼世界看起來像是
謹愼而無止境的收集，有界線的訊息口袋一個接一個，混亂的
排列著—自由的旁邊是夢幻，日本則鄰接著摩洛哥。景點間的
差異與其他的疆界豐富的混雜在一起，差異的概念則完全不見
了」[435]，但是他並沒有對這個命題多做說明。

　　雖然後現代這個概念的界定相當歧異，甚至有點混淆，布
萊曼用非常不後現代的風格，說明幾個與迪士尼世界有關的後
現代論點，包含錯置與想像、去分化（dedifferentiation）的潮
流以及超現實的概念[436]。

　　迪士尼世界是一個最常被用來說明後現代的錯置概念的例
子，舉例而言，在一次受矚目的後現代討論中，哈維（D.
Harvey）提出有關迪士尼主題樂園的時空概念的短文[437]。我們
可以很輕易從迪士尼世界想到例子，遊客可能在這一分鐘參觀
美國野蠻西部，在下一分鐘卻參觀太空冒險，或倒退到中古世
紀的歐洲。然而，布萊曼發現，這或許不是屬於所謂後現代的
現象，因爲十九世紀末的展覽或遊樂公園有採取類似的作法。
儘管如此，迪士尼主題樂園錯置概念的完備，仍是值得我們注
意的，並且是當代最普遍用來說明這個概念的例子。

　　主題樂園的制度與景點設計，傾向崩解所有部門的界線，
被後現代學者稱爲「去分化」的概念，迪士尼主題樂園在許多
方面都具備這樣的特質。主題樂園與銷售的合併，在之前已經
說明過，但是在另一個方向，也就是增加購物中心的主題，也
是很好的例子。其他的例子像是迪士尼的旅館，特別是在華德
迪士尼世界。分析家指出，拉斯維加斯最近的發展也採取類似
的去分化模式，將旅館、賭場與主題樂園相結合。

　　進一步可以說明去分化概念的例子，就是工作與遊樂、演

員與觀眾以及娛樂與教育間的結合。或許最適合的例子是實體與非實體的去分化，吸引著許多迪士尼分析家研究的目光。哈維指出，迪士尼的世界是作為一個幻影的世界，來提供遊客生活經驗的例子，布希亞卻把迪士尼樂園描述為「一個說明糾結在一起的擬像（simulation）的最完美模型」[438]。由這個角度出發，迪士尼的世界傾向展現詹明信（Jameson）所謂後現代文化的特質，也就是打破所有分隔的鐵鍊，或是破壞界定者與被界定物的關係[439]。布萊曼提到，「那裡有真的花與樹。那裡也有真的娛樂。但是總的來說，這都是不真實的，都是人造的，這種傾向是我們記憶最深的」[440]。富吉曼著作的標題—《乙烯樹葉》（Vinyl Leaves）指的就是瑞士家庭島嶼樹屋（Swiss Family Island TreeHouse）上的人工樹葉（1999年以前），島嶼覆蓋著八十萬片乙烯樹葉。因此，對富吉曼而言，迪士尼世界的關鍵主題是現實與非現實間界線的模糊。

其他的分析家則指出迪士尼主題樂園是一種人造的經驗，艾柯與其他分析家將這個特質稱為「超現實」（hyperreality）。布希亞寫道，「迪士尼樂園呈現某種形象，希望讓我們相信這個世界是真實的，環繞著洛杉磯甚至是美國的事物才不是真實的，而僅僅只是超現實或擬像的」[441]。布萊曼認為，這是後現代對於理解主題樂園最大的貢獻，提供「一個有意義的解釋模型，站在他們而非現實的角度來進行研究」[442]。

類迪士尼／迪士尼化

後現代的學者對於迪士尼的討論也提出「類迪士尼」（Disneyfication）的概念，一個經常被與迪士尼有關的著作（在第五章討論過）以及某種都市計畫取向所使用的用語[443]。

雖然艾索沙基（Isozaki）提到主題樂園只留下一點點的機會，
供社區計畫發揮[444]，卻有其他人認爲華德迪士尼代表「一位對
美國都市景觀最有影響力的人。迪士尼與迪士尼式的的設計已
經越過主題樂園的疆界，而計畫按照這些設計在眞實城市內建
造新的社區」[445]。

　　布萊曼與其他研究者則提出一個更爲廣泛的參考架構，稱
爲「迪士尼化」（Disneyization）：「迪士尼主題樂園的原則在
這個過程中，不斷的擴張，宰制美國或其他社會更多部分的過
程」[446]。布萊曼列出四個迪士尼化的主要面向（主題化、去分
化的消費、商品化以及情感勞動）這些面向都已在之前或本章
討論過。他舉出許多例子說明這些面向的應用與普及性，指出
迪士尼化的潮流正在醞釀，而在未來將變得更爲顯著。

慶祝城：活在迪士尼世界

華德的美夢

　　最初構想的迪士尼主題樂園是希望人類可以實際居住其
中，而非僅僅只是參觀。雖然慶祝城社區不是一個主題樂園，
但應該是最接近讓人居住的迪士尼世界，並且可以作爲說明迪
士尼化的好例子。

　　未來城市的原始構想是作爲華德迪士尼夢想的完美社區：
「EPCOT將會是未來社區的實驗性原型，會運用現今美國工業
的研發中心所發展的新理念與技術」。這個未來的社區預計有
兩萬名民眾居住，並且包含有高速鐵路，甚至有大眾雨傘，讓
所有的居民都不會淋到雨。然而，在華德迪士尼過世後，整個

計畫遭到停擺，如同我們現在看到的，新版的未來城市成爲華德迪士尼世界的一部分。

　　但是建立一個完美社區的構想在1990年代早期的迪士尼又重新被提出，而慶祝城也在1996年七月四日開幕。慶祝城佔地四千九百英畝，離華德迪士尼世界五英哩遠。在1997年底，有一千五百人居住，並且計畫將人口提升到兩萬人，就像華德原先所構想的。慶祝城是一個新都市主義（New Urbanism）的例子，新都市主義是一項有計畫的運動，企圖由「大街的學習」（lesson of Main Street）重新發現解決都市郊區問題的方法。迪士尼堅持慶祝城「不只是一個住屋的發展，而是完整的社區」。確實的，部分評論家注意到由迪士尼回答來看，迪士尼意識到美國是缺乏所謂的社區。

　　慶祝城包含正式的學校、簡單友善的街道、迷人的公共空間、方便的市中心等等。關於居住空間的選擇包含有六種形式的房屋，價格由二十萬美金到一百萬美金不等，而市區公寓的租金則是每個月六百美元以上。相較於附近地區的不動產，慶祝城的房屋價格大約貴了百分之二十五到四十[447]。慶祝城內很明顯的沒有貧窮的美國人，也沒有無家可歸的遊民。慶祝城被描述爲一座膚色「極白」的城市。

　　迪士尼公開的目標是創造一個社區，但是另一個目的則是銷售不動產。據信未來城市是迪士尼的策略，目標是販售價值二十五億美元的不動產，以及「包裝與銷售佛羅里達沼澤地的創新辦法」。迪士尼在1960年代以每英畝兩百美金的價錢購買這片土地，慶祝城每四分之一英畝的土地的價格則高達八萬美金，顯然得到高額的利潤。

　　慶祝城也可以被視爲改善迪士尼與佛羅里達政府間關係的

聰明政治舉動。蘆葦小灣區域改善計畫（前面已經提過），是
經由州政府許可的獨立自主的自治區，並且只要繳交極少的稅
給當地的奧蘇拉郡（Osceola County），而這個區域正是迪士尼
世界的所在位置。增加的慶祝城提供一個現成的納稅者，可能
使得迪士尼與州政府的關係更爲親密。

控制慶祝城

慶祝城內的動力結構，並不會讓那些熟悉迪士尼風格的人
嚇一跳。紐約日報的記者波勒（Michael Pollan）在他第一次參
觀慶祝城後寫下：

> 從我的研究來看，我知道在這兩個小時的步行中，每一個
> 我看到的細節，從林間空地精確的比例到四季長青的前
> 院，從勝利者門廊的工作到殖民復興的正面的圓柱、建築
> 與頂點間的精密關係，都是被規定的──事實上，這些東西
> 在華麗與嚴格的「說明書」內都有說明，這個手冊掌管著
> 慶祝城內所有的建築物，甚至是園藝的部分。我對這些都
> 很清楚，我現在也感覺到，感覺到慶祝城是如何被包裝
> 的，是較不真實的，與其說它是一個城鎮，還不如說是一
> 座主題樂園來得貼切[448]。

在一份被稱爲「契約、密碼與限制」的文件中，說明關於
在慶祝城居住的規定，這所有房屋的購買人必須簽署類似憲法
的協定：

- 所有可見的窗戶的覆蓋物必須是白色或接近白色的顏色
  （社區的傳單表示有系統的著色看起來比較甜蜜）。

- 在草地上種植植物的面積必須符合規定的比例。
- 住戶每十二個月才能舉辦一次車庫買賣。
- 個別的政治標語（長度在十八至二十四英吋之間）應該在選舉舉行前四十五天公佈。
- 禁止任何損害房屋的整體景觀的行動—包括將社區的垃圾車停放在街道上[449]。

慶祝城的政治控制堅定的由迪士尼公司的雙手來確立。與美國其他大師級的社區設計相同，技術上來說，社區的領導責任是由屋主們所組成的協會負責，這個協會是由居民選舉產生。就像波勒觀察到的，屋主協會代表著「在國家內部的政治組織中，成長最為快速的組織形式，形成一種替代性的政治架構，每八個美國人就有一個參與過」[450]。然而，雖然慶祝城的居民可以選擇屋主協會的領導者，但是與迪士尼簽訂的契約卻使得屋主協會在「沒有事先照會或對慶祝城公司提出申請」的情況下，不得更動慶祝城內的任何一項規定或限制。除此之外，迪士尼保留可以控制社區的各方面物理特徵的權力。一位律師，同時也是屋主協會的專家表示：「這是絕對的由上而下的控制。屋主沒有力量對抗屋主協會，屋主協會也沒有力量對抗迪士尼。我實在想不出更不民主的事情了」[451]。

此外，這個社區也經由環繞著私人性的公共服務而被組織起來，包含收垃圾、娛樂設施、公共安全以及照明。慶祝城的市政大廳是迪士尼所有，換句話說，與其將居民視為慶祝城的公民，這些居民更像是慶祝城的消費者。波勒對此作出結論：

慶祝城許多大膽的創新已經建立起新的形式的民主，這是基於消費者的民主，而非共和原則。對於許多我在慶祝城

遇到的人們來説，實行民主的方式不是居民自決，而是回
應式的，他們準備把生活的權力交給迪士尼，只要迪士尼
能繼續察覺他們的需要。這是一種典型的，市場的焦點團
體回應，比起選舉更加困難，對於許多美國人來説，在過
去曾是不被接受的[452]。

慶祝城的叛徒

　　許多慶祝城的居民只有一件事比較自豪，就是慶祝城發展
所使用的設備永遠是最新的。舉例來說，居民法蘭茲
（Douglas Frantz）以及柯林斯（Catherine Collins）寫下他們在
美國慶祝城的生活經驗，認為慶祝城帶來一個相當刺激的生
活，雖然「我們會堅持更多種族與經濟的多元化，這並非基於
所謂道德正確或政治正確的理由，而是希望讓生活變得更好更
有趣」[453]。

　　還是有其他的居民感到夢想破滅，並且搬離慶祝城，對於
建築物規定、缺乏合適的商店以及禮儀而發出抱怨，對某些居
民而言，烏托邦般的完美社區的每可說是煙消雲散了：「慶祝
城的確是快成為一個社區：一個人潮洶湧、不斷改變以及政治
運作的城鎮，部分居民對此向迪士尼抱怨，認為迪士尼沒有遵
守承諾，也沒有像一個有能力的管理者來處理移民的問題」
[454]。

　　對其部分居民而言，慶祝城內學校的問題尤其嚴重。學校
的設施在宣傳中被描述為「明日學校」，以及「下個世紀教育
的典型」。既然佛羅里達的學校因為經費不足而有名，在佛羅
里達中，強調採用最新科技，設備良好的學校便成為慶祝城強

烈的賣點。慶祝城的學校充滿最新的資訊科技，並被認為是
「在地球上線路最為廣佈的校園」[455]。然而，一些家長對於慶
祝城學校內進步的課程，沒有區分年齡的班級、成績單為口語
式的評論而非分數等級以及過少的考試的情形卻有著強烈的抗
拒。

　　當一群慶祝城的家長開始發起有關學校改革的活動時，他
們發現迪士尼的代表對此一點興趣也沒有，（居民表示）他們
不關心學校，只關心不動產的銷售。成立焦點團體，並非只是
一個公眾會議而已，許多居民開始選擇將孩子帶離慶祝城的學
校。1997年，學校內有百分之十六的學生離開，大部分都到奧
蘭多的私立學校上課。

　　在慶祝城生活也為腦筋清醒而不著迷迪士尼的居民開了眼
界。根據契約，屋主不允許在居住未滿一年的情況下，藉由房
屋買賣得利，除非證明屋主確實有經濟上的困難。就這點來
說，迪士尼提供不平等的規定，如果屋主不願意說明為什麼要
離開這個社區。慶祝城內所發生的背叛與意見不合或許可以用
來說明消費者與公民的差別，以及迪士尼的管理能力。換句話
說，迪士尼或許能創造夢幻，可是比起建設更為複雜的社區，
迪士尼還有很長的路要走。我們不清楚迪士尼是否明白這些問
題，也不明白慶祝城是否會繼續同樣的規定與規律。

未來呢？

　　迪士尼的行政部門表示他們已經放棄以慶祝城為藍本，在
美國其他地方建立社區。但是在未來雖然不會再有一個慶祝
城，我們的週遭環境還是會越來越迪士尼。由於兩個街區大的
時代廣場已經維迪士尼主題所進佔，迪士尼已經在曼哈頓造成

巨大的影響。進一步來說,《迪士尼機智問答》(DisneyQuests)
以及ESPN區域在全國各地沸騰,加入越來越盛行的根據地娛
樂潮流[456]。

下一章,我們將從迪士尼的世界轉向那些讓迪士尼現象發
生的人士,居住在全球化迪士尼的迪士尼迷、消費者與觀眾。

第七章

迪士尼和世界

一個成年人無法返老還童，但或許能夠使他變成很孩子
氣。但是擁有如孩童般的天真是否仍然無法讓他得到快
樂？而他本身又是否熱衷於在較高的層次上，重新製作孩
子般的純真？

卡爾‧馬克思[457]

事實上，由孩童到長者的各種年齡層，無論任何國籍，種
族和不同的社會系統，都陶醉在他所帶來的歡樂，臣服於
他那迷人風采，迪士尼栩栩如生的繪畫讓他們都狂熱的喜
愛。

瑟羅吉‧愛因斯坦[458]

　　曾經有人指出「迪士尼是傳達和構作美國大眾知覺的主要
動力」而且迪士尼的特色「對全球都具有吸引力」[459]。當上述
或者其他的假設能夠被廣泛接受時，仍有對迪士尼產品和訊息
更為複雜的其他反應。拉近距離檢視時就會發現一些艱澀的問
題：迪士尼產品的觀眾是誰？人們又是怎麼看待迪士尼的全球
化？這些產品對於消費者的意義為何？最後，在歷經了這麼多
年之後，為什麼迪士尼的產品和角色仍舊如此受到歡迎？
　　在本章中我們要處理這些問題的某個部分，首先，嘗試著
辨別出迪士尼的觀眾，而且討論過去研究迪士尼觀眾的幾種方

式。最後一部份將說明迪士尼觀衆的類別和範圍，並探討對迪
士尼全球化的幾種抗拒模式。

辨別迪士尼的觀衆群

就像我們很難總結的指出迪士尼帝國的疆界，要去評估迪
士尼產品和訊息的「觀衆」是誰，迪士尼對於他們產生的「影
響」如何，也同樣不容易。由於我們所要討論的是「迪士尼的
觀衆」，因此我們就必須先明白所謂的「迪士尼」究竟指涉的
是什麼，此外，所謂的「觀衆」指的又是什麼。

迪士尼品牌

本文曾在本書的前幾章中提及，迪士尼的全球化覆蓋相當
廣泛範圍的媒體/娛樂活動，由傳統的電視和觀賞影片，到主
體樂園的興建和體育盛事的參與。已經有不少研究探討過觀衆
對於特定迪士尼商品（尤其是指經典迪士尼影片和主題樂園）
的反應，因此我們目前似乎有必要探討迪士尼作爲一個品牌的
作用，以及它是經由哪些意義與人們連結。

事實上，迪士尼是圍繞著媒體和娛樂產品發展出獨特商標
的例子之一，也就是說，多面向的產品橫跨了媒體和其他類型
的娛樂。回顧我們在第四章中，轉引自《經濟學人》的一段引
言，「這個品牌所代表的內容混成一團……它可以來自電影、
廣播和有線電視，主題樂園、音樂、網際網路和行銷。[460]」柯
達，耐吉，和可口可樂都可能透過他們的廣告或公關努力達成
的推廣，得到附著於他們產品和/或他們品牌的明確（甚至是
隱含的）定義。然而，立基於媒體產品的廠牌，例如迪士尼，

所傳遞的就較這些非媒體相關品牌更爲公開或價值觀更加複雜且形式更爲顯著。

　　大多數的人都承認迪士尼要算是媒體當中，最容易立即被辨認的品牌。所以，雖然觀衆對於特定迪士尼商品或特質的態度值得投注關切，但理解觀衆到底如何看待迪士尼這個品牌，也是同等重要的。

觀衆或是消費者？

　　最近文森莫斯可和列維斯凱耶對於「觀衆」這個概念提出挑戰，他們指出觀衆背後所指的意義，其實就與行銷研究直接相關，因此研究者在使用時應當更加留意[461]。儘管他們的論調有些是中肯的，但我們要如何著手定義那些體驗和消費迪士尼產品和服務的人們？當「觀衆」這個名詞將在討論中出現時，或許我們以「消費者」這樣的稱呼來加以代換將更爲妥當。個人體驗迪士尼的方式似乎總是透過消費的過程，雖然他們在買賣迪士尼商品或服務時，總是被稱爲觀衆。

「各種年紀的小孩」

　　所以究竟是哪些人被包括在迪士尼觀衆群的行列中？通常在孩童時期暴露於迪士尼產品的可能性較高，不過這些產品可能也讓成年人十分心醉，更有另外一些產品是專門爲成年人所設計。迪士尼產品對於小孩的影響常常被論及，但這些產品其實橫掃了各個年齡層，也因此有了更多重的意義。尤其是迪士尼的主題樂園，一般認爲不只爲孩童設計，而且有很大一部分還在於能夠吸引成年人，就像本文在第六章曾經提及的。實際上經由統計，曾經造訪迪士尼樂園的成年人與孩童比例是四比

—462。

　　換言之，各式各樣的迪士尼活動，主要瞄準的是各種類型的消費群，而不只鎖定在父母和小孩身上。迪士尼樂園和休閒場所就是最好的例子，這些場所有著莫大的吸引力。舉個例子來說，迪士尼公司曾經積極的主辦運動會，例如馬拉松賽跑、自行車和形形色色的錦標賽（高爾夫，足球，排球以及曲棍球、滑板）。探討企業的發行刊物《品牌週報》，解釋道：「迪士尼開始主辦各種活動，是為了嘗試吸引各種觀眾，從空巢期的父母，年長的市民到那些正在度蜜月的小夫妻，和剛步出學園的單身貴族們463。」

　　另一個例子是迪士尼於1960年，取得小熊維尼的經銷權464。迪士尼以小熊維尼裡頭的角色為號召，其定位在吸引廣大範圍的消費者。迪士尼的一位發言人提到：

　　迪士尼現在有三條不同的維尼生產線，各自瞄準不同的市場。每一條生產線都致力開拓一個特殊的人口群和市場，但即使是單一的生產線內也有所區隔。個人或甚至是群體都與不同的角色有所連結。如愛幼蕊（Eeyore）就最受到青少年的喜愛，或許是因為他和其他人有些許差異。但年輕人看來就容易被這種些許差異的角色所吸引。

　　有超過100個公司在生產小熊維尼的商品，再加上公司其他商務部門也在宣傳維尼，因此小熊維尼中的角色們最近開始銷路良好，成績甚至超過米奇，米妮和他們的朋友們。就像一個商業貿易期刊提到的：「迪士尼在小熊維尼身上大費周章，並且成績斐然，由取得執照和行銷商品，這隻熊吸引了許多不同的觀眾群和人口465。」

　　總結來說，要理解「迪士尼的觀眾」，就有必要去探討迪
士尼作爲一個品牌高度宣傳的意向，以及迪士尼產品能夠在人
們生命中的不同時期，尤其是童年階段發揮其普遍性和特殊
性，不過也不僅如此，迪士尼產品同時兼顧觀眾其他的異質
性，包括階級，性別，種族和國籍。一旦明白迪士尼的這些考
量後，對於分析迪士尼現象時，都會提到其觀眾群的完整性就
無須過於驚訝了。下面將討論一般在研究觀眾群時，所採取的
不同取徑和例子，並說明少許研究迪士尼觀眾的特殊例子。

研究迪士尼的觀眾群

迪士尼的市場研究

　　迪士尼公司本身也對於其產品所吸引的消費群有很大的興
趣，過去幾年來，他們更採取各種不同的方式來研究消費者。
幾位觀察者曾注意到，華德迪士尼對於觀眾的敏感度甚高，並
且「十分樂意爲了觀眾的反應來更改一部影片」，相對於此，
其他的動畫工作室則較不願意做這樣的改變[466]。歐瑪（Ohmer）
曾論及迪士尼的觀眾群研究歷史，由1930年代非正式的工作室
預先審查，到1940年代早期則改採用蓋洛普觀眾研究會
（George Gallup's Audience Research Institute）（ARI）所提供的
資料[467]。在回顧迪士尼工作室檔案中的ARI資料時，歐瑪發現
在1946年到1957年間，ARI的研究被充分的運用到工作室的每
一個計畫中。這類研究（同時在公司內部的年度簡報中也被提
出）的目的是在控制製作成本，有效率的分配資源，並使得收
益極大化。研究過程包括工作室本身的檢討和讓內部員工填寫

問卷，而被選取回答問卷者，被預設爲足以代表美國一般的影
片觀賞者。問卷主要想發展出「享受指數」（enjoyment
rating），並在生產的過程中以各種方式加以使用。對於迪士尼
公司和ARI的諸多努力，歐瑪提出的結論是：「不只暴露出在
華德看來對於觀眾喜好的「直覺」，其實付出許多努力外，也
讓我們更清楚知道目前對於處理觀眾反應的方式[468]。」

必須強調的是，就像其他電影和傳播公司一樣，迪士尼公
司目前所採取的是更加複雜的行銷技術。跟其他傳媒公司一樣
[469]，迪士尼的決策者仰賴公司本身的研究，以及市場調查公司
的數據，他們能夠提供各類排名和商業調查等[470]。在公司販售
商品前，無論是一家新媒體的誕生或娛樂商場的成立，也許在
既有的事業中增資，市場調查都能夠預測消費者的反應。

雖然迪士尼的發言人都對於這類市調的結果守口如瓶，但
是在這些新聞報導中，我們都可以嗅到些許迪士尼策略的蛛絲
馬跡。舉例而言，迪士尼聘用統計研究公司，主導一個調查市
場的觀眾研究計畫，他們發現五到九歲兒童中，有百分之六十
的比例，在自己房間有台收音機，或者能夠主導全家在車上該
聽哪一個電台。此外，在焦點團體的研究中，兒童們表達他們
希望「有一個完全屬於自己的電台」。這使得迪士尼電台於
1997年十月正式成立。由於其他的調查中，並不會去注意到兒
童的電台節目，因此統計研究公司目前爲迪士尼的三十六個廣
播電台調查觀眾群，並且一週內大約會接觸到大約一百萬名小
孩[471]。

迪士尼的形象塑造團體也對於調查事物相當積極，且發展
對公司全體業務有利的新計畫，但主要還是在主題樂園和度假
中心。他們的活動針對迪士尼本身或者喜好迪士尼者，以各種

方式加以記述[472]。

　　除了持續努力預測市場行爲外，迪士尼也參與其他種類的觀衆研究。舉例而言，迪士尼曾參加1998年的一項研討會，他們指出觀看錄影帶其實讓孩童們更加社會化，而非相反。一位牛津的臨床心理學者以三百對英國的父母爲樣本，他指出兒童會在觀看完一部電影後，玩相關的電玩或劃下劇中的場景和角色[473]。當然，這樣的發現被各種刊物廣泛的報導，希望父母能夠確保他們的孩童所觀賞媒體是對他們有益的。

　　迪士尼公司爲什麼要透過這些方式來研究觀衆群並不令人意外。但其他種類的觀衆研究又如何？下面的部分就將探討外於傳媒公司的觀衆研究，尤其是學術研究。

學術性的觀衆研究

　　近年來對於媒體觀衆進行的學術研究數量繁多。迪金森（Dickinson）和他的同事們在整理目前致力於觀衆研究的取徑時指出：

> 所有以媒體過程作爲核心的研究，都因爲關切媒體對於社會、社區、大衆、讀者、聽衆、閱聽人和消費者——也就是觀衆，所產生的後果發展而來。在這些取徑中存在的差異基本上和有疑問的研究者所選取的分析架構及關切的層次有關——微觀或鉅觀[474]。

　　從早期致力於研究宣傳的直接效應，到目前嘗試區分出媒體內容對於個體觀衆成員所帶來的作用和滿足感，對於觀衆群的研究儼然是傳播研究主流中的大本營，這樣的情況尤以美國爲最，但在其他的國家中也可見到[475]。而具備支配性的研究典

範，也由臆測媒體訊息對於個體觀眾成員產生的直接效果，轉
移為分析能夠影響觀眾反應的特殊中介因素。這些研究通常都
使用量化的方式，例如民意調查，問卷，實驗和直接訪談。

最近，觀眾群的分析成為感受分析的主要焦點，同時也成
為文化研究的核心議題，這些就使用較多的質化研究方法（參
與觀察法，人類學田野調查法等）。這樣的分析法受到霍爾
（Stuart Hall）編碼/解碼模型深厚的影響，這個模型主張生產者
會對於某些偏好的文本訊息加以編碼，但觀眾卻可能因為抗拒
甚至解放性，而對於這些讀本進行解碼[476]。這樣的含意被費斯
克（John Fiske）推展的更深遠，在他的討論中，他認為積極
主動的觀眾會由多元和開放的文本中，建構出屬於他們自己的
各種解放意涵[477]。

費斯克極端的積極觀眾模型不但遭到其他批判研究者的挑
戰，他本人也認為觀眾的積極主動性必須有所消減。但是在觀
眾研究文獻中，對於積極觀眾的討論卻仍舊存在其他的變體。
在1998年年底，巴可（Barker）和布魯克斯（Brooks）區分出
目前觀眾研究得四種論述傾向，這對於我們釐清已經完成的迪
士尼觀眾研究相當有用：

- 殘留但非強烈的文本決定主義，尤其是那些仍然傾向強
  烈心理分析的取徑。
- 觀眾不費吹灰之力就將文本解釋為多元的「讀本」。
  （如費斯克）
- 折衷：強調脈絡因素對於閱聽過程的支配性，但是可能
  反映的範圍仍有限制，而且仍舊是「依循喜好的閱讀
  物」。

• 折衷：以「詮釋社群」的概念作爲維護文本的方式，同
　時也肯定社會反應的本質[478]。

　　前兩種取徑的模式被援用時，主要集中於研究迪士尼的文
本。舉例來說，本書在第五章和第六章裡所討論的幾個文本分
析的例子，就假設了觀衆對於迪士尼文本的特殊觀點。然而，
這些研究大多都不包括直截了當的找出觀衆對於這些文本的眞
正看法。在回顧最近包含文本詮釋的迪士尼研究時，巴金漢
（Buckingham）就說：「這裡潛在的問題，當然就是這類型分
析宣稱下所透露的隱晦意識型態訊息（可能是正面或負面的）
在什麼樣的程度上被眞確的連結到身爲迪士尼首要觀衆的兒童
身上？[479]」

　　實際上，由於兒童和媒體的研究成爲近年來觀衆研究的主
要領域，因此相關的研究並不匱乏。尤其是出現了一個專門針
對兒童與電視的龐大研究體系，雖然這樣的工作可能遭到來自
各方的數落[480]。無論有多少兒童與媒體的研究，但是，注意到
迪士尼作爲主要且持續增強兒童傳播媒體的研究卻微乎其微。

　　當巴金漢爲迪士尼「主要觀衆群」受到冷落而哀嘆時，或
許我們該說全部迪士尼的觀衆群都被忽略了。嘗試探討兒童與
成年人對於迪士尼全球化的普遍反應或將迪士尼文本意義與其
觀衆加以連結的研究相對稀少。下個部分我們將總結幾個這方
面的研究。

過去針對迪士尼觀衆群的研究

　　過去大多數針對迪士尼的學術研究，多半集中在特殊的群
體或特定的傳媒產品/文本。下面將說明這些研究的扼要結

論，以及近期研究的例證。

探討迪士尼觀眾群最爲知名的研究之一，包括1973年由麥可雷爾所寫的《大衆媒介文化》一書中[481]。雷爾將問卷分發給來自南加州的二百個人（主要以學生爲主），這些人通常都高度暴露在迪士尼樂園及其他更廣泛的迪士尼產品之下。除去詢問他們與迪士尼的親近性外，受訪者還被問及迪士尼所呈現的價值觀（邪惡和善良），以及所感受到的迪士尼影響性。除了一些較爲曖昧而難以評估的影響外，迪士尼所傳遞的價值觀相當容易辨認，而且毫不含糊。受訪者們提及本文稍早討論過經典迪士尼模型部分所指出的諸多價值觀，例如快樂，友善，誠實，純眞，勤勞，整潔等。另一方面，大部分的受訪者也同意迪士尼並不認同性愛，暴力，貪婪，懶惰，非美國人式的生活方式或者是左派政治。

對雷爾而言，迪士尼的全球化是大衆傳播文化的例子之一，將意義建構成一種符號式的系統，「同時藉由接收和傳遞觀念，感知結構，知覺地圖和文化規範來進行具體事實的僵固。」他的研究肯定了兩個主要的假設：「迪士尼吸引觀眾進入由大衆傳媒奠立的烏托邦典型中，而且迪士尼藉由富有道德的戲劇來結構化個人的價值觀和意識型態[482]。」也就是說，雷爾的研究證實迪士尼的全球化並非價值中立，同時也對娛樂媒體的探討有所貢獻，就像迪士尼一般，他們都對個人和社會系統有特定的效應。

在1975年凱史東（Kay Stone）針對女主角們所做的研究中，她針對三個不同城市，年齡層相異的四十位婦女進行訪談[483]。結果指出有許多婦女承認她們受到童話故事的影響，但大部分都來自格林童話的翻譯本或者是迪士尼影片。然而，有一

部份的婦女表示，她們對於格林童話或迪士尼中較被動消極的女主角印象並不深刻；對那些主動積極的角色則較為喜愛，或至少覺得這些故事顯得比較多元化。

在另外的研究中，吉爾梅（Jill May）詢問普度大學的學生們，最喜愛的「家庭」電影為何，他發現學生們都偏好迪士尼影片，比例為四比一，而在動畫電影的部分，迪士尼與其他公司的比例則為三比一[484]。梅也指出，迪士尼同時受到年輕男性與女性的喜愛，這些受訪者表示他們願意讓自己的小孩接觸迪士尼版本的經典故事，且他們大多偏好觀看迪士尼影片勝過閱讀刊登在書本上的童話故事。

複製雷爾

晚近，則有更進一步嘗試調查迪士尼年輕成年人觀眾群的研究。1994年，奧勒岡大學就曾給選修新聞寫作和溝通課程的學生們填寫一份問卷[485]。在受訪的四十五位學生中，有超過百分之八十二的白人，其中性別分佈女性二十五人，男性二十人，平均年齡為二十一歲。問卷中有許多問題都以瑞爾的調查為基礎，包括那些受訪者過去及未來可能關於迪士尼產品的經驗，以及他們對於迪士尼影響力的印象。問卷中夾雜使用含有提示和不提示的問題。

參與者被問及他們接觸到迪士尼產品的程度，並在稍後的調查中，繼續詢問他們是否曾經接觸過特定的產品。比較這些有提示性和不具備提示性的回答，顯示出受訪者嚴重的低估他們暴露於迪士尼全球化的程度—即使是主題樂園也是如此，主題樂園被預估具備較深刻的紀念價值。但許多受訪者都不願意承認迪士尼目前對於他們有任何的影響存在。

　　這些研究成果幾乎都與特殊觀衆群—大學學生，並且平均
年齡是二十一歲的調查相關連。介於這樣的年齡範圍內，迪士
尼通常被認定是幼稚的，就像某位回答者說道：「我已經長大
了，因此迪士尼已經不再適合我。」雖然這些年輕成年人看來
否認任何迪士尼可能發生在他們身上的作用，但他們大都一致
承認本身接觸迪士尼時，所得到的影響幾乎都是正面的。類似
的矛盾態度在許多受訪者提到迪士尼的一般影響力時，更容易
顯露出來。實際上，對於迪士尼正面或負面的詮釋，甚至可以
在同一位受訪者的訪談中發現。

　　總之，這些結果都和強烈接觸迪士尼商品有關。當受訪者
表示目前和迪士尼的互動程度很低時，他們的作答卻暗喻他們
仍舊有顯著的接觸，且預計持續的互動與接觸，無論是他們自
己或者是爲將來的世代（他們自己的孩子或姪兒、姪女等）。

全球化的迪士尼/國際化的觀衆群

　　與此同時，全球迪士尼觀衆協會也採用一個類似的問卷，
希望能夠分析國際間對於迪士尼產品的觀感[486]。這個計畫中包
括來自18個國家的研究人員參與，且研究設計將執行方式一分
爲三：（1）針對觀衆進行問卷調查和訪問；（2）單一國家市
場分析；（3）跨文化分析。

　　這個研究中的觀衆研究部分，利用兩個主要的研究方式：
標準化問卷和深度訪談。這份問卷設計的目標是希望確定受訪
者與迪士尼的接觸等級，以及不同年齡層對於迪士尼產品的態
度（十三歲以下的孩子，十三到十九歲的青少年，成年人），
以及受訪者所接觸過的迪士尼產品的種類與數量，受訪者爲迪
士尼貼上哪些價值觀標籤，最後，迪士尼所提供的觀點偏向何

處？（美國？西方？或全球？）而作答問卷受訪者群中的志願者，則繼續進行深度訪談，目的是希望進一步挖掘問卷上的議題。

　　這個研究主要是設計來分析迪士尼的全球化，並釐清迪士尼不斷擴張的模式。雖然這些研究並沒有提出具體的統計代表性說明，但我們仍舊可以在當中取得以單一國家樣本爲主要架構的有趣的跨文化見解。這項研究假設：當迪士尼以個別化的方式將某些產品提供給特定的國家時，由迪士尼所傳遞的價值觀，就必然能夠符合跨國文化，而消費者也會認定迪士尼此舉相當值得讚揚，但問題是這可能導致他們低估本身和迪士尼產品的接觸程度。因此，父母或許會視迪士尼相當適合於自己的小孩，但卻無法完全理解迪士尼對於他們本身發展的作用。有趣的是，研究結果也傾向於肯定這幾個假設。

　　在這項調查和訪問中廣泛與迪士尼產品的接觸獲得證實。一般受訪者答覆他們首度與迪士尼的接觸大概是在五歲之前。只有低於百分之一的受訪者表示不曾與迪士尼產品有過任何接觸。相反的，超過百分之九十九的受訪者曾看過至少一部的迪士尼電影。

　　除此之外，迪士尼所代表的某些核心價值觀，也持續跨文化的被接受與理解。舉例而言，當被問及迪士尼對於家庭，想像，正義戰勝邪惡，魔法和歡笑之類的價值和主題是推廣或貶抑時，超過百分之八十五的受訪者都同意迪士尼不遺餘力的推行這些價值。因此，姑且不論文化上和語言上的差異，以及某些特殊化產品的販售，迪士尼成功且一致的與他們溝通特定的價值觀。

　　深度訪談則顯示將迪士尼視爲一個團結整體的看法正逐步

形成。也就是說，受訪者認為迪士尼是一個企業，而身為一個企業，他的首要目標就是賺取利潤。當對於迪士尼作為一個營利組織表示某些（例如貪婪，文化帝國主義，操弄，獨佔等是最常被用來批評的語詞）不滿時，受訪者卻似乎能夠區分他們對於迪士尼作為營利組織和迪士尼作為娛樂方式的不同態度。當迪士尼營利的一面被拒斥時，迪士尼作為娛樂來源卻仍被當作完整的，安全的，和最重要的，充滿歡樂。

在這些研究中，仍存在其他對於迪士尼矛盾和衝突的態度，尤其是在訪談的部分。迪士尼通常被當作典型美國的代表，同時夾帶正面和負面的寓意。但另一些受訪者則將迪士尼傳遞的訊息和角色，視為代表他們本身的文化。舉例而言，一位丹麥的參與者就認為「唐納德（唐老鴨，Donald）就是那樣的象徵著丹麥人」。另外一群人則反映迪士尼其實是全球化的。以下這位希臘的受測者就毫不遲疑的附和這樣的看法：「迪士尼是全球化的，它屬於（並推廣）全球孩童的小小靈魂。它無法以任何一種框架侷限……它對孩童和那些直到一百歲仍舊童心未泯的人們推廣夢想與情感。」

全球迪士尼觀眾協會所得到的結論，應該被視為國際間對於迪士尼產品接受度的初步剖析，但研究結果顯示迪士尼品牌的普及性，多元化和對其意義複雜性，其實牽涉到不同觀眾成員的詮釋。

迪士尼告白

另外一項研究，是尤金在奧勒岡大學進行的，他們在一門迪士尼專題課程的開始，就分配給學生作業。在閱讀這門課程的任何教材或任何演說前，學生們就被要求填寫簡短的個人歷

史，包括他們的興趣，經驗和對於迪士尼的印象，以及迪士尼的產品。

　　於是這群學生又代表特定的迪士尼觀眾群。他們當中有些是狂熱的迪士尼迷；而且他們全都對迪士尼至少有短暫的興趣，雖然這門課並未要求選修者如此做，但他們所提供的評論對於迪士尼產品的接受度有其見地，許多他們的看法都呼應或更進一步的發展成本書前幾章討論過的主題[487]。

　　大多數人對於迪士尼的強烈記憶來自童年，並藉此回憶他們第一次接觸的迪士尼產品，他們最喜愛的角色，第一趟迪士尼主題樂園的旅程。另外一些討論的主軸包括讚頌迪士尼背後的「天才」，華德迪士尼，或者敬畏迪士尼公司的成功（雖然有好一些學生同時也注意到迪士尼公司近期的擴展和迪士尼公司的負面評價）。許多學生也明白的表示雖然他們目前與迪士尼的接觸不多，但未來他們的家庭看來必將有許多迪士尼經驗。

　　學生們憶及迪士尼的回憶和經驗時，通常都和他們的家庭有極大關連。

　　我和「迪士尼」的接觸從我還是個小小孩時就開始了。迪士尼一直都是我和家庭娛樂和歡笑的來源。我認為迪士尼是小孩和大人都能共享的奇幻世界。迪士尼電影中的冒險和刺激，讓觀賞者逃進一個充滿幻想和滿足的世界。

　　姊姊和我都深愛著迪士尼。我們甚至將家裡的貨車命名為救難小英雄。當救難小英雄播放的那一週，姊姊和我會央求爸爸將電視架設在車庫中，那樣一來我們就可以在車裡頭觀賞這部電影了。

迪士尼全球化的吸引力也在其他的評論中出現，強調迪士尼的產品和樂園都該視爲珍貴的文藝資產。

當我聽到「迪士尼世界」時，我想到的是歡樂。我所想到的所有事物，迪士尼都參與了，而對我而言，這表示讓人們快樂。我不記得我曾經聽過任何人表示他討厭迪士尼。怎麼能討厭他？迪士尼是一個歡樂和快樂的地方，它讓人們能夠打從心底有一種美好的感受。這樣的感覺就是迪士尼之所以參與所有事物，所希望和確實達成。

通常，受訪者小時後對於迪士尼經驗的回憶是那樣的栩栩如生和強烈。下面的這段描述代表童年時光的回憶錄，同時也呼應經典迪士尼的某些主軸。

身為一個在大城市中長大的害羞小孩，看迪士尼的電影給我力量和想像去相信。藉由觀看迪士尼電影長度的動畫片，它灌輸我一種信念，相信自己可以完成任何我所希望的事。在我看一部電影時，我甚至從未想過迪士尼可能是超越劇中那些神奇事件之外的任何事物。我不曾想到那些產品，或渴望到主題樂園去溜一溜，因為我所期盼的不過是那些幻想罷了。並且我衷心的相信我能夠擁有它們。螢幕上那些明亮而生動的角色，告訴我只要我能和劇中角色一樣的夢想，就可以和他們一樣的快樂。透過那些旋律簡單的歌曲，這些角色進一步確定我相信自己能夠美夢成真。也因此，我相信我自己，我每晚都會對著星星許願，並堅信只要我能夠許望的夠努力，我的夢想總有一天能夠實現。無庸置疑的，迪士尼的咒語對我生效了。

「夢想是你內心所完成的願望」這句話將永遠駐足在我心中。無論是少不更事或已經進入成年期，迪士尼鼓勵我（或其他人）去尋求的想像都具有啓發性。迪士尼成為想像和夢想的重要本質。雖然它不會成真，但逃進迪士尼童話和幻想的世界，讓我們能夠回到童真，卻不會遭到他人的訕笑。迪士尼代表的是「家庭」。它為家庭成員製造與大家一起花費時間和歡笑的園地。成年人和兒童都能夠從迪士尼的世界中覓得歡樂。在迪士尼的王國中，沒有所謂的種族或階級存在。每個人都能夠分享愉悅的夢想。

必須一再強調的是，雖然這些回憶片段是由特定年齡團體所提供，但我們仍然可以將這些看法運用到迪士尼對於消費群的吸引力。迪士尼與童年時光和家庭的關連，和逃進充滿歡樂、奇妙世界的吸引力，這些都是迪士尼公司仍舊吸引這群年輕成年人的主要原因，絕不只是由迪士尼本身釋放出的行銷口號而已。然而，我們還必須進一步審慎的探討對迪士尼全球化更廣泛的回應。下一部份就將討論不同觀眾的種類，並提出一個能夠分類迪士尼觀眾群的架構。

迪士尼觀眾的型態

基於過去的這些研究，並在這數年來非系統性的研究下，其實我們可以將大部分人們在迪士尼全球化中的位置加以分類，並獲得迪士尼觀眾型態的範圍。市場研究學者發展出一套消費者分類；然而，這樣的分類，卻並不那麼有助於我們理解整體的迪士尼觀眾群[488]。

下面提出的型態/分類主要可以運用於美國人，雖然我們認為可能在其他國家中也具備相似性。因為幾乎每個美國人都以不同的方式，在不同的時期，接觸過或至少聽過迪士尼，因此有人便嘗試將整體人口加以分類，而不僅僅區分那些消費者或者迪士尼迷（在這樣的處理方式下，「迪士尼觀眾群」這個概念就產生模糊性，畢竟這些分類的某些部分並不是迪士尼的觀眾）。而且，這個分類設計並不只運用在兒童上，他們大多數都對於迪士尼有高度的熱愛。就如同在前面曾經討論過的研究顯示，人們和迪士尼間的關係會隨著他們的生命時刻而有所轉變。舉例來說，很多小孩都極為支持迪士尼，但等到逐漸成熟後，就失去對它的興趣。值得一提的是，總存在有人跨越或融合不同的類別，就像同一種類內部也會有其變異性。如果沒有更翔實的研究，去估算在每一種類別內群眾的數量和類型，如果不是不可能，也會很困難[489]。然而，假使我們只是想要建立一個系統，將群眾對於迪士尼的不同反應包含其間，則對這些多元類別作出基本描述的工作仍舊重要。（參考說明7-1）

說明7-1　迪士尼觀眾的類型

狂熱者　迷　消費者　抱持譏諷態度者　毫無興趣者　抗拒者　敵對者
- 熱烈的
- 讚美的
- 不情願的

迪士尼狂熱份子（Disney fanatics）

首先，我們可以區別出狂熱和積極的迪士尼迷，他們強烈的，有時候顯得過份著迷喜愛迪士尼的各種產品，並依照迪士尼來安排自己的生活。這些狂熱份子受到迪士尼全球化的深刻影響，並以各種方式表達他們對於米老鼠的忠誠度，由身體的裝飾品和生活風格的選擇，到參與何種俱樂部及網路的活動模式。

瘋狂著迷者的例證

迪士尼的極端狂熱份子中，有一位四十四歲的郵差，喬治瑞格（George Reiger），截至2000年八月為止，他的身上有超過一千個有關迪士尼角色的刺青。他號稱自己是迪士尼的頭號影迷，相信許多人也會同意他這樣的說法。除了身上的刺青外，瑞格自己還提出了其他證據，這些都包括在他在媒體上曾發表的自傳中：

* 他曾經造訪過迪士尼主題樂園284次。
* 他認為自己是唯一親吻過所有迪士尼所屬資產地面的人。
* 他的遺囑中表示要將骨灰灑在迪士尼世界的七海瀉湖和加勒比海盜船中。
* 他的家中宛如一個「迪士尼聖殿」，其中展示了超過一萬三千件（另外的估計則認為超過一萬五千件）迪士尼相關產品。
* 除卻基本生活開銷外，他所賺取的每一分錢都被花費在

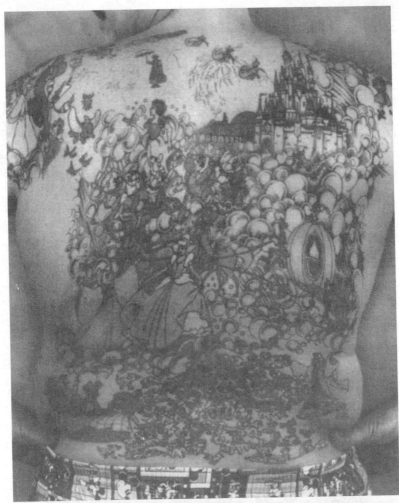

圖六　迪士尼的頭號影迷。喬治瑞格擁有超過一千個迪士尼的
刺青，且將他所有可資運用的收入花在造訪主題樂園及迪士尼
紀念品上。
本照片由喬治瑞格提供。

迪士尼上頭，到1993年，總計已經超過五十萬美元[490]。

瑞格解釋道：「這就是我的宗教。這就是我的生活……每一分錢我都必須貢獻給迪士尼。」他身上的刺青包括101忠狗的每隻狗狗（實際上，有103隻），另外還有十個刺青他視之為秘密，而不願意展示給任何人。（雖然你可能懷疑他的前五個老婆和他現在的第六任老婆可能跟這些被隱藏的刺青相當熟稔）。

另外一個狂熱份子，是個刺青藝術者，吉姆瓊斯（Jim Jones），看來只能勉強與瑞格匹敵，他身上只有57個迪士尼刺青。瓊斯說：「我是個迪士尼的上癮者。這些刺青是我個人進貢給華德的禮物。這是我身為迪士尼迷的方式。我希望能夠帶著這些進入墳墓[491]。」

讀者也許會認為迪士尼公司可能會讚許如此這般狂熱的支持者，但不管是瑞格還是瓊斯都沒有感動迪士尼公司，他們反而試著去加強本身的版權，並防止瓊斯持續在身上加上任何圖案。迪士尼小心翼翼的不過度評論瑞格，但顯然當瑞格造訪迪士尼樂園時，警衛都會依照慣例尾隨在他身後。

迪士尼作為一種生活風格（Disney as life-style）

當其他迪士尼的狂熱份子似乎不太願意把自己的身體當作迪士尼的聖殿時，瑞格的其他活動則表達愛好迪士尼者的性格，或者就如他稱呼的「迪士尼癖」，這些人常常到樂園，擁有大量的迪士尼紀念品，並將他們的房子以迪士尼為主題來布置。舉個例子，住在加州塔司町（Tustin）的塔德派克（Todd Parker）就曾經去過迪士尼樂園超過一千次，並擁有超過一千

樣狂想曲的商品；與此同時，巴黎的迪蒂兒葛斯（Didier Ghaz）
收藏了超過三千本迪士尼的漫畫和書籍。

　　對於迪士尼狂熱份子們，迪士尼公司給予他們特殊的稱
號，並於每個月在它的網站上記載著「終極迪士尼迷」，並以
此為號召。例如1999年，六月的終極迪士尼迷是卡洛湯普生
（Carol Thompson），她居住在華盛頓唐水的「迪士尼化佳宅」
中，卡洛還養了兩隻狗，她通常為他們穿戴上米老鼠的耳朵和
印有牠們名字的米老鼠T恤[492]。

　　這些迪士尼狂熱份子可以說是迪士尼產品與服務的大宗消
費者，他們也讓迪士尼商品融入重要的生活事件裡，例如生日
和婚禮。這些極端支持者向來偏好圍繞著迪士尼主題來設計婚
禮，包括關於迪士尼影片的配樂和結婚誓詞。因為經典迪士尼
是那樣的強調浪漫，所以也無怪乎這些深好此道者（甚至是那
些強度不那麼高的影迷）往往將蜜月旅行安排在某個迪士尼主
題樂園。在美國，迪士尼世界是公認排行榜第一的蜜月勝地。

　　然而，自1991年後，在迪士尼世界中舉辦結婚儀式成為真
正可行之事。每年約莫有二千三百對佳偶願意付錢，只為求結
婚誓詞能夠在「迪士尼婚禮館中見證，會場將被燐光閃閃的水
面和難以忘懷的灰姑娘城堡所包圍。」或許並不是每一對有計
畫在迪士尼世界舉辦婚禮的夫妻都是迪士尼的狂熱愛好者，畢
竟我們所稱的狂熱者總是緊握住每個能夠和神奇王國扣連的機
會。在1998年之中，共有一萬場婚禮在華德迪士尼世界中舉行
[493]。

　　該如何進行這場受到祝福的婚禮，其實有些選擇和不同的
裝置，可以是陽春的（由兩千五百美元起跳），到一般類型
（價位在一萬兩千五百美元以上），這種形式中就可乘坐繪製有

灰姑娘馬車圖案的車廂，並有吹鼓手，和百位受邀觀禮者[494]。一般的花費大約是一萬九千美元，當然，花費也可以高到二十五萬美金。將婚禮安排在迪士尼的MGM工作室或EPCOT中也是可能的。當然，迪士尼公司也備有特別的蜜月旅行套裝行程，其內容是隨著迪士尼航行路線進行「一個令人著迷的華德迪士尼浪漫海上之旅」。

迪士尼文物（Disneyana）

買賣迪士尼商品已經發展為全球各地許多蒐集者的主要活動，當然也是所謂迪士尼狂熱分子日常的主要活動之一。迪士尼發行的物流快訊中，一位作者就提到：「採用迪士尼文物這個詞，是模仿美國文物（Americana）的說法，也只有這個詞才能抓住迷哥迷姊們對於收集各式華德迪士尼製造產物的狂熱，他們的買賣對象包括1930年代起出品，直到最近的周邊產物，可以說是一種新速食迪士尼收集熱」[495]，有些人認為「米老鼠流行風」可追溯到1960年代，並且以「青年革命」來稱呼1970年一年內就賣出七百萬支米老鼠手錶的現象。1975年，一支德製米老鼠的要價3105美元，這個價錢創下當時米老鼠玩具的銷售紀錄，看來收集迪士尼文物成為一種「獨一無二的古物投資」。同樣的玩具到1993年，價格更飆漲到一萬八千七百美元[496]。

成千上萬的蒐集者每年都會聚集到官方主辦的迪士尼文物展覽會，當中安排的活動有研討會、演講和拍賣會。通常這樣的展覽會都選擇在主題樂園中舉辦，因為這樣一來會議參與者們就會在造訪樂園期間購買更多的商品。

收藏者未必就是貪心的迪士尼狂熱分子，他們會搜羅迪士

尼文物很可能只是爲了投資的目的。但是，大部分的收藏家至
少都是迪士尼迷，也有一部份可以稱得上是狂熱支持者。

迪士尼後援會

　　有許多迪士尼後援會可作爲例證，包括由迪士尼公司發起
的，或是那些由迪士尼迷自行創立的。迪士尼公司所組成的米
老鼠俱樂部早在1930年就已經成立，聚會通常都安排在當地電
影院的周六日場舉辦。就像柯多瓦（Cordova）所說，後援會
的成長相當驚人，1932年估計時米老鼠俱樂部已經有超過一百
萬的會員[497]。現在，迪士尼在許多國家都成立了米老鼠俱樂
部。

　　不過仍有一些由迪士尼迷自行成立的俱樂部，裡頭的成員
通常認爲自己應該不只是迪士尼「迷」，而該被分類爲迪士尼
怪人或者迪士尼的上癮者。國際狂熱支持者俱樂部（The
National Fantasy Fan Club：NFFC）就是一個例子：這個俱樂
部之所以成立，主要著眼於迪士尼文物的熱中份子，在1984年
「由一小群迪士尼文物的熱中者，他們希望與其他人一起分享
本身對於迪士尼的愛」而組成。到1999年年中，這個組織已經
擴充爲一個超過七千五百個會員的跨國性組織，它的主要目標
在於「幫助散播迪士尼的魔力」。這個俱樂部不但有地方性的
協會，同時也有一個網址負責每個月寄發新聞郵件，稱之爲熱
線快遞（FantasyLine Express）。許多較大的NFFC協會都靠近
迪士尼主題樂園：然而，分佈在世界其他地方的部分也相當活
躍。舉例而言，堡壘守衛者（The Castle Keepers）協會就主要
以費城附近的成員爲主，他們都「深深著迷於有關迪士尼的任
何事，所有事：主題樂園，眞人與動畫影片，電視產品，收藏

品和更多其他。」俱樂部的聚會定期的進行，分享故事和展示迪士尼文物的項目。

在美國外頭也存在許多協會，在那些地方唐老鴨的漫畫也相當流行，主要都圍繞著唐老鴨和卡爾巴克（Carl Barks）組成，因此成員都戲稱自己為「唐老鴨主義者」（Donaldist）[498]。舉個例子，在德國就有德意志唐老鴨組織（簡稱D.O.N.A.L.D.），在瑞典則有瑞典國際唐老鴨主義社會組織（也可以喚作「呱呱叫」（quack））。

迪士尼迷雜誌

就像受歡迎的媒體節目如《星艦迷航記》（Star Trek）般，迪士尼的死忠支持者也創辦了迪士尼迷專屬的雜誌。在美國，迪士尼迷的雜誌包括《時代鴨城》（The Duckburg Times）；《E門票》（The E Ticket）；《獵鴨人》（The Duck Hunter）；和《巴克收藏家》（The Barks Collector）。不過，除卻美國之外，其他國家的唐老鴨主義者也印行了其他的雜誌：丹麥的《卡爾巴克》（Carl Barks & Co.）；瑞典的《NAFS（K）uriren》；挪威發行的《唐老鴨》、《卡爾巴克》和《老大師的秘密》，和德國的《唐老鴨主義者》。

線上活動

有許多並非由迪士尼公司發起的迪士尼活動在網路上進行著，但這些可以為我們觀察迪士尼熱潮提供絕佳洞見。有各式各樣的聊天室或新聞群組提供迪士尼迷和狂熱份子分享訊息的機會，包括迪士尼的歷史，主題樂園，和商業交易。事實上，這許多的線上網址已構成迪士尼產品販售的豐沛訊息網。（參

考說明7-2）。

　　有一個聊天團體，1995年成立的新聞群組「alt. Disney. disneyland」，特別清楚的證明迪士尼熱，而且只能討論迪士尼，「由卡通城和躲起來的米奇繪畫，到目前樂園的管理和迪士尼樂園在美國社會中的角色」。這個討論群吸引了死忠的迪士尼樂園迷，也因此增加了專屬的網站與其他相關活動。就像這個網址解釋的，

　　ADD人是對那些經常流連在 <u>alt.disney.disneyland</u> 者的泛稱。因為A.D.D.是這樣一個友善且非常有趣的新聞群組，許多人都患了ADD上癮症。某些ADD人彼此變得熟稔是因為他們每個星期都在迪士尼樂園碰頭。成為一個ADD人可說是一種至死方休的魔咒……甚至即使死都不會更改。

　　很多ADD上癮者都是迪士尼樂園附近的居民，因此他們每個星期六下午都在樂園中見面（配戴著一個可以讓彼此相認的特殊徽章）；然而，地區性的團體也已經形成。一個相當特殊而有趣的現象是新聞群組持續進行「訊息威脅」（message thread），內容是呼籲「你要緊記自己是ADD上癮者，因為……」這些ADD迷曾提出成千上萬的回應，但在這兒我們只列出少少幾條，讓我們進一步瞧瞧迪士尼熱：

　　要謹記你是個迪士尼上癮者因為……

　　你總是在任何時候都帶著至少五磅重的迪士尼胸針，徽章和標誌……

你花了整整六個半鐘頭開車前往迪士尼樂園，而且一路上只聽迪士尼的音樂⋯⋯

當你最重要的另一半要你在前往迪士尼樂園或維持和他們的關係擇一時，你成為一個單身漢⋯⋯

你認為人生就是花費時間在往返迪士尼的旅途⋯⋯

你閱讀迪士尼年鑑的次數比掛在牆上的全家福照片還多⋯⋯

你因為太習慣觸摸迪士尼樂園中的樹和其他東西以確定他們的真偽，所以即使到了其他地方，你開始也這麼做⋯⋯

你的小女兒即使還在強褓期，已經會低哼著「小小世界」⋯⋯

華德迪士尼開幕日的演說在你打開電腦時出現⋯⋯

當你以「美食家米奇」作為廚房裝飾的主題，以獅子王／迪士尼樂園作為餐廳的基調，用迪士尼所有的角色和電影來布置臥室，客房中有101忠狗，浴室中有經典迪士尼，以及主臥室成為迪士尼樂園⋯⋯（你猜對了，這就是我家的布置）。

說明7-2　上線的迪士尼迷

迪士尼迷網站

• 「遺忘迪士尼：失落的遺跡」（Forgotten Disney：The

Lost Legacy）──此網站主要致力探討目前已經不存在
的迪士尼產品和表演。

- 愛瑞兒死忠者的匿名園地（Arielholics Anonymous）──
「為著迷於愛瑞兒的人」存在的網站。

- 昔日樂園（Yesterland）──早期在迪士尼樂園中有吸引
力，店鋪和餐廳的介紹。

- 迪士尼的垃圾桶（Trash Cans of Disney）──詳盡記載迪
士尼各景點中，資源處理和垃圾桶的分配。

- 迪士尼躲起來的米奇。

- 包打聽迪士尼迷俱樂部（FantasEARS Disney Fan
Club）。

- 展示迪士尼（Disney on Display）──蒐集業餘者的私人
迪士尼網頁。

- 約翰恐怖網站的朦朧特區塔（John's Twilight Zone
Tower of Terror Site）── 「包含所有你曾經想要一窺究
竟關於恐怖塔的訊息」。

- 我們的迪士尼度假照片（Our Disney Holiday Photos）。

- 令人困擾的迪士尼倒數（Badger's Disney Countdown）
──「在這裡，你可以輸入你將造訪迪士尼世界的日期，
接著可以看著它為你倒數距離到達迪士尼，所剩日子的
天數。」

- FCDMuck──「線上即時的虛擬社群，在這裡迪士尼迷
可以扮演最喜愛的迪士尼角色，並且和其他迪士尼迷交
談」。

- 我對於米老鼠感到憤怒（I'm Mad about the Mouse）。

此外還有安迪的（Andy's），克理斯多（Crystal's），道奇和
麗莎的（Doug & Lisa's），法蘭克的（Frank's），荷利的
（Holly's），凱西的（Kathy's），凱文的（Kevin's），蘿拉
的's），帕瑪的（Palmer's），菲爾和佩蒂的（Phil &
Patti's），蘇的（Sue's）······迪士尼網頁。

迪士尼連結網站

- 迪士尼網站圈的世界（A World of Disney Web Ring）
- 迪士尼網站中的絕妙好站（The Best of the Best Disney
  Web Sites）
- 迪士尼網（Net Disney）——「精選最棒迪士尼網址的首
  頁和迪士尼網站連結」
- 終極迪士尼連結網（The Ultimate Webmaster Alliance）
- 克麗斯汀的迪士尼連結（Christine's Disney Links）

說明7-3　迪士尼新聞群組

alt.disney.disneyland	rec.arts.disney.misc	alt.disney.beauty+beast
rec.arts.disney.parks	alt.Disney	alt.disney.tech
rec.arts.disney.parks	alt.disney.beanies	alt.disney.the-evil-empire
rec.arts.disney.announce	alt.disney.secrets	alt.fan.disney
rec.arts.disney.animation	alt.disney.vacation-club	alt.music.disney
rec.arts.disney.merchandise	alt.fan.disney.afternoon	alt.binaries.multimedia.disney
alt.disney.disneyworld	alt.disney.criticism	fj.rec.disney
alt.disney.collecting	alt.fan.disney.gargoyle	japan.Disney

　　透過其他數千個首頁和網站，狂熱主義者以各種方式宣示
他們對於迪士尼的忠誠[499]。有許多網站集中於主題樂園，並附
上最近造訪迪士尼的描述與照片，或是有關樂園的資訊和瑣
事。部分最逗趣的例子包括躲起來的米老鼠（Hidden
Mickeys），迪士尼世界裡的垃圾桶（Trashcans of Disney-
world），和地球上最快樂的海豹們（The Happiest Poddies on
Earth）。（其他例子可參考說明7-3）

　　我們似乎可以推測大多數創立迪士尼網頁的人都是典型的
迪士尼狂熱份子（雖然一般而言，一群不成比例的年輕男性試
圖主導網路活動）。很多網址也包括個人資料，提供觀察某些
迪士尼熱中者生活的一線曙光。例子包括有：

　　迪士尼網的站長就提到：

　　我的名字是史堤夫馬修（Steve Marshall）。我目前18歲，
　　就讀於高中一年級。是的，我知道，你一定不敢想像一個
　　十八歲的人會成立一個迪士尼網頁，但是我還能說什麼
　　呢？我愛迪士尼。除了維持這個網頁之外，我還加入高中
　　的田徑社（負責短跑項目）。我也喜歡彈吉他（雖然不是
　　很在行），聽重金屬與搖滾樂（我最喜歡的樂團是齊柏林
　　飛船）。高中畢業後我想繼續從事網頁設計……在1999年1
　　月，我辭去工作將時間都投注於迪士尼網站上。

　　「迪士尼現象」網站的創立人史考特李歐納德（Scott M.
Leonard）則明言，

　　我的生活大抵說來是由我的工作，上課，迪士尼樂園和我
　　的女友所瓜分。（有誰想要猜猜看這四者中，何者最優

先？）……當我沒課，或不需要工作時，我很可能就在迪士尼樂園。距離我成為高級年度來賓已經有好幾年，也許你曾經在迪士尼那兒見過我，卻不知道喔……我曾經是攜帶數位相機為明日世界的建築拍照的其中一人。我甚至還擁有一個小小的網路世界（迪士尼現象）致力於這個世界上最快樂的地方……接著才是茱莉（Julie），我的女朋友……我們就是在迪士尼相遇，並且在幾次的約會後墜入愛河……她是個聰明的女孩……一個優異的作家。關於她如何著迷於聖母院的鐘樓怪人，則可以在她專屬的網站中找到。

而且，最後，ADD上癮者的凱文（Kevin）和愛瑞尼克羅克（Adrienne Krock），則創造了「地球上最快樂的海豹們」網頁，當中不只包括迪士尼樂園中所有廁所位置和細節，還加以排名，如下：

讓我們面對它吧：當你和我們一樣時常到迪士尼樂園後，你也將開始注意到這些事。因此成立這個網站的想法也就應運而生。這不但可以使讓我們著迷的迪士尼有些趣味，同時也可以為其他迪士尼的熱中者提供有用的訊息。

就在這些不同的例證下，顯然迪士尼的狂熱份子成爲達拉斯史密斯（Dallas Smythe）所暗喻的觀衆勞動者—他們已經遠超過主動觀衆的類別，並且親自參與甚至經營他們的媒體經驗[500]。同時，顯而易見的是這些觀衆看來都接受了迪士尼產品中有意挾帶或隱諱轉譯的訊息。

迪士尼迷 （Disney fans）

　　除卻迪士尼狂熱份子和迪士尼愛好者，仍有數量遠多於
此，或許數以百萬計不可動搖的迪士尼迷，他們穿著印有迪士
尼角色圖樣的T恤，時常造訪迪士尼樂園，並熱切的消費其他
迪士尼的商品。

　　一個名為Yoo Hoo！的聊天網站中的回覆者提到：

唷呴！我愛華德迪士尼。我想它是有史以來最棒的公司。
我已經收集迪士尼的東西有好長一段時間。我喜歡所有迪
士尼的電影。只要迪士尼的產品一發行，我總是第一時間
買到。我的孩子們、我的先生，和我本人都是頭號迪士尼
迷。

　　另一位迪士尼迷則說明她和迪士尼的關係：

打從我出生一直到現在，迪士尼在我的生命裡就一直是顯
著重要的因素。我第一部到戲院裡頭看的電影是《風中奇
緣》，從此我就深深被迪士尼動畫所吸引。大概每一部迪
士尼的電影我都看過。沒有其他公司的角色們能夠像迪士
尼的如此令人印象深刻。我的家庭也是迪士尼的支持者，
我媽媽在她16歲之後，每年最少都會走訪迪士尼樂園一
次，可說是個不折不扣的迪士尼樂園迷。也因此，我也每
年都會到那兒一次。當我知悉迪士尼不只是一個樂園，同
時也出產動畫時，我仍然將它視為神奇的……我也相信每
一個迪士尼的角色幾乎都可以和我生命中曾經遇見的人吻
合……我記得家裡頭每個人最喜愛的角色，並且會加以對

照。聽來或許有點太扯，但我真的認為迪士尼是人生的象
徵。

迪士尼迷通常都以神聖與不可侵犯來捍衛心中的迪士尼形
象，並傳達他們對某些特殊角色的喜愛，並對於迪士尼的成功
大大稱頌。就像一位迪士尼迷表示：

> 我可以說是迪士尼的擁護者。並非每個人都是，但我以此
> 為傲。我未來也都將捍衛著它。迪士尼是成功的，因為他
> 們出品可以凝聚家庭的娛樂。而且在這方面他們做得相當
> 好，謝謝你。

迪士尼消費群（Disney consumers）

有數種不同類型的迪士尼產品消費者，有一些比其他人更
加熱烈。在這裡我們只區分出三種類型，但想必仍有其他類型
存在。

熱烈的消費者

約莫有幾百萬的美國人接受迪士尼作為一個特殊且具有吸
引力的品牌，他們經常觀賞迪士尼的影片或者購買迪士尼的產
品，他們也到過一個以上的主題樂園。實際上，對很多美國人
來說，假使在迪士尼經驗下成長是在自然不過的事情；這包括
至少造訪過一個主題樂園。假如他們沒有到過樂園，就會在他
們的解釋當中加上「悲劇地」或「不幸地」的字眼。

> 我以前總覺得自己是個受到剝削的孩子，因為我從未到過
> 迪士尼樂園，迪士尼世界或任何其他迪士尼神奇夢想園

地。我仍舊憧憬著它必然是如何如何。如今，這件事再也
不困擾我了——我對此感到驕傲，我猜正是因為這樣讓我有
一點點的與眾不同。

　　另一位曾經看過幾部影片，並走訪迪士尼主題樂園兩次的
消費者提到：

當我知悉那兒還有其他比我更狂熱的迪士尼迷時，我也發
現仍有另一群人比我更莫不關心。我想我會將自己放再受
到迪士尼影響程度表的中間地帶，因為它在我們這個年紀
正值成長時期的七十年代與八十年代，對美國發揮作用。

　　迪士尼消費者一般都認為迪士尼是一個特殊的品牌，並且
他們用來描述迪士尼的語詞，通常也都直接採用迪士尼公司本
身行銷的內容。

我在17歲時第一次和家人一起去了迪士尼樂園。不過我最
近一次去是在我23歲時，我認為比第一次去時要好玩很
多。我不僅明白迪士尼對我的意義，我也感嘆迪士尼的美
好與令人訝異的感受，以及迪士尼所創生的文化。迪士尼
已經成為完整，純真和夢想的代表符號，而這些是無法被
外頭充滿陷阱的世界所污染的。它似乎體現了所有一切都
是美好的，畢竟，它是地球上最歡樂的地方……迪士尼的
名字已經和家庭的意向重疊。迪士尼的產品吸引了如此廣
大的觀眾，它可能是我們社會僅存下來適合全家一起享受
的事物了。

　　就像在上面敘述中提到的，成年人通常因為懷舊因素而陶

醉於迪士尼，回憶起兒時記憶，以及和家人一起到樂園的景況。顯然迪士尼有意將這些懷舊的元素添加於它們的產品及行銷手段中，就像本文在第六章中也討論過的主題樂園般。

　　迪士尼的主顧有一群是選擇讓他們的小孩親近迪士尼產品的父母們，他們之所以如此選擇，是因為迪士尼被認為較「安全」，而且比其他媒體沒問題。換句話說，迪士尼品牌對父母而言是品質保證。

　　當小孩還年幼時就帶他們到迪士尼的世界中是十分值得的，這有幾個原因。最主要的一個是你將清楚的掌握你可能得到什麼，而且相當值回票價。我必須把這樣的經驗跟麥當勞相提並論──你知道可以期待什麼，並且它也確實傳遞給你。幾乎沒有什麼不愉快的事物可能發生，它將是適合帶孩子去的安全場所。另一個原因是他滿足孩子們的期待，廣告台詞中所保證的刺激與興奮在此都一一實現，歡樂接踵而來，口中也不斷驚嘆等等。即使你的孩子還是學齡前，也知道「迪士尼」。當孩子們的期望被滿足時，你也獲得當父母的成就感。，即使你必須面對擁擠的人潮，大排長龍，以及推擠來購買食物和紀念品。

　　事實上，要父母加入迪士尼消費的行列有時是種壓力，尤其是必須安排到主題樂園時。正如同一位較成熟的大學學生回憶的：

　　當我是個孩子時，迪士尼對我而言代表的是刺激和曖昧。迪士尼在我的心中同時激起不斷成長的兩種感受：迪士尼是我們能夠去嘗試的以及迪士尼是我們無力消費的……。

到南加州的阿那罕姆迪士尼一趟一直是我的願望，我每年
吹生日蠟燭許願時也都提到一次……直到現在我的父親仍
在估量他的荷包，身為一個好爸爸，他卻無法負擔的起帶
孩子到迪士尼樂園。到電影院觀賞的票價加深我們家庭和
迪士尼經驗的差距。

讚美的消費者（Admiring consumers）

　　仍舊有一群人，他們之所以成為迪士尼的消費者，是因為
他們由美學或創造性的角度讚賞迪士尼產品。舉個例子，許多
人因為迪士尼動畫的品質和迪士尼主題樂園的創造性與組織，
感到驚訝或甚至表達敬畏之情，他們也因此成為迪士尼的消費
群以讚美他們的水準。這些人就較不熱中於迪士尼產品所傳遞
出的情感或價值，正如同以下這段話顯示的：

> 我從來都不怎麼關心迪士尼的情節橋段（好吧，也許我有
> 些在意木偶奇遇記），但是，我喜歡這些動畫。我是一個
> 圖畫迷，而動畫正是一種變動的圖畫模式。對我而言，迪
> 士尼的動畫有著超乎想像的水準。它讓一切的事物栩栩如
> 生，但卻不必讓他們看來像真的。它的專業性顯示於它重
> 現生命時，並非只是呆板的複製而已。不過我壓根不在意
> 它的劇情安排或著試著傳遞的訊息。

不情願的消費者（Reluctant consumers）

　　迪士尼產品的普遍和流行，有時也意味著有些對於消費迪
士尼商品不那麼有興致的人們，卻發現自己被迫不得不這樣
做。這樣的例子尤其在父母身上可以看到，他們有時會驚覺迪

士尼商品是可以買給孩子的唯一選擇。就像一個「不情願父母」
就表示：

> 書籍，衣物，電影或錄影帶，包圍我們的大部分都是迪士
> 尼的玩意。舉例來說，我們由姊姊那裡拿來給我兩歲兒子
> 穿的二手衣服，就印有迪士尼最受歡迎的米老鼠圖樣。當
> 他穿著這件衣服時，人們向他打招呼的一貫說詞就是：
> 「噢！你穿著米老鼠呢。」我那五歲大的兒子在學齡前就
> 已經聽說迪士尼最新的電影，並央求我帶他去看。我們的
> 公共圖書管裡頭藏有所有經典迪士尼的書籍，也因此成為
> 我們家的常客。縱使我們被迪士尼給包圍著，但是當這兩
> 個男孩進入能夠理解迪士尼影響中傳達的包容，同情和憐
> 憫之情時，我們仍試著提供他們「批判的觀點」。

迪士尼嘲諷者（Disney cynics）

　　過去十年以來，迪士尼的急遽擴張已經造成一股反作用力
的浮現，某些消費者開始視迪士尼公司的行為是全然的貪婪和
物質化手段。這群嘲諷者其實大部分仍是迪士尼產品的消費
者，但是他們對於主題樂園價格的上揚及迪士尼公司強化的市
場與行銷策略有所抨擊。雖然他們仍享用迪士尼與其產品，但
他們形容迪士尼公司的最高峰已經過去。一位奧勒岡的學生寫
了如下的一段話：

> 我們通常往南造訪奶奶和其他家族成員（住在加州）的旅
> 程，通常最後都被迫成為迪士尼樂園之旅。我相信假如你
> 不想去看看米老鼠，那麼史科佶麥克鴨（Scoorge McDuck）

可能會在機場堵你，並且用布魯托的狗鍊歐打你。就像你
們所想的，我對於迪士尼公司實在是諸多嘲諷。我發現相
當有意思的是當迪士尼公司以低工資、長工時和惡劣的工
作環境壓榨勞工以生產商品時，迪士尼這個符號卻和完
整，和真格美國價值觀相連結……。當我以企業經營的角
度檢視迪士尼時，使我對此公司產生質疑，但我仍必須承
認迪士尼電影和產品仍讓人著迷。

　　許多人表示他們可能是在孩童時期時，並沒有注意到如此
強烈的行銷手法，或者是迪士尼公司確實在迪士尼團隊接手後
變得更爲商業化。雖然很多人認爲麥可艾斯納（Michael Eisner）
就是罪魁禍首，但大多數仍然敬畏華德迪士尼，以及經典迪士
尼時代。一些嘲諷者就解釋：

華德迪士尼總是令我著迷……我喜歡他是因為他不是一個
貪婪的傢伙，而且他創造神奇王國的原因，只是因為他是
一個喜愛孩子的父親，希望能夠為他的孩子打造一個完全
家庭取向的主題樂園……不過你們應該瞧瞧現在的迪士尼
企業，我認為他目前的運作是由一群對金錢飢渴的人們所
主控，他們並非致力於世界上的家庭，大部分的人只是為
了自己的荷包而努力。華德迪士尼就從來沒有以這樣的角
度來經營他的公司，我想他如果知道這些日子以來後繼者
所做的一些決定，他可能會死不瞑目吧。

我長大後成為一個嘲諷【迪士尼】的人，這或許是我質疑
迪士尼電影的原因吧。我一直試著要相信迪士尼，但他們
卻一直做出許多不尋常的決定，就像是《獅子王》或《風

中奇緣》。《風中奇緣》中不真實的畫風與故事發展，不
僅沒有豐富孩子們的社會性，反倒是製造了過去不真確的
刻板印象。迪士尼怎麼能夠對於一個歷史事件如此漠不關
心，而且任意竄改史實成為他們想要的版本？他們為什麼
不能忠實的呈現既有的故事，反而以扭曲的故事取代？迪
士尼必須理解他們對於孩童的強大影響力。他們為什麼不
能對此投注多一些關心呢？迪士尼是一個神奇的地方，對
3-14歲的孩子都是，對我而言，他則變成另外一個值得害
怕和仔細觀察的龐大企業集團。

毫無興趣者（Uninterested）

有沒有可能還有任何美國人完全沒有受到迪士尼帝國的影
響或籠罩？實際上，真的有一些人對於迪士尼現象毫無感情，
疏離或不受影響。他們通常沒興趣或者無法區分迪士尼的產品
和角色，甚至也可能從來沒有去過任何一個主題樂園。

要找到未參與迪士尼者的訊息要比迪士尼狂熱份子難上許
多，因為迪士尼狂熱者通常相當樂意公開化他們的迪士尼癮
頭。反之，對迪士尼毫無興趣者就不太討論迪士尼，甚至當他
們想討論時，也沒啥好說的[501]。舉例而言，下面這位受訪者就
對於談論他非迪士尼經驗的生活較有興趣：

我算是個稀有市民，我住在南加州十八年，而且從來沒有
去過迪士尼樂園。我還必須承認從來沒什麼動力驅使我到
神奇王國去。我曾經到世界幾個著名的地方旅行過。我到
過艾菲爾鐵塔（Eiffel Tower），以及倫敦議會，我曾經漫
步於哥本哈根，並航行於黃金拱橋下。但我卻從來沒有去

過老鼠之家。

我從沒去過迪士尼樂園只有一個簡單的原因，我從來不想去。迪士尼樂園和其他伴隨的電影和產品對我從未有過吸引力，因為我從小成長於一個運動家庭，其他的活動和價值觀對我來說更有作用。米奇曼托和紐約洋基隊比米老鼠和迪士尼的角色更吸引我，皇家隊，德州長腳牛和達拉斯公牛隊也是。

　某些對迪士尼的負面反應和強烈的菁英文化態度有關，因為迪士尼畢竟被視為通俗和大眾文化。這樣的態度可以由一位在南德州擔任老師超過二十年的墨西哥裔美國人的談話中，找到墨西哥與美國文化的一般比較：「墨西哥文化在阿芝特克人，馬雅人和托爾鐵克人文明的遺跡下是相當豐富的。我要說的是墨西哥擁有祖先的寶藏─美國人有什麼？迪士尼樂園罷了。」

　區分那些注意到迪士尼卻毫無興趣者以及那些根本不知道自己暴露於迪士尼產品下的人是相當重要的。「我持有迪士尼公司的一些股份，所以我關切的是這家公司是否營運良好。不過我倒是真的對迪士尼產品沒什麼興趣─雖然我直到最近才知道迪士尼擁有ESPN和ABC頻道，而我常常收看電視的體育節目。」

抗拒迪士尼者（Disney Resisters）

　這一群人包括那些喜愛其他產品和品牌者，或者從小自迪士尼和它的魔咒中長大，現在則因為成長而徹底抗拒迪士尼和產品的人。這種感覺的傳達同樣也被對迪士尼公司的嘲諷充斥

著。我們同樣也難以估計這群人的數量，因為迪士尼抗拒者遠
較於迪士尼的死忠者和支持群來得不可見和噤聲。

　　以偏愛其他品牌者為例：

　　在我心目中，免寶寶（Bugs Bunny）總是勝過米老鼠。迪
　　士尼卡通缺乏幾個我喜歡的卡通類型的特質。舉例來說，
　　我發現免寶寶和土狼的惡作劇因為當中的暴力元素，顯得
　　那樣的逗趣。在迪士尼的影片裡，所有的一切都是夢幻。
　　從未有如同華納兄弟卡通中，將暴力與喜劇結合的橋段。
　　取而代之的，這些笑話和插科打諢都是「乾淨」的。除此
　　外，我也不覺得華納兄弟卡通中試圖加入任何價值觀或道
　　德元素。每一部迪士尼影片或大多數的卡通，都以某種教
　　育意義做結，當然，這就是華德迪士尼的計畫。

　　我必須坦承我是個死忠的免寶寶迷。我較為喜愛華納角色
　　們的打鬧，挖苦和低俗胡鬧，勝過迪士尼的甜蜜和純真。

　　接著，則有另一群人，雖然過去是迪士尼迷，現在卻因為
迪士尼公司的貪婪而理想幻滅，一位剛剛結婚，且到迪士尼樂
園度蜜月的新娘就說道：

　　我想我不能說那裡不好玩⋯⋯但我不認為我可以說那裡是
　　「地球上最快樂的地方」。唯一可以肯定的是，我的信用卡
　　公司會因為我在那裡的花費笑得合不攏嘴，不過我個人倒
　　是有些夢想幻滅⋯⋯，我的不滿大抵是因為門票欺騙了我
　　們。在票卷上頭寫著「每個人都可以返老還童的地方」。
　　迪士尼樂園不是一個專為兒童著想的地方。它是讓父母們
　　餵食巨大迪士尼利潤機器的地方。

其他人則在童年階段體驗過迪士尼，但目前卻抗拒它所代表的任何事物：

> 我想我對於被迪士尼現象重重包圍已經感到疲憊。我已經有太多次因為疲憊而沒有交換晚安之吻，我曾經對著太多的星星許願卻沒有任何夢想成真。不同於挖苦與諷刺的辛普森家庭，迪士尼卡通看來試著以速食的方式，希望讓我相信某些壓根不存在的事物。別以為我不相信神奇的事物，我很相信。我只是懷疑神奇可以藉由一個堅持以可愛或美好語調描繪生命的營利公司，來創造並維持。

> 若是你問我「迪士尼」這個字目前激發我什麼樣的想法，我所想到的是強制施加的完整性和消毒過的夢想。在迪士尼世界中（以及在迪士尼樂園裡），所有的一切都是整潔，毫無廢棄與清晰標記的。正義總是由年輕，純潔，美麗，絕對，嚴肅和服從所代表。即使在《美女與野獸》中，迪士尼應酬式的強調貝兒不服從的愛上高貴的野獸，但結局仍以野獸變回年輕瀟灑的王子，來強調那些一貫的價值觀。且，迪士尼故事中的主角從來就不有趣——通常都是由愚蠢的小角色來提供幽默。對我而言，童年被迪士尼理想主義雲層籠罩的時期已然過去，而且我不懷念它。

敵視迪士尼者（Disney antagonists）

最後一種觀眾反應的類別是敵對主義，更有意思的是，這裡頭包括那些在政治光譜極端的人群。這些人就不只是單純的不理會，忽略或抗拒迪士尼，他們是以一些實際的行為來對抗

迪士尼公司和它的商品。

來自左派的反抗迪士尼

　　來自左派對於迪士尼的除魅（disenchantment），可以被視作左派份子批判一般媒體公司，和他們推廣保護消費者主義的一部份。一個近期的例子是刊登於1998年12月號，《新國際主義者》（New Internationalist）雜誌的一個議題，當中集中討論迪士尼和全球文化的傳播[502]。雖然在序言中，坦言自己過去曾是個「迪士尼上癮者」，但收錄於當期的文章卻都進行逐一拆解迪士尼公司和其產品的工作，他們批判有關迪士尼的一切，從主角人物的迪士尼化，到都市環境的迪士尼效應，以及全球文化的崩毀。

　　迪士尼敵視者的團體，有時還會組織起來以對抗迪士尼公司，成員間還包括那些其實正在（或曾經工作過）迪士尼企業底下工作者（舉例來說，NABET/CWA的勞工們就曾經在未簽合約的情況下，替ABC電視網工作了數月之久）。他們的反抗活動包含散發強調上述左派份子批判議題的傳單。同時，也有為數不少的佈告，是由曾經在主題樂園工作過的員工所撰寫，他們希望揭露樂園管理的本質，其實並非都那般的純眞。

　　迪士尼的敵視者間，必然有那些致力於保護消費者利益的團體。公共利益團體，例如媒體教育中心（Center of Media Education），兒童電視行動聯盟（Action for Children's Television），和媒體教育基金會（Media Education Foundation）都積極的批判企業藉由關說，壓力釋放，教育性錄影帶和研究報告來支配兒童的傳播媒介。 雖然迪士尼不必然成為這些團體的主要箭靶，但迪士尼公司有時包含在他們訴求對象的行列

圖七　迪士尼滾回老家去。詹姆斯維特瑞（James Victore）
所創作的海報，這張海報於1998年被懸掛在時代廣場中，以
反對華德迪士尼公司對時代廣場的入侵，以及「破壞紐約所有
原創和獨特的一切事物，以廉價和塑膠擊垮了美國購物城」。
經由詹姆士維特瑞同意

中。

　　另一個有趣的例子是由澳大利亞的約翰沙法藍（John Safran）在迪士尼樂園中所拍攝的短片，他喚起對樂園中極力避免的特殊負面質素的注重，同時也面對面的訪問迪士尼員工一些尖銳的問題[503]。

自甘墮落的米老鼠

　　位於政治光譜的另一極端則是對宗教性和道德意義憤世嫉俗的美國右派人士，他們曾組織起對迪士尼公司的聯合抵制。在1996年8月，〈天父聚會〉（Assemblies of God）開始以「遺棄對於強烈道德價值的承諾與責任」為由，懲恿他們會內兩百五十萬的成員，抵制迪士尼的產品和主題樂園。美國境內十五個最大的教派都希望迪士尼能夠「回歸到當初強化和建造這個國家的那些價值觀，例如誠實，尊重，健全，合宜和信任。」

　　1997年1月18日，於達拉斯、德州舉辦南方浸禮會會議，他們希望全球都能夠抵制迪士尼和它的其他相關產品。南方浸禮會成員還加入其他團體，一起譴責迪士尼提升利潤的方式包括雇用國內的同性戀者，迪士尼允許同性戀者造訪樂園，甚至在樂園中舉辦婚禮，並於迪士尼網路上的電視影集上創造了一個同性戀者，愛倫（Ellen）的角色[504]。當愈來愈多團體加入這項抵制活動後（包括美國家庭協會和天主教聯盟），外於同性戀者的議題就陸續被加入。

　　《官方迪士尼抵制網站》（The Official Disney Boycott Site）中，提供的訊息包括「迪士尼真實的論域，包括麥可艾斯納和美國家庭與宗教的宣戰」，並描述迪士尼為反宗教，反家庭，反團結，暴力，種族主義並支持墮胎，另外他們還指出迪士尼

推廣異教主義，巫術，同性戀討論中更指稱迪士尼將貪婪，性
愛包含於兒童影片中，除此外，迪士尼還剝削勞工，並進行媒
體控制[505]。另外的網站〈抵制迪士尼網頁連結〉中，提供連結
到所有支持抵制的網址，希望顯示「有許多來自各地的人……
都進行防止他們家庭被娛樂宣傳機器教化的行動。」

抵制行動雖然一開始有頗為良好的媒體宣傳，他們參與節
目如《六十分鐘》（60 Minutes），但仍有其他人抱持不同的看
法，質疑抵制行為成效不彰。雖然艾斯納被要求在幾個節目中
評論抵制抗爭，但迪士尼公司認為抵制行動的作用不大。南方
浸禮會成員1998年3月的一次投票中，只有百分之三十表示他
們參與抵制活動。直到1999年中，抵制者表示他們的一切努力
都會繼續，且他們的目標之一將是把注意力把在特殊的議題。

迪士尼的抵制代表著一種極端右翼反彈的形式，這和極端
左派的某些抨擊有些類似的地方。他們都批評迪士尼公司變得
過於貪婪（全體的貪婪），有關於勞工的議題（剝削勞工的工
作環境，童工和打壓工會[506]），並推銷值得商榷的道德觀。而
無論左派或右派，雖然由於不同的原因，他們都不滿媒體控
制。且，他們通常都假設由這些企業大眾文化中挾帶的訊息或
意識型態將直接影響觀眾們。

侵佔（Appropriating）並推翻米老鼠

迪士尼產品中反覆出現的訊息和主題是那樣的露骨和顯
眼，因此我們很難想像將它們詮釋為不同於迪士尼公司蓄意經
營的任何其他意義。然而，有一些人取得迪士尼風格，圖像或
意義，並以新的方式加以操弄卻成為我們重要的例證。不只是

藝術家在他們的作品中採用迪士尼的圖像，另外某些挪用的類型也可以被尋得——暫時擱置迪士尼公司嚴格的版權限制。刻意的扭曲翻轉也時有所聞，他們取得相同的圖樣，並加上以與迪士尼意識型態和風格恰恰對立的新意義。

重製／侵佔米老鼠

　　為數可觀的一群藝術家，由安迪沃何（Andy Warhol）和凱斯哈林（Keith Haring）到查理斯舒茲（Charles Schulz）和克朗伯（R. Crumb）都曾經在他們的作品中以迪士尼角色為號召，尤其是米老鼠。當然，這並無須驚訝，因為米老鼠早已成為普遍的美國圖樣，而且「是當代歷史中最容易辨識的臉孔507」。

　　其他一些默默無名的藝術家也經常將這些圖畫加入他們的作品中，或者，更貼切的說，是將這些圖像加入他們的玩樂中，其實就是幾百萬個兒童以在他們的塗鴉中加入迪士尼角色，就像威里斯（Willis）曾經討論過的那樣508。像克魯曼（Klugman）提示我們的509，延續這些方式，我們得到抗拒迪士尼經驗與記憶控制的其他例證，尤其是部分主題樂園遊客們的嘗試。

提及和推翻米老鼠

　　迪士尼產品的蓬勃發展，伴隨著反覆出現和易於辨認的經典迪士尼元素，於是在其它的媒體產品/作品中，就出現提及迪士尼氾濫的情形。過去，華納兄弟卡通也經常有提及迪士尼的情形，不過我們現在經常於各類傳媒中找到這樣的情況。舉例而言，些許近期的電視節目就包含諸多提及《辛普森家庭》

圖八　改造迪士尼（Reclaiming Disney）。孩子們的塗鴉，就
像這幅由瑪婷納羅素（Martina Russial）所畫的獅子王，是觀
眾們回應經典迪士尼的一種方式。
經由瑪婷納羅素同意刊載

的例子（癢癢島〈Itchy & Scratchy〉等），在《巴比倫5號》（Babylon 5）中介紹過的觀光景點《迪士尼星球》（Disney Planet），以及《麥克比爾聯盟》（Ally McBeal）序幕中，譴責迪士尼造就美國婦女深信他們必須結婚，才能由一位男性由艱困的生活拯救出來的想法。

其它的例子則對迪士尼全球化，進行全面顛覆的諷刺性模仿和挖苦。一個經典的例子，是1960年代最早在《革新》（Progressive）上刊登的一系列海報，裡頭迪士尼主角們被以一種非迪士尼風的方式呈現（可能是吸食大麻，從事性交等行為）。無獨有偶的，瑞典的查理克理斯坦森（Charlie Christensen）筆下的厄尼安卡（Arne Anka）（嘲弄模仿唐老鴨的一個角色），不但抽煙喝酒，其他能夠損壞健全價值的事情樣樣來[510]。

其它例子包括傑美馬蘭沃斯基（Jamie Malanowski）刊登在《偵察》雜誌（Spy）的文章「當迪士尼在美國蔓延：對近未來的歷史性推測」（「一個陷入危機的國家，求助於迪士尼總裁麥可艾斯納，希望他能接任美國總統的職位—而他答應了」）；及彼得大衛「記錄迪士尼女主角的圓桌會議」於迪士尼世界中金史帝芬（King Stefan）宴會中發表，還有白雪公主相伴（愛瑞兒：「白雪，能夠見到妳真令人興奮呢！」白雪公主：「謝謝，呃，妳身上的水把我乾淨的地板搞的濕漉漉了」）[511]。

最近，網路上有各色網站可以被視為對迪士尼的顛覆。一個例證是www.losdisney.com，這個網址將一個遊戲背景設在2010年，當時美國政府已經將佛羅里達州賣給迪士尼公司，而且整個佛州都被改造成為主題樂園（名為迷失的迪士尼）。這

個網站還包括訊息公佈欄，讓網站訪客能夠自行添加內容於
「迪士尼陰謀理論」（Disney Conspiracy Theories）中，關於迪
士尼冰上迷思的一切，故事是講述主題樂園遊客的離奇死亡。
網頁還標明這些訊息以往是收錄名叫《迪士尼世界，罪惡之都》
的地下刊物中，當中包括「因為對迪士尼而言過於可怕而不允
許媒體披露的迪士尼主題樂園眞實故事。」

　　雖然研究者認為這些現象和特定影片或電視影集有關，例
如星際大戰和星艦迷航記，同時也和特殊電視類型有關，如肥
皂劇，但對於那些重新詮釋或顛覆迪士尼產品的影迷的行為卻
鮮少被討論[512]。

　　當然，必須有更多的研究投入於迪士尼觀衆群的分析中，
尤其是去探討重新詮釋，反抗和顛覆的例子，因為這遠比尋找
迪士尼狂熱主義者或迪士尼迷來得困難，支持迪士尼者，不但
接受迪士尼蓄意傳遞的訊息，還擁抱它們成為生活的方式。
在這一章中，我們探討迪士尼觀衆們的觀點，並呈現對於迪士
尼現象的廣泛反應，由迪士尼死忠支持者的狂熱到那些以各種
方式排斥迪士尼的敵對態度。藉由這樣的討論，再加上過去完
成的少數研究，或許我們可以做出這樣的結論：對於迪士尼的
迴響並非全然的自動化或機械化，或全球化、普遍化，反而以
一種複雜，分歧和矛盾的方式展現。

　　然而，姑且不論這些變化性，對於迪士尼現象最不可思議
的觀點，就是大家對於「迪士尼」本質的一致理解。對於迪士
尼代表什麼，或者辨識經典迪士尼有哪些基本特色，幾乎都存
在著普遍接受的觀感—即使人們可能會因為同意或接受這些意
義與價值觀與否，或他們介入迪士尼經驗的程度而有所分歧。

　　同樣的，我們也無須過於驚訝的是，這些特質其實正是那

些迪士尼公司在自我定位及持續地推廣和行銷中，所一貫和不斷堅持的特色。這家公司反覆強調它是關於「家庭」，「神奇」，「快樂」，和「歡笑」。且，在這樣一遍遍的洗腦下，人們也認定迪士尼就是「家庭」，「神奇」，「快樂」，和「歡笑」的。人群對於迪士尼的雷同理解，暗示著對於文本只存有相對稀少的空間去進行積極或另類的詮釋，像迪士尼的作品，就歷經小心翼翼的編碼和控制，且不具備多重意義或開放性[513]。

　　最後一章中，將總結本書曾涉及的一些主要觀點，並思考這些討論將如何帶領我們更進一步的理解迪士尼。

第八章

從此過著幸福快樂的日子？

　　此後對於大眾文化和迪士尼全球化的研究，不能再視為一個米老鼠企業如此而已，因為這些是我們用以理解現在社會的重要部分。不論迪士尼官方或某些觀眾怎麼說，迪士尼都不只是娛樂事業而已，像迪士尼企業這樣的公司，在他製造夢想的同時，還暗示並強化某些社會規範和價值觀。試圖分析這個過程的運作模式，將是困難而複雜的。實際上，在檢視迪士尼現象的整個過程，將有更多的問題——浮現，甚至多於那些確實被解答的。

以回顧瞭解迪士尼

　　在本書中我們嘗試包羅各種不同但卻重疊的取徑，以協助釐清迪士尼現象。在本文簡略的討論中或許難以完全呈現某些學者所作研究的深度，不過我們的目標是期望能夠全面性的探索迪士尼,由生產到消費，同時並檢視迪士尼過去和當前的處境。

　　在第二章中，透徹的檢討華德迪士尼過去的作品，並集中探討迪士尼公司的建立和發展歷程。儘管大多數人在述說迪士尼公司歷史時，都著眼於華德迪士尼的天縱神才，但越過「偉人取徑」（great man approach）來理解迪士尼現象也同等重

要。即使華德本人對於迪士尼企業的成功貢獻良多，但自圍繞
著華德迪士尼個人的傳奇中，仔細區辦出公司本身的成就也是
重要的。

當然，或許本書介紹米老鼠卡通於1930年代早期的出現，
就促使迪士尼產品廣受歡迎的說法會造成爭議。但迪士尼公司
藉由高品質的繪圖和後製技術，包括音效、顏色和動畫影片便
足以建立和維繫它的知名度。雖然在本世紀後半葉迪士尼才逐
步取得舉足輕重的地位，但更爲貼近的分析這家公司的歷史，
將有助於解釋「新迪士尼」是如何擴張其全球化和多元化的帝
國版圖。就許多層面來看，主要的基礎工作其實仰賴於這些年
來迪士尼品牌的創立和維繫，以及迪士尼公司積極伸展觸角所
進行的行銷、電視節目、主題樂園和其他影片的製作。

本書已於第三章和第四章分析目前迪士尼帝國的運作情
形，不只提供新迪士尼掌控哪些業務的基本概念；同時也剖析
迪士尼公司如何操作以及誰從這些活動中贏得利潤。對當前迪
士尼公司的討論，必須將之視和其他媒體和娛樂工業相關的存
在，因爲娛樂工業已逐漸成爲一種集中式、重疊和飽含利潤的
現象。迪士尼能夠立基於上述那些已然紮根和多元化的活動項
目，但它仍舊加入其它媒體的行列，希望能夠在美國和其他國
家運用新型態的娛樂事業與溝通技術。然而，迪士尼公司還可
以作爲橫跨媒體和娛樂販賣，同時藉由這些業務不斷回收利
潤、創造新產品的絕佳典範。

除此外，迪士尼更致力以各種不同的方式對其帝國版圖建
立控制機制，包括強力施行版權監控，條列支持其事業的州
名，嚴酷的勞工政策，並於國內和國外市場，都推動創造性的
推銷與販賣技術。

　　第五章與第六章則說明對於迪士尼產品的各種詮釋，特別是對於部分經典迪士尼影片和主題樂園的探討。大部分的文本與內容分析都集中在經典迪士尼上——因為它擁有一組特殊的美學、風格和主題特質，而這些一般都是用來辦認迪士尼的特質。本書中廣泛徵引的經典迪士尼主題都曾經被評論者討論過，包括個人主義，工作倫理，正義戰勝邪惡，純真和無可救藥的樂觀主義，再加上對於社會中男性和女性角色某程度的期待及預設。主題樂園最能夠代表迪士尼對於過去的預設，同時以數種方式舉證當中控制的主軸。雖然迪士尼的內容被各種不同的詮釋觀點加以探討，但通常這些分析者最後都會發現經典迪士尼產品中，清晰而顯著的包含著這些主軸。

　　最後，在第七章中則論及迪士尼產品各種不同的觀眾類型。已經完成但卻為數不多的觀眾研究，得到的結論是，無論在美國，甚或其他國家，都存在對於迪士尼意義的一般性共識。換言之，那些經典迪士尼的特質，或是迪士尼所偏好的意義價值，都藉由這些產品清晰的傳遞出來。但大眾對迪士尼現象的反應卻存在著相異性。我們將那些以迪士尼作為生活方式者（或者說，那些全盤接受迪士尼偏好意義者）與那些抗拒者、排斥，或嘗試徹底顛覆迪士尼者加以比較。顯然，至少很大一部分的美國人都無條件的接受迪士尼、及那些被刻意挾帶的意義，且通常熱情擁抱經典迪士尼產品所傳播的意識型態。

所以，我們到底由迪士尼中學到什麼？

　　顯然地，在我們研究「整體迪士尼」時，有更廣泛的議題和問題應運而生，有些在前面幾章中就強調過了。另外一些問

題則將作爲本書檢視迪士尼全球化後，遺留下來值得重視的結
論。

全球化的迪士尼

一般人都認爲對「迪士尼」代表什麼，存在著普遍的認
知。其中由迪士尼公司和迪士尼支持者衍生出的一個假設是——
—迪士尼和米老鼠在全球不只是家喻戶曉的，同時更是受到所
有人的喜愛。在思索這個議題時，或許可以華德迪士尼曾經替
迪士尼所下的定義作爲起點：

> 迪士尼是長駐社會大眾心中的事物和想像。對他們而言，
> 迪士尼所代表的是某種娛樂、一種家庭事物的種類，而這
> 一切都以迪士尼爲名加以包裹。倘若我們開始拆解它爲
> 「比爾華許爲華德迪士尼創造的傑作」或「吉米艾格爲華
> 德迪士尼拍攝的眞實生活中的冒險」時，那麼迪士尼名號
> 所代表的意義就不會這麼深厚了。過去幾年來，我們在觀
> 眾的心目中所建立的形象和我們自身逐步被撕裂開來。你
> 知道的，我不再是迪士尼了。我過去曾經象徵迪士尼，但
> 現在迪士尼已經成爲這些年來我們在大眾心目中所建立的
> 那樣東西了。它就代表著某些意義，而你甚至不用向大眾
> 解釋它是什麼。當他們聽到我們的影片或是走訪迪士尼樂
> 園時，早已知道迪士尼是什麼。他們知道將得到一定的品
> 質，一定的娛樂效果。而那就是迪士尼[514]。

上述的解釋顯示華德迪士尼所預想普同性的關鍵之一：
「這些年來我們在大眾心目中所建立的那些意義」。迪士尼品牌
於是歷經小心翼翼的培植和控制，以及全球性的販售和推廣。

因此，假使米老鼠真的深植全世界人們的心靈中，那麼就代表米奇和其他角色都被悉心的加工製作並有效率的分配到全球人群的心目中。

迪士尼公司的成長和擴張，是藉由謹慎控制它的產品、角色和印象，以營造出特殊的形象，期望能夠讓大眾認同迪士尼公司是象徵積極、完整、家庭和兒童的娛樂事業。而迪士尼公司則利用它的聲譽將迪士尼團隊與特殊、多元劃上等號。迪士尼品牌的形象於是便以此建立，並熱切的被保護著，這也讓迪士尼公司大可以在嶄新的發展領域中，得其優良名號之便。就像艾斯納自吹自擂的：「無論它是以有線電視、電話、電腦或衛星的型態出現都不打緊，畢竟每個人都需要迪士尼[515]。」

迪士尼公司紮根於堅實的歷史基礎上，他們利用全球性貿易的大好商機，大幅擴張麾下帝國版圖的廣度和深度，直到迪士尼成為業界龍頭，且世人皆公認迪士尼和米老鼠是全球性的象徵。但我們仍舊必須謹記這所謂的「全球化」不但不是自動發生或是本質性的效果，而是- 而且將一直是刻意製造加工和悉心控制下的產物。

神聖的迪士尼 （The sacred Disney）

迪士尼是如何發展和維繫如此的神聖光環，讓許多人拒絕對其品頭論足？本文認為這和迪士尼與童年時光及純真的連結有關。迪士尼產品總是以這種或那種形式，成為每一個孩子生活的一部份（最少在美國是如此）。因此，迪士尼密切且強烈地與童年時光相繫，並且搖身一變成為保存人們童年回憶的特殊地方。正如同蘇珊戴維斯（Susan Davis）就曾指出：

有意思的是，這樣一個公司和他旗下產品是多麼深切的滲透進童年回憶，並成為童年經驗的特色。幾乎大家都一致同意迪士尼公司的產品代表著完整，心智健全，快樂的童年時光，美國，沒有衝突，消彌暴力，親密，團結，家庭連結…等等。還有任何其它的公司能夠有這樣的成就嗎？最令人驚訝的是，我們每天的生活已經被這些產品層層包圍[516]。

那麼，難道這就是成年人也同樣喜愛迪士尼產品的原因嗎？而這些產品之所以在成年人間受到歡迎，莫非是因為他們和童年回憶的聯繫或者是因為他們總以歡笑，快樂和令人愉悅的形象登場？迪士尼的產品是否刻意瞄準每個人內心的那股童稚之情？又，倘使我們正體驗著「童年的消逝」（順著尼歐波斯特曼〈Neil Postman〉的說法[517]）迪士尼為何仍受歡迎？

迪士尼的意義最常直接與幻想和想像連在一塊。實際上，就像一些媒體分析者曾經在晚近研究中指出的，娛樂可以說是人類本質中最自然和重要的元素。我們都會有一種尋求歡樂、逃脫以及渴望烏托邦體驗的傾向。迪士尼作為夢想的品牌，早已是老字號，高度行銷和強力誘惑的選擇，通常被人們當作少數還能接受的選擇之一。

然而，與一系列特定的價值觀緊密連結，卻成為迪士尼版本的幻想，想像和歡樂的主要問題。換句話說，無論是從我們消費者文化的角度來看待迪士尼產品的繁衍，或由這些產品可能代表的主流美國式價值觀來說，迪士尼產品都很難是「純真的」（innocent）。

迪士尼的夢想是以商品的形式提供和販售，並且以特殊商

業性考量作為生產和製造的指標。當那些操弄迪士尼公司的人從未遺忘這些商業取向時，消費者們在體驗愉悅，歡樂和神奇魔力時，卻往往忽視這些商業動機。我們的生活日益深陷於大量積累和陳列的商業產品堆中，同時我們還必須涉入許多商業性的活動中以標誌基本的人群關係，因為擁有造訪迪士尼樂園的回憶，以及蒐羅迪士尼角色和商品，成為溫暖的家庭生活的象徵。顯然地，娛樂及回憶，開始與那些失去他們最原始動機的活動相結合，或者說，那些原始的商業本質。

　　更有甚者，固定和毫無偏差的主題和價值觀都在經典迪士尼產品中呈現。如本書的第五、六章中，經典迪士尼夢想似乎可以是任何事物，但卻迴避開放式或想像性的結局；經典迪士尼毋寧說是與保守的世界觀緊密相連，並且可以直接與消費者文化扣合。其實，華德迪士尼以及迪士尼公司本身的傳奇，曾經被論者用來作為美國意義的象徵：商業，進步，個人的積極精神。迪士尼結合了美國式的人格特性，如熱愛歡笑，純真，樂觀積極，以及對於公平競爭、正義的認知。此外，迪士尼企業的成功更意味著美國人的足智多謀與機智。

　　這些特質所引發的問題還在於它們構作出諸多美國式的價值觀根基，但是這些規範要不就只是複製持續存在的迷思；要不就是根本不需要被每個人所接受和擁抱。說到底，迪士尼的價值觀也可與保守主義、對同性戀的憎惡、明顯的宿命論、種族中心主義、文化性的麻木、膚淺和缺乏文化等美國特質連結在一起。迪士尼當然無意創造這些特質，不過或許論者會認為迪士尼帝國是深化這些特質的催化劑。莫非迪士尼公司是唯一這麼做的企業？當然不是。但迪士尼卻作的非常好，而且（至少在很多層面上）是以一種具備吸引力、魅力和充滿樂趣的方

式來進行。

　　許多分析者都指出迪士尼文化所強調的主題，主要是往昔
美國的懷舊情結，反而很少處理今日美國的現實景況。就像我
們曾經討論的，那些有能力來一趟迪士尼樂園旅程者或觀賞迪
士尼影片者，可以暫時逃離那並非總是令人歡樂或喜悅，甚至
可能時常遭遇挑戰和困境的日常現實生活。在眞實生活裡，並
非每個故事都能擁有快樂的結局。換言之，前往迪士尼樂園不
僅僅是由南方洛杉磯的城市現實中，駛向高速公路，而是駛向
另一個世界。

分歧的迪士尼

　　當我們更貼近探討迪士尼公司，它的歷史和它的產品時，
我們會發現迪士尼內並存著各種緊張和衝突性。迪士尼常被視
爲兒童文化的重要構成者，然而成年人也同樣是迪士尼產品的
重要顧客。當某些人正在慶賀迪士尼獨特的成就時，另一群人
正樂見它的失敗[518]。如同我們在第七章中習得的，縱使許多類
型的觀眾仍極度崇拜迪士尼和它的相關產品，一批過去的迪士
尼迷卻已經對新迪士尼感到幻滅，他們認爲迪士尼已經從事過
多的商業行銷。更甚之，即使很多人都接受迪士尼所挾帶的意
識型態，但仍有另一群人對此感到曖昧，矛盾，有時更展現爲
斷然的拒絕。

　　對某些迪士尼的捍衛者來說，這些日子以來，在許多地方
都出現反對的聲浪，迪士尼開始被去魅化，摘除它瑰麗的面
紗，甚至是解構。其實，迪士尼旗下的商品最終也吸引學者們
的注意，他們指出經典迪士尼已經成爲現今媒體中持久且重要
的一部份，也是文化的特色之一。美中不足的是，大部分的分

析家都集中於迪士尼文本的閱讀，因此我們就需要更多的研
究，以將文本的詮釋和迪士尼企業的實作策略加以串連，並更
進一步評估經典迪士尼的主題如何被觀衆或消費者所認知，接
收，以及/或者重新修訂。

　　對於迪士尼公司最爲猛烈尖酸的攻擊（同時來自保守主義
和左派批評者）通常對於這些產品和主題進行直覺式的駁斥。
某些分析者認爲最嚴峻的挑戰在於採用迪士尼產品作爲教育性
工具，來加深對於迪士尼本身所鑲嵌環境文化的理解。評論者
如亨利葛奧斯（Henry Giroux）和其他人都延續這樣的觀點，
他們指出，「對於迪士尼所賴以紮根的常識背後所蘊含的意識
型態基礎，除了是理解此企業文化重新活絡教育和娛樂關係方
法的首要步驟外，另一方面，也能夠釐清期間的政治權力和文
化政略[519]。」換言之，對於迪士尼的批判性理解必須被視爲更
廣泛企業和消費者文化批判的一部份。

　　但，迪士尼的研究同時也提供我們以更多樣觀點，以從事
分析整體大衆文化現象的機會，也因此我們能夠取得更完整的
理解，並發展出完備的文化分析工具。本書或許無法發展出所
有可能的取徑、回答所有的問題，並強調所有自此一文化現象
衍生出的議題，但本書仍提供一個模型，讓讀者可以更進一步
的探討迪士尼的普遍化，以及其他文化產品和他們的顯著性。

註釋

第一章　全球化的迪士尼

1. *Register Guard*, 1997年11月27日, p.1A。

2. *Register Guard*, 1998年1月7日, p.1C。詹姆斯辛普森並非唯一以到迪士尼樂園或迪士尼世界旅行爲人生最後願望的人，整個基金是根據資助病情末期的兒童到其中一個魔術王國旅遊一趟，許一個願基金（Make-A-Wish Foundation）在美國有八十二個分會，以及十三個國外分支機構，成立於1980年，到1996年已經重病兒童完成三萬七千件旅行以及其他活動。據報導，最受歡迎的願望是由迪士尼公司提供的迪士尼世界或迪士尼樂園的旅遊，同時，威金斯（Stanley Wilkins）的小說《魔術王國》*Magic Kingdom*（New York: E. P. Dutton, 1995）就是有關七個頻臨死亡的兒童參觀迪士尼世界的故事。

3. Michael Rea, *Mass-Mediated Culture*（Englewood Cliffs, N.J.：Prentice-Hall, 1973）。

4. Kathy Merlock Jackson, *Walt Disney: A Bio-Bibliography*（Westport, Conn.:Greenwood Press, 1993）; Lynn Gartley and Elizabeth Leebron, *Walt Disney : A Guide to References and Resources*（Boston :G. K. Hall, 1979）.

5. Ariel Dorfman and Armand Mattelart, *How to Read Donald Duck* （New York: International General, 1975）; Herbert I. Schiller, *The Mind Managers*（Boston: Beacon Press）.

6. 在「媒體、文化與社會」*Media, Culture and Society*, 1997年四月, pp.285-93）的「解構迪士尼：對於兒童媒體文化的批判觀點」（Dissin' Disney：Critical Perspectives on Children's Media Culture）中，柏金漢（David Buckingham）討論最近幾本說明迪士尼現象的書，指出此種研究如何涵蓋經濟、文本以及閱聽人研究，雖然既有分析很少整合這些觀點。他表示：「當然，要求任何一本著作要整合所有這些面向是苛求了些」，我採用柏金漢的評論，證明經過這段時間，本書研究已經達到他的要求。

第二章　迪士尼的歷史

7. "Walt Disney Issue," *Wisdom*, 32（1959）p.46, 轉引自Steven Watts, *The Magic Kingdom：Walt Disney and the American Way of Life*（New York：Houghton Mifflin, 1997）, p.58。

8. William Irvin McReynolds, "Walt Disney in the American Grain"（博士論文, University of Minnesota, 1971）。

9. 最常被引用的迪士尼傳記之一是Diane Daisy Miller所寫的，*The Story of Walt Disney*（New York：Dell, 1956），是由迪士尼的女兒寫的。Watts的*Magic Kingdom*，則談到與華德親近的人認為迪士尼已經被華德先占了，並且十分清楚的，「迪士尼神話他的過去並且將之呈現在大眾眼前」, p.7。

10. Richard Schickel, *The Disney Version：The Life, Times, Art and Commerce of Walt Disney*（New York：Simon &

Schuster, 1968）。

11. Joel Taxel, "A Literature Review of the Impact of Walt Disney Productions Inc. on American Popular Culture and Children's Literature" in University of Georgia, Department of Language Education, 1982（ERIC Document Reproduction Service no. ED 213648）。

12. 最常被引用的傳記可能是Schickel的*Disney Version*和Bob Thomas的*Walt Disney：An American Original*（New York： Simon & Schuster, 1976），其他還有Leonard Mosley的 *Disney's World*（Briarcliff, N.Y.：Stein and Day, 1985）； Katherine Greene和Richard Greene的*The Man behind the Magic：The Story of Walt Disney*（New York：Viking, 1991）；Marc Eliot的*Walt Disney, Hollywood's Dark Prince*（New York：Birch Lane Press, 1993）。最近則有Watts的 Magic Kingdom，由迪士尼檔案取得原始資料進行迪士尼的 相關討論；Kathy Merlock Jackson的Walt Disney：A Bio-Bibliography（Westport, Conn.：Greenwood Press, 1993）, 包含傳記、傳記短文以及關鍵性的迪士尼資料，她表示 「用盡一切迪士尼的資料是不可能也不需要的，因為資料內 許多的事情都不是正確的」，她也列出最重要的傳記文章， 包含十二個有關迪士尼簡單的封面故事。

13. 最光榮的讚美來自迪士尼公司的「榮譽之章」，並且由迪士 尼公司成立的華德迪士尼檔案（Walt Disney Achieves）獲 益，是一座存放大量歷史資料位於柏班營運中心的圖書 館。相反的，許多批判性的傳記作家否認這個資料來源的 真實性，而這些作家的作品往往也受到迪士尼公司與家族

激烈的否認以及抗議，例如Eliot的Hollywood's Dark Prince
和Schickel的*Disney Version*。將此檔案作為主要資料的有
David R. Smith，"The Walt Disney Archives：It All Started
with a Mouse," *Historical Journal of Film, Radio and
Television*, 16, 1（1996），pp.13-18。

14. Leonard Maltin, *The Disney Films*（New York：Crown,
    1973），p.11。

15. Graham Murdock, "Large Corporations and the Control of the
    Communication Industries," in *Culture, Society and Media*, ed.
    Michael Gurevitch、Tony Bennett、James Curran, and Janet
    Woollacott（London：Methuen, 1982），pp.118-50。另見
    Elieen Meehan, "Critical Theorizing on Broadcast History",
    Journal of Broadcasting and Electronic Media, 30, 4（Fall
    1986），pp.109-13。

16. 雖然對於華德迪士尼的出生有所爭議，據艾略特（Eliot）
    可被爭論的傳記表示，華德迪士尼可能是收養自西班牙移
    民。關於這項結論的證據是可疑並不具決定性的，但是
    Eliot仍指出收養問題困擾著華德迪士尼大半輩子。

17. Watts, *Magic Kingdom*, pp.11-14。

18. 少數幾本討論到洛伊的書籍有Bob Thomas的*Building a
    Company：Roy O. Disney and the Creation of an Entertain-
    ment Empire*（NewYork：Hyperion, 1998）。

19. "History of the Walt Disney Company," Walt Disney Company,
    p.2。

20. 同上註。

21. Eliot, *Walt Disney, Hollywood's Dark Prince*, p.49。

22. Schickel, *Disney Version*, p.139。

23. Robert Heide and John Gilman, *Disneyana：Classic Collectibles 1928-1958*（New York：Hyperion, 1995），p.37。

24. 同上註, pp.37-9。

25. 想進一步認識米老鼠之家，請參閱Richard deCordova的 "The Mickey in Macy's Window：Childhood, Consumerism, and Disney Animation" in *Disney Discourse：Producing the Magic Kingdom*, ed. Eric Smoodin（New York：Routledge, 1994），pp.203-13。

26. 有關迪士尼與彩色電視攝影法的詳細內容，請參閱Richard Neupert的 "Painting a Plausible World：Disney's Color Prototypes" in *Disney Discourse*, ed. Eric Smoodin, pp.106-17。

27. 在Alan Bryman的*Disney and his World*（London：Routledge, 1995），pp.26-32, 表示許多傳記省略或含糊帶過迪士尼之前的動畫發展。其他像是忽略洛伊迪士尼對公司的貢獻、1941年的罷工、華德的商業頭腦、華德參與好萊塢的黑名單、HUAC以及聯邦調查局也可以加入Bryman的清單，

28. Watts, *Magic Kingdom*, p.32。

29. 對於當時更多電影工業的背景，請參閱Tino Balio的*The American Film Industry*（Madison, Wis.：University of Wisconsin Press, 1985）。

30. Douglas Gomery, "Disney's Business History：A Reinterpretation," in *Disney Discourse*, ed. Smoodin, pp.72-3。

31. Bryman, *Disney and his Worlds*, p.14。

32. Eliot討論華德的人格特質，包含無能、酗酒、工作緊張以及強烈的潔癖，這也很簡單的了解到，為何迪士尼家族反對這本書的出版。

33. Watts, *Magic Kingdom*, p.46。

34. "The Big Bad Wolf," *Fortune* , Nov. 1934, p.146。轉引自 Watts, *Magic Kingdom*, p.47。

35. 關於這點有許多資料來源，包含Schickel的*Disney Version*, pp.33-4以及Watts的*Magic Kingdom*, p.50。

36. Watts, *Magic Kingdom*, pp.32-3。

37. 同上註, p.59。

38. "History of Walt Disney Company" p.3。,

39 其他特別的商品在Heide與Gilman的*Disneyana*, pp.145-55討論過，包含玩偶組合、牽線木偶、音樂盒、玩具鋼琴、燈飾、兒童家具、雪橇、萬聖節面具、茶具、海灘玩具、午餐盒、眼鏡、錢包、手錶、珠寶、紡織品、桌布、餐巾、毛巾、嬰兒褲、筆記本、文具、肥皂、襪子、手帕、橡膠靴、帆布製運動鞋、睡衣、雪衣、情人卡、短樂曲與彈珠遊戲、紙牌遊戲以及解迷。

40. 轉引自Watts, *Magic Kingdom*, p.162。

41. McReynolds, "Walt Disney in American Grain"。

42. Schickel, *Disney Version*, p.23。

43. Thomas, *Walt Disney：An American Original*, pp.165-6。

44. Watts, *Magic Kingdom*, p.167。

45. 參閱Janet Wasko的 "Challenge to Hollywood's Labor Force in the 1990s" in *Global Productions：Labor in Making of the "Information Society,"* ed.Gerald Sussman and John A. Lent

（Cresskill：NJ.：Hampton Press, 1998）。

46. Watts, *Magic Kingdom*, p.p204-9；Holly Allen and Michael Denning, "The Cartoonist's Front," *Southern Atlantics Quarterly*, 92, 1（1993）, pp.89-119。

47. 請參閱Julianne Burton-Carvajal的"'Surprise Package'：Looking Southward With Disney," in *Disney Discourse*, ed. Smoodin, pp.131-47；Lisa Cartwright and Brain Goldfarb, "Culture Contagion：On Disney's Health Education Films for Latin America," in *Disney Discourse*, ed. Smoodin, pp.148-80。

48. Watts, *Magic Kingdom*, pp.226-7。

49. 同上註, p.441。

50. 同上註, pp.240-1；同時可以參閱Danny Peary與Gerald Peary的 "The Testimony of Walter E. Disney before the House Committee on UnAmerican Activities" in *The American Animated Cartoon：A Critical Anthology*（New York： E.P. Dutton, 1980）, pp.92-7。

51. Watts在*Magic Kingdom*, p.349, 表示是1950年代；Eliot, *Walt Disney, Hollywood's Dark Prince*, p.165, 則認為是1940年代早期。

52. Watts, *Magic Kingdom*, p.349。

53. Allen and Denning, "Cartoons' Front," p.89。

54. Watts, *Magic Kingdom*, p.228。

55. 關於在迪士尼製作的醫療與衛生的教育電影，並且由政府將這些電影出口到拉丁美洲的討論，請參閱Cartwright and Goldfarb的 "Cultural Contagion"。

56. 關於迪士尼更多戰時電影的討論，請參閱Richard Allen Shale的 "Donald Duck Joins Up：The Walter Disney Studio during World War 2"（Ph.D. dissertation, University of Michigan, 1976）以及Eric Smoodin的*Animating Culture：Hollywood Cartoons from the Sound Era*（New Brunswick, N.J.：Rutger University Press, 1993）。

57. Jackson, *Walt Disney：A Bio-Bibliography*, p.42；Thomas, *Walt Disney：An American Original*, p.193；關於迪士尼與美國銀行更深入的關係，請參閱Janet Wasko的*Movie and Money：Financing the American Film Industry*（Norwood, N.J.：Ablex, 1982）, pp.172-5。

58. 請參閱Michelle Hilmes的*Hollywood and Broadcasting：From Radio to Cable*（Urbana, Ⅲ.：University of Illinois Press, 1990）以及Janet Wasko的*Hollywood in the Information Age：Beyond the Silver Screen*（Cambridge：Polity Press, 1994）, pp.11-13。

59. 轉引自Jackson, *Walt Disney：A Bio-Bibliography*, pp.49-50。

60. 迪士尼公司明顯的低估該系列的成功，迪士尼公司說道：「我們不知道『Crocket』未來的情況會如何。爲什麼，時間一到節目第一集開始播放，節目便射下第三名，並且在阿拉摩（Alamo）冷靜的殺害大衛（Davy）。成爲電視上史最成功的整夜節目之一，而且只花了我們三部影片以及斯了一個英雄」（Maltin, *Disney Films*, p.122）。

61. Schickel, *Disney Version*, p.28。派拉蒙判決指的是對於1940年代，五個整合的好萊塢巨頭與其他三個配銷商的反托辣斯（antitrust），並且在1948年產生一系列的判決。巨頭們

被要求將表演活動的製作部門與配銷部門分離，避免價格
設定與反競爭協定的出現，並且影片配銷採取「戲院歸戲
院，影片歸影片」（theater by theater, picture by picture），更
多的詳細內容請參閱Michael Conant, *Antitrust in the Motion
Picture Industry*（Berkeley, Calif.：University of California
Press, 1960）。

62. Jackson, *Walt Disney：A Bio-Bibliography*, p.66。還有其他數
百篇文章紀錄迪士尼的生命史，進--步討論他的妻子與他
在死後對美國文化的影響，許多相關文獻我們已在本章引
用，詳情可以參閱John Gardner的 "Saint Walt：The Greatest
Artist the World Has Ever Know, Except for, Possibly,
Apollonius of Rhodes," *New York*, 12 Nov, 1973, pp.64-6；
James Morrow, "In Defence of Disney," *Media and Methods*,
Apr, 1978, pp.31-2。

63. http://disney.go.com/disneyatoz/read/walt/index.html.

64. Bryman, *Disney and his Worlds*, pp.32-3。

65. Miriam Stillwell, "The Story behind Snow White's $10.000.000
Surprise Party," *Liberty*, 9 Apr, 1938, p.8；轉引自Jackson,
Walt Disney：A Bio-Bibliography, p.28。

66. Ronald Grover, *The Disney Touch*（Homewood III：Business
One Irwin, 1991）, p.10。

67. Bryman, *Disney and his Worlds*, p.33。

68. http://disney.go.com/disneyatoz/waltdisney/home.html.

69. 這是關於華德迪士尼最廣泛流傳的傳說，在國際間也是如
此。許多傳記作家討論華德在臨死之前對冷凍基因很有興
趣，例如，Bryman的*Disney and his Worlds*、Thomas的*Walt*

*Disney：An American Original*以及Steven Fjellman的*Vinyl Leaves：Walt Disney World and America*（Boulder, Colo.：Westview Press, 1992）。

70. Gomery, "Disney's Business History," p.86。

第三章　迪士尼帝國

71. Dallas Smythe, "The Political Economy of Communication," *Journalism Quarterly* 37（1960）, pp.563-72。

72. Graham Murdock and Peter Golding, "For a Political Economy of Mass Communications," in *The Socialist Register*, ed. Ralph Miliband and John Saville（London：Merlin Press, 1974）, pp.105-234。

73. Vincent Mosco, *The Political Economy of Communication：Rethinking and Renewal*（London：Sage, 1996）, p.25（五南有中譯本，傳播的政治經濟學，馮建三譯）。

74. 轉引自Kim Master的*The Keys to the Kingdom：How Michael Eisner Lost His Grip*（New York：William Morrow & Co., 2000）, p.42。

75. Walt Disney World College Program, Finance & Marketing, p.1。

76. Ronald Grover, *The Disney Touch*（Homewood, III.：Business One Irwin, 1991）；John Taylor, *Storming the Magic Kingdom*（New York：Knopf, 1987）；Douglas Gomery, "Disney's Business History：A Reinterpretation," in *Disney Discourse：Producing the Magic Kingdom*, ed. Eric Smoodin（New York：Routledge, 1994）, pp.71-86；Jon Lewis, "Disney after

Disney：Family Business and the Business of Family," in *Disney Discourse* ed. Eric Smoodin pp.87-105；Richard Schickel, *The Disney Version：The Life, Times, Art and Commerce of Walter Disney*（New York：Simon & Schuster, 1968, reprint 1985）。

77. Steven Fjellman, *Vinyl Leaves：Walt Disney World and America*（Boulder, Colo.：Westview Press, 1992）, Allan Bryman, *Disney and his World*（London：Routledge, 1995）。

78. 請參閱Janet Wasko的*Hollywood in the Information Age：Beyond the Silver Screen*（Cambridge；polity Press, 1994）。

79. 我們必須指出對於艾斯納如何成為迪士尼的首席行政人員以及是誰挑選了他，有其他看法不同的報導。

80. Bryman, *Disney and his Worlds*, ch.3。

81. Michael Eisnar, *Work in Progress*（New York：Random House, 1998）。

82. 考察迪士尼令人印象深刻的經營成就時，我們必須注意到著名的利用會計手法，呈現出最佳的收益記錄，也就是我們所稱的「米老鼠會計」（Mickey Mouse accounting）。包括運用預期收入、在收購行動發生前便將即將合併的公司資產算入，就像迪士尼在1995與1996年的宣告所表現的。另一個技巧則被稱為「購買價格會計」（purchase price accounting），允許迪士尼在節目上映前可以公佈低於實際的花費，因此，如果節目獲得成功，當然帶來大量的收益（請參閱Lisa Gubernick的「Mickey Mouse, CPA」, *Forbes*, 10 Mar. 1997, p.42）。

83. 關於1980與1990年代好萊塢的轉變，請參閱Janet Wasko的

Hollywood in the Information Age。

84. Christopher knowlton, "How Disney Keeps the Magic Going," *Fortune*, Dec. 1989, p.128。

85. Gomery, "Disney's Business History," pp.81-2。

86. 請參閱Janet Wasko的*Movie and Money：Financing the American Film Industry*（Norwood, N.J,：Ablex, 1982），ch.5。

87. 很有趣的，艾斯納的清單裡並沒有包含在1996年7月開幕的慶祝城（Celerbration）計畫，更多關於慶祝成的發展將在本章稍後與第六章進行討論。

88. J. Marx Robins and Martin Peers, "Goliaths Reel at Disney Deal," *Variety*, 21 Aug. 1995, p.1。

89. The Walt Disney Company, *1998 Annual Report*, p.9。

90. 艾斯納在1998年給股東的信件重複指出「迪士尼所有的公司任務—提供人們找尋的高品質娛樂」，他隨後解釋這些投資會「創造顯著的成長」，還會「讓我們的公司變得富有」。

91. 迪士尼1999年的年度報告提供我們對於迪士尼公司目標的概要：「極大化既有的事業收入與現金，並且將資金配置在有發展可能的事業，以便增加長期股東的財富」。

92. 關於這些事件的概況，請參閱Maurice Zeitlin, "Corporate Ownership and Control：The Large Corporation and the Capitalist Class," *American Jounral of Sociology*, 79（Mar. 1974）, pp.1073-1119。

93. 在1998年十二月二十八日，流通的迪士尼公司一般股票共有2,048,862,650股（Proxy, filed 4 Jan. 1999）。

94. Taylor, *Storming*, p.249。

95. John A. Byrne and Ronald Grover, "The Best and Worst Boards," *Business Week*, 8 Dec., 1997, p.20。

96. "Four Studies Analyze Executive Pay Raise," *Report on Salary Surveys*, June 2000, p.3。

97. 既然迪士尼持續增加（有時也消減）新事業的生產線，迪士尼組織內各部門的運作，給隔一段時間也會有所改變。例如，由於加入了ABC，便出現大眾傳播部門（Broadcast Division），消費者產品（Consumer Products）則併入創作部門（Creative Content），因此，形成三個主要的分支：創造部門、主題樂園與遊樂園以及傳播部門。然而，在1999年，傳播部門更名為媒體網絡部門（Media Networks, 並且被細分為有線電視與傳播事業），創作部門則被分為三塊：工作是娛樂部門、消費者產品以及網際網路與直接行銷。

98. 觸金石影業在1984年成立，早於迪士尼管理部門與所有權的重新洗牌，第一部發行的電影為水花（*Splash*）。

99. Gomery, "Disney's Business History," p.81。

100. 在1990年的10-K報告第二頁中，迪士尼報告本身的電影圖書館包含一百九十四部的完整真人影片，二十九部完整的彩色動畫影片以及五百二十九部的卡通短片。在1997年，總共有四百八十部完整的真人電影，三十五部完整的動畫電影以及大約四百七十六部的卡通短片。

101. *Variety*, 11 Jan. 1999, p.20。

102. 引自 "Are You All Ears? ," DVD *Newswire*, 12 Nov. 1999。

103. 根據迪士尼1997年的10-K報告第二頁，「接近一千一百種由迪士尼製作或掛迪士尼名的錄影帶，包含五百三十一部

電影以及四百零八部的卡通短片與動畫電影，可以在國內
銷售點獲得」。

104. Carl Hiassen在*Team Rodent：How Disney Devours the World*
（New York：Ballantine, 1998），指出整個事件是有意維持
迪士尼的形象為出發點。

105. http:// www.disney.com / DisneyCareers / WhoWeAre /
DisneyConsumr-Products. html. 14 Oct. 1998.

106. Charles Solomon, *Enchanted Drawing*（New York：Alfred
A. Knopf, 1989），p.92。

107. 同上註, p.96。

108. 請參閱Norma Odom Pecora的*The Business of Children's
Entertainment*（New York：Guilford Press, 1998）；Janet
Wasko、Mark Philips以及Christopher Purdie的 "Hollywood
Meets Madison Ave.：The Commercialization of US Films,"
Media, Culture and Society 15, 2（1993），pp.271-93；Mark
Yates的"Toying with Movies：Motion Picture Based
Merchandising and the Commodification of Cinematic
Images"（M.A. thesis, University of Oregon, 1999）。

109. Stephen Koepp, "Do You Believe in Magic？," *Times*, 25 Apr.
1988。迪士尼的商品活動在貿易出版品*The Licensing
Letter*有固定的報導。

110. B. Hulin-Salkin, "Movie Tie-ins," *Incentive*, June 。

111. 更多的討論可參閱Elizabeth Bell、Lynda Haas以及Laura
Salls合編的*From Mouse to Mermaid：The Politics of Film、
Gender and Culture*（ Bloomington, IND.： Indiana
University Press, 1995），p.6。

112. Marc Grasner, "Mouse Clicks on Toysmart.com Site," *Variety*, 26 Aug. 1999, p.3。

113. Robert Heide and John Cilman, *Disneyana：Classic Collectible 1928-1958*（New York：Hyperion, 1995）, p.7。

114. The Walt Disney Company, *1993 Annual Report*, p.4。

115. The Walt Disney Company, 1998 Form 10-K, p.4。

116. 關於這項舉動，在1999年九月三十日仔細的以長達四百八十四頁的代理聲明／簡介向迪士尼與股東解釋。

117. F. Rose, "Mickey Online," *Fortune*, 28 Sept. 1998, pp.273-6。獨特的參觀者代表預估參觀網站的人數，而非參觀網站的人數。

118. Ron Grover, "The Wonderful World of Disney.Com," *Business Week*, 2 Mar. 1998, p.78。

119. Rose, "Mickey Online"；Grover, "Wonderful World"。

120. 請參閱Sumana Kasturi的 "Constructing Childhood in a Corporate World：A Cultural Pedagogy Analysis of the Disney Web Site" at the Association for Education in Journalism and Mass Communications, New Orleans, 6 Aug. 1999；Randy Nichols的 "Ideology and Manufactured Environment：An Analysis of the Disney Home Page" at the Association for Education in Journalism and Mass Communication Conference, Phoenix Ariz., Aug.2000。

121. Penny Gill, "The Disney Stores Blend Retailing and Entertainment," *Stores*, June 1991, 20-4。

122. http:// www.disney.com / DisneyCruise / Disney Cruise_F / Home_F / index.html, 28 Aug. 1998.

123. The Walt Disney Company's 1997 Form 10-K, p.11。更多有
     關造夢者的討論，請參閱The Imagineers與C.E. Jones的
     Walt Disney Imagineering：A Behind the Dreams Look at
     Making the Magic Real（New York：Hyperion, 1998），以
     及Karal Ann Marling編的*Designing Disney's Theme Parks：*
     The Architecture of Reassurance（Montreal：Canadian
     Center for Architecture, 1997）。

124. 當時的迪士尼公司面臨到有趣的現象，就是迪士尼幾乎不
     涉足新聞與資訊生產的領域，因此在KCAL頻道在黃金時
     段開播長達三小時新聞節目。

125. The Walt Disney Company, *1998 Annual Report*, p.44。

126. The Walt Disney Company, *1999 Annual Report*, pp.12-13。

127. Christopher Knowlton, "How Disney Keeps the Magic
     Going," *Fortune*, Dec. 1989, p.130。

128. The Walt Disney Company, *1998 Annual Report*, p.11。

129. The Walt Disney Company, *1999 Annual Report*, p.41。

130. Dana Flavelle, "Mounties Disney-fied Official RCMP
     Merchandise Beginning to Hit Store Shelves," *Toronto Star*,
     29 June 1996, p.A2；同時可以參閱"RCMP-Disney Deal
     Anything but Goofy," *Toronto Star*, 28 June 1998, p.A11。

131. Colin Nickerson, "Mounties Find Mickey Always Gets his
     Man," *Boston Globe*, 23 July 1996, p.A1。

132. *Business Week*, 5 Mar. 1990, p.32。

133. The Walt Disney Company, *1999 Annual Report*, p.23。

134. 在1999年中期，有迪士尼頻道的地區包括台灣、英國、澳
     大利亞、馬來西亞、法國、中東、西班牙、德國、義大利

以及巴西。中東的迪士尼頻道每週七天，每天二十四小時
對中東以及北非的二十三個國家播放。

135. William Kunz, "A Political Economic Analysis of Ownership
and Regulation in the Television and Motion Picture
Industries"（Ph. D. dissertation, University of Oregon,
1998）。

136. "The National Entertainment State," *The Nation*, 3 June
1996；"The Crushing Power of Big Publishing：The
National Entertainment State II," *The Nation*, 17 Mar. 1997；
"Who Controls the Music：The National Entertainment State
III," *The Nation*, 25 Aug.-1 Sept. 1997；"Who Controls the
Television：The National Entertainment State IV," *The
Nation*, 8 June 1998。有關媒體集中更詳細的討論請參閱
Edward S. Herman以及Robert W. MzChesney的*The Global
Media：The New Missionaries of Corporate Capitalism*
（London：Cassel, 1997）；Ben H. Bagdikian的*The Media
Monoply, 5 edn*（Boston：Beacon Press, 1997）；*Leo
Bogart的Commercial Culture：The Media System and the
Public Interest*（New York：Oxford University Press,
1995）。

第四章　運作中的迪士尼

137. "Size Does Matter," *Economist*, 23, May 1998, p.57。

138. James Zoltak, "Aggressive Marketing, Disney Synergy Keys
to Disneyland's Banner '95 Season," *Amusement Business*, 8,
Jan. 1996, p.5。

139. 有關促銷大力士的討論，主要來自報紙與商業雜誌，特別是變化（*Variety*）、好萊塢報導（*The Hollywood Reporter*）、商業情報（*Business Wire*）、PR新聞線（*PR Newswire*）、娛樂商業（*Amusement Business*）以及洛杉磯時報（*Los Angeles Times*）。較特別的引用將有直接的引述以及不公開的資料來源。

140. Danny Biederman的 "Disney's 'Hercules' Promises Big Summer Muscle," *Children's Business*, Feb, 1997, p.24。

141. 迪士尼冰上系列（*Disney on Ice*）由費爾德娛樂公司製作，這是一家位於維吉尼亞的公司，也製作其他的現場節目，包含由薛佛雷德與洛伊（*Siegfried & Roy*）、雷格林兄弟（*Ringling Bros*）與巴曼與貝利（*Barnum & Bailey*）馬戲團表演的拉斯維加斯（*Las Vegas*）幻覺秀，這家公司在1999-2000年有十一個全球巡迴表演。"Private Companies," Washinton post, 24 Apr, 2000。

142. 大力士不是第一部有專屬商品的電影；有類似電影商品的影片有太空球（*Space Balls*）、維尼的世界（*Wayne's World*）以及侏儸紀公園（*Jurassic Park*）。

143. 轉引自Biederman的 "Disney's 'Hercules'," p.24。

144. 同上註。

145. 引自Mark Yate, "Toying with Movies：Motion Picture Based Merchandising and the Commodification of Cinematic Images"（M.A. thesis, University of Oregon, 1999），p.89。

146. 引自Biederman, "Disney's 'Hercules'," p.24。

147. Gannett News Service, 7 July, 1997。

148. James Peltz and Michael Hiltzik, "Of Mouse and Yen：

Dianey's Still a 'Do'... ," *Los Angeles Times*, 21 July, 1998, p.D7。

149. Elaine Dutka, "No Herculean Gross；Why?," *Los Angeles Times*, 19 July, 1997, p.F1。

150. John Horn, "Can Anyone Dethrone Disney?", *Los Angeles Times*, 1 June, 1997。

151. 請參閱Ben J. Bagdikian的*The Madia Monopoly*, 5th edn（Boston：Beacon Press, 1997）以及Edward S. Herman與Noam Chomsky的*Manufacturing Consent：The Political Economy of the Mass Media*（New York：Pantheon Books, 1988）。

152. Leo Bogart, "What Does it All Mean?," in *Media Mergers*, ed., Nancy J. Woodhull and Robert W. Snyder,（New Brunswick, N.J.：Transaction Publisher, 1998）, pp.17-28。

153. 請參閱Ronald V. Bettig的*Copyrighting Culture：The Political Economy of Intellectual Property*（Boulder, Colo.：Westview Press, 1996），對於整個事件有詳盡的分析。

154. 轉引自"Disney Sues 200 People for Copyright Infringement," UPI Region News release, 6 Oct., 1988。

155. "Disney Files Suit against 123 California Cos., 99Cos.," *The Entertainment Litigation Reporter*, 22 July, 1997。

156. Tom Baldwin, "Mandelson Mustn't Take Mickey," *Sunday Telegraph*, 18 Jan., 1998。

157. "Cartoon Character Controversy," *Asbury Park Press*（Neptune, N.J.）, 21 Dec., 1997。

158. Jonathan D. Salant, "Copyright Extended for Mickey Mouse,"

Ap story, 16 Oct., 1998。

159. 同上註。

160. Sabra Chartrand, "Congress Has Extended its Protection for Goofy, Gershwin and Some Moguls of the Internet," *New York Times*, 19 Oct., 1998。

161. http://www.disney.com./legal/conditions_of_use.html.

162. 與奧勒岡大學商品行銷與授權的負責人Matt Dyste的訪談。University of Oregon, Eugene, Oregon, July 1998。

163. "Disney Employees Report on Work Culture at VaultReports.com," *Business Wire*, 25 Aug, 1999。

164. John Lent, "The Animation Industry and its Offshore Factories," in *Global Production：Labor in the Making of the "Information Society,"* ed., Gerald Sussman and John Lent （Cresskill, N.J.：Hampton Press, 1998）, pp.239-54。可同時參閱N. M. Klein, *7 Minutes：The Life and Death of the American Animated Cartoon*（London：Verso, 1993）。

165. Lent, "Animation Industry," p.245。

166. 同上註。

167. 同上註, p.252。

168. 這部分的討論引自華德迪士尼世界的夏季實習計畫的資料，以及Jane Kuenz的 "Working at the Rat" in *Inside the Mouse：Work and Play at Disney World*, ed. Project on Disney（Durham, N.C.：Duke University Press, 1995）, p.110-62。其他有關公園內工作的資料來自David Koenig與Art Linkletter的*Mouse Tales：A Behind-the-ears Look at Disneyland*（Irvine, Calif.：Bonaventure Press, 1995）, ：

David Koenig與Van Arsdale France的*More Mouse Tales：A Closer Peek Backstage at Disneyland*,（Irvine, Calif.：Bonaventure Press, 1999）；Thomas Connelan, *Inside the Magic Kingdom：Seven Keys to Disney's Success*（Austin, TX.：Brad Press, 1997）。

169. 迪士尼以管理部門與教育專家建構的傳統模型，規劃為數眾多的研討會以及課程。更多這些課程的討論將在第六章進行。

170. Eve Zibart, *The Unofficial® Disney Companion*（New York：Macmillan, 1997）, p.177。

171. 轉引自Alan Bryman, "The Disneyization of Society," *Sociological Review*, 47, 1（1999）, p.28。

172. 明顯的，迪士尼有許多意外與偶發事件的故事，不論這些故事是真是假，員工都禁止討論，Kuenz（pp.115-16）有討論相關的例子。其他的例子在Los Disney Website（www.losdisneys.com），將在第七章作進一步的討論。

173. *Cast Member's Handbook*, Walt Disney Company publication。

174. 庫恩茲的受訪者之一表示，他在去年夏天花了很多的時間在開車環繞公園，撿起被丟棄的人物造型。Kuenz, "Working at the Rat," p.134-7；The *Unofficial® Disney Companion*, p.82。

175. Wayne Ellwood, "Service with a Smile," *New Internationalist*, Dec. 1998, p.17。

176. Kuenz, "Working at the Rat," p.117。

177. http://www.VaultReports.com/links/Disney

178. Ellwood, "Service with a Smile," p.18, 表示有三分之二的主題公園員工時薪低於6.57美金。

179. "Top Dog Should Toss their Workers a Bone," *Los Angeles Times*, 10 Mar. 1996, p.D-2。

180. Kuenz, "Working at the Rat," p.122。

181. 同上註, pp.119-20。

182. 同上註, p.117。

183. Jon Lewis, "Disney after Disney：Family Business and the Business of Family" in *Disney Discourse：Producing the Magic Kingdom*, ed. Eric Smoodin（New York：Routledge, 1994）, p.94, 報導低層級的管理部門是鼓勵失誤的發生，以便引進無經驗的、有熱誠的的新員工。

184. Zibart, The *Unofficial® Disney Companion*, p.177。

185. 除此之外，好萊塢影業公司例如迪士尼，在非工會管轄的生產上也佔有優勢，但是關於迪士尼的優勢卻有不同的報導。根據IATSE的報告，1989年百分之六十五的在加州製作的影片是沒有工會成員參與的，IASTE表示在1993年美國上映的電影中，只有百分之三十一（四百部中的一百二十一部）的比例是由工會成員製作的，在1992年，三百九十部電影中的一百零九部（百分之二十七點九）是由工會會員製作的。請參閱Janet Wasko的 "Challenges to Hollywood's Labor Force in the 1990's" in *Global Productions*, ed. Sussman and Lent, p.178-9。

186. 請參閱"Actors' Equity Concludes Initial Accord Covering Performers at Walt Disney World," *Daily Labor Report*, no.166, 1990, p.A-7。

187. Walt Disney World College Program material, "Human Resources," p.5。

188. Harry Bernstein, "Hollywood May Take the Drama Out of Setting Disputes," *Los Angeles Times*, 11 Apr., 1989, p.1。

189. http://www.VaultReports.com/links/Disney.

190. Lewis, "Disney after Disney," p.94。

191. 更多相關例子的討論請見Lewis的 "Disney after Disney," pp.87-94, 以 及 Ronald Grover的 *The Disney Touch* (Homewood, Ill. : Business One Irwin, 1991), pp.237-54。

192. 引自"Suing Disney is Like Suing God in the Vatican," *San Diego Union Tribune*, 5 Mar., 1985, p.D-1。

193. Lewis, "Disney after Disney," pp.89-90。

194. Paul Richter, "Disney's Tough Tacticts," *Los Angeles Times*, 8 July 1990, p.D-1。

195. Christopher Knowlton, "How Disney Keeps the Magic Going," *Fortune*, Dec.1989, p.128。

196. 更多有關好萊塢與美國政府的關係歷史背景討論，可參閱 Thomas H. Guback的許多研究，包含*The International Film Industry : Western Europe and America since 1945* (Bloomington, Ind. : Indiana University Press, 1969) ； "Non-Market Factors in the International Distribution of American movie," in *Current Research in Film*, vol.1, ed. Bruce A. Austin (Norwood, N.J. : Ablex , 1985), pp.111-26。

197. 請參閱Janet Wasko的*Hollywood in the Information* Age, pp.229-33。

198. 請參閱Janet Wasko的"Jurassic Park and the GATT：
　　　Hollywood and Europe—An Update," in *Democracy and
　　　Communication in the New Europe：Change and Continuity
　　　in East and West*, ed. Farrel Corcoran and Paschal Preston
　　　（Cresskill, N.J.：Hampton Press, 1995），pp.157-74。

199. 請參閱Shawn Tully, "The Real Estate Coup at Euro
　　　Disneyland," *Fortune*, 28 Apr. 1986；Bill James, "Not
　　　without Qualms France Cedes Space to Disney's World, "
　　　International Herald Tribune, 9 Apr. 1992。

200. "Business Browser," *Arizona Republic*, 14 Sept. 1999, p.E2。

201. 請參閱Sussman與Lent合編的*Global Productions*, for more
　　　discussion of trends in globalization of labor in
　　　communication and media industries。

202. James F. Tracy, "Whistle While You Work：The Disney
　　　Company and the Global Division of Labor," *Journal of
　　　Communication Inquiry*, 23, 4（1999），pp.374-90。

203. Murray MacAdam, "Working for the Rat," *New
　　　Internationalist*, Dec. 1998, pp.15-17。

204. Tracy, "Whistle While You Work," p.380。

205. 同上註, p.386。

206. "100 Leading National Advertiser," *Advertising* Age, 28 Sept.
　　　1998, pp.s3-s50。

207. "Top Global Marketers," *Advertising Age*, 9 Nov. 1998, pp.15-
　　　20。

208. The Walt Disney Company, *1997 Annual Report*, p.45。

209. Carl Hiassen, *Team Rodent：How Disney Devours the World*

（New York：Ballantine, 1998），p.60。

210. Don Groves, "Disney Goes Ape on Tarzan Dubs," *Daily Variety*, 14 June 1999, p.12。

211. 個人信件，Oct. 1994。

第五章　迪士尼觀點下的世界

212. 參考 Kathy Merlock Jackson, *Walt Disney：A Bio-Bibliography*（Westport, Conn.:Greenwood Press, 1993），pp.173-174, 當中包括早期對迪士尼動畫評論的重要著作。

213. 可參考書目，如Karl Erik Rosengren編, *Advances in Content Analysis*（Beverly Hills, Calif.：Sage Publications, 1981）；Klaus Krippendorf, Content Analysis：*An Introduction to its Methodology*（Beverly Hills, Calif.：Sage Publications, 1980）

214. 想要回顧一般質化研究的不同取徑，尤其是當中的文本分析，可參考Norman K. Denzin 和Yvonna S. Lincolin所編, *Handbook of Qualitative Research*（London： Sage Publications,1994）。

215. Leo Braudy 與 Marshall Cohen所著, *Film Theory and Criticism: Introductory Readings*（New York: Oxford University Press, 1999）。

216. 參考Kathy Merlock Jackson, "Walt Disney: Its Persuasive Products and Cultural Contexts," 收錄於*Journal of Popular Film and Television*, 24, 2 （1996），p.50。

217. Robert Sklar, "The Making of Cultural Myths-Walt Disney," 收錄於Danny Peary和Gerald Peary所編之*The American*

Animated Cartoon：_A Critical Anthology_中,（New York：E. P. Dutton, 1980）, pp.58-65。

218. Richard Schickel, _The Disney Version_：_The Life, Times, Art and Commerce of Walt Disney_（New York：Simon & Schuster, 1968, 1985年再版）, p.154。

219. 同上註, p.153-5。

220. Robert Heide 和John Gilman著, _Disneyana_：_Classic Collectibles 1928-1958_（New York：Hyperion, 1995）。

221. 參考Frank Thomas 和 Ollie Johnston著, _Disney Animation_：_The Illusion of Life_（New York：Abbeville Press, 1984）, 及 Christopher 和Finch著, _The Art of Walt Disney_：_From Mickey to Magic Kingdoms_（New York：Harry N. Abrams, Inc., 1975）。

222. Michael Real, _Mass-Mediated Culture_（Englewood Cliffs, N. J.：Prentice-Hall, 1973）。

223. Jackson, _Walt Disney_：_A Bio-Bibliography_, p.10。

224. 舉例來說，可參考Chris Rojek, "Disney Culture," _Leisure Studies_：_The Journal of the Leisure Studies Association_, 12, 2（Apr. 1993）, pp.121-9。

225. Timothy R. White , "From Disney to Warner Bros.：The Critical Shift," Film Criticism, 16, 3（Spring 1992）, pp.3-16；Kevin Sandler , _Reading the Rabbit_：_Explorations in Warner Bros. Animation_（New Brunswick, N.J.：Rutgers University Press, 1998）。

226. Steven Watts, _The Magic Kingdom_：_Walt Disney and the American Way of Life_（New York：Houghton Mifflin,

1997），pp.104-5。

227. David Bordwell, Janet Staiger, and Kristin Thompson, *The Classical Hollywood Cinema : Film Style and Mode of Production to 1960* （New York : Columbia University Press, 1985），p.35。

228. 參考Sandler, *Reading the Rabbit*一書中，對華納兄弟和迪士尼動畫傳統所進行的比較。

229. Don Hahn, *Animation Magic : A Behind-the Scenes Look at How an Animated Film is Made* （New York : Disney Press, 1996），p.13。

230. Jason Cochran, "Some of their Parts?," *Entertainment Weekly*, 6 Feb. 1998, pp.64-5。

231. 某些女性主義者認同這樣的觀點，例子可參考Pamela Colby O'Brien, "The Happiest Films on Earth : A Textual and Contextual Analysis of Walt Disney's 'Cinderella' and 'The Little Mermaid'," *Woman's Studies in Communication*, 19, 2 （1996），pp.155-84。Marina Warner, "Beauty and the Beasts." *Sight and Sound*, 2, 6 （1992），pp.6-12。然而，另外一些作者指出較爲近期的迪士尼女主角，顯得比較獨立，也因此擁有比過去女主角掌握較多能力。參考Keisha L. Hoerrner, "Gender Roles in Disney Films : Analyzing Behaviors from Snow White to Simba," *Women's Studies in Communication*, 19, 2 （1996），頁213-29；Sharon D. Downey, "Feminine Empowerment in Disney's 'Beauty and Beast'," *Women's Studies in Communication*, 19, 2 （1996），pp.185-213。

232. Schickel, *Disney Version*, p.156。

233. Joel Taxel, "A Literature Review of the Impact of Walt Disney Productions Inc. on American Popular Culture and Children's Literature," University of Georgia, Department of Language Education, 1982（ERIC Document Reproduction Server, no. ED 213648）, p.14。

234. Marc Eilot, *Walt Disney, Hollywood's Dark Prince*（New York：Birch Lane Press, 1993） p.72。

235. Frances Clarks Sayers and Charles M. Weisenberg, "Walt Disney Accused," *Horn Book Magazine*, Nov./Dec. 1965, pp.602-611, 於第610頁。

236. Henry A. Giroux, "Are Disney Movies Good for Your Kids?," 刊載於 Shirley R. Steinberg與 Joe L. Kincheloe編, *Kinderculture：The Corporate Construction of Childhood*一書,（Boulder, Colo.：Westview Press, 1997）, pp.119-131。

237. Hahn, *Animation Magic*, p.20。

238. 舉例而言，可參考Tim O'Sullivan, John Hartley, Danny Saunders, Martin Montgomery, 和John Fiske, *Key Concepts in Communication and Cultural Studies, 2nd edn*（London：Routledge, 1994）。

239. 見David Low, "Leonardo da Disney," *New Republic*, 5 Jan. 1942, pp.16-8。Dorothy Grafly, "America's Youngest Art," *American Magazine of Art*, July 1933, p.337。

240. Mark Langer, "Animatophilia, Cultural Production and Corporate Interests," 收錄於Jayne Pilling編, *A Reader in Animayion Studies*中,（London：John Libbey, 1997）,

pp.143-162。

241. Christopher Finch, *The Art of Walt Disney：From Mickey Mouse to Magic Kingdoms*（New York：Harry N. Abrams, Inc., 1975），p.13。

242. Hahn, *Animation Magic*, p.12。

243. 參考Watts, *Magic Kingdom*, p.105。

244. Thomas and Johnston's *Disney Animation* 曾經被指為「最重要的迪士尼動畫文本」。Carl Barks，身為唐老鴨漫畫背後的主要推手，在1970和1980年代則吸引更多的重視，相關的研究包括Michael Barrier, *Carl Barks and the Art of the Comics Book*（New York：M. Lilien, 1981）。其他迪士尼動畫家討論的資料，可見*Jackson, Walt Disney：A Bio-Biography*, pp.166-8。

245. 轉引自Watts, *Magic Kingdom*, p.97。

246. 轉引自Jackson, *Walt Disney：A Bio-Bibliography*, p.109。

247. 參考Jay Leyda編, *Eisenstein on Disney*（London：Methuen, 1988）。Anne Nesbet, "Inanimations：'Snow White' and 'Ivan the Terrible'," *Film Quarterly*, 50, 4（1997），pp.20-32，詳盡說明愛因斯坦的恐怖伊芳，如何受到白雪公主內所使用的配樂和技術的影響。

248. Watts, *Magic Kingdom*。

249. 可見Jackson, *Walt Disney：A Bio-Bibliography*, pp.213-8。

250. Robert Field, *The Art of Walt Disney*（New York：Macmillan, 1942）。Watts, *Magic Kingdom*, pp.101-2，描述菲爾德如何被哈佛大學的藝術學院解雇，因為他太過注意迪士尼的「藝術」。

251. Alan Cholodenko編, *The Illusion of Life：Essays on Animation*（Sydney：Power Publications, 1991）；Langer, "Animatophilia"。

252. Pilling, *Reader in Animation Studies*, p.8。

253. Langer, "Animatophilia," p.146。蘭傑引述幾個集中於探討華德迪士尼藝術書籍的例子。

254. 蘭傑對於*Ren & Stimpy*的討論顯示這一系列動畫片的創作者和尼可路登（*Nickelodeon*）對於動畫系列的看法有出入。「尼可路登認為迪士尼和華納兄弟可以作為典型。克里法路斯（*Kricfalusi*）和他的伙計們偏好朝向早期的文化狂亂取徑（*Mad approach*）。」

255. Philip Kelly Denslow, "What is Animation and Who Needs to Know?,"，收錄於Pilling編，*Reader in Animation Studies*, pp.2-3。

256. Langer, "Animatophilia," p.149。

257. Arata Isozaki, "Theme Park," *Southern Atlantic Quarterly*, 92, 1（1993）, pp.175-182。

258. Jackson, *Walt Disney：A Bio-Bibliography*, 頁181-183，當中條列出米老鼠於1920年代晚期出現後的相關研究中，相當重要的一些文章。

259. 要得到班雅明迪士尼分析的文獻統整，可見Miriam Hansen, "Of Mice and Ducks：Benjamin and Adorno on Disney," *Sounthern Atlantic Quarterly*, 92, 1（Winter, 1993）, pp.27-61。Erich Fromm, *Escape from Freedom*（New York：Farrar and Rinehart, 1941）。同時也可參考Mary Bancroft, "Of Mouse and Man," *Psychological*

Persepectives, Fall 1978, pp.115-124；和John Murray, "Mickey Mouse：A Brief Psychohistory," *Television and Children,* Summer 1983, pp.28-35。

260. 參考Bob Thomas, *Disney's Ary of Animation：From Mickey Mouse to Hercules*（New York：Hyperion, 1992, 再版於 1997）, p.12。

261. Robert W. Brockway, "The Masks of Mickey Mouse：Symbol of a Generation," Journal of Popular Culture, 22（Spring 1989）, pp.25-34。尼歐特尼（Neoteny）也在Stephen Jay Gould中討論過。」Mickey Mouse Meets Konrad Lorenz,」 Natural History, May, 1979, pp.30-5。

262. Elizabeth A, Lawrence, "In the Mick of Time：Reflections on Disney's Ageless Mouse," *Journal of Popular Culture*, Fall 1986, pp.65-72。

263. 參考Jill May, "What Disney's Interpretation of Children's Literature," *Language Arts*, 58, 4（1981）, pp.463-72。

264. Sayers and Weisenberg, "Walt Disney Accused," p.610。與此 對立的觀點可參考Robert T. Sidwell, "Naming Disney's Dwarfs," *Children's Literature in Education*, Summer 1980, pp.69-75。

265. Sayers and Weisenberg, "Walt Disney Accused"。

266. May, "Walt Disney's Interpretation." p.465。亦可見Jill May, "Butchering Children's Literature," *Film Liberary Quarterly*, 11, 1 and 2（1978）, pp.55-62;and Lucy Rollin, "Fear of Faerie：Disney and the Elitist Critics," *Children's Literature Association Quarterly*, 12（1987）, pp.90-3。

267. Jack Zipes, "Breaking the Disney Spell," 收錄於Elizabeth Bell, Lynda Haas, 和Laura Sells編, *From Mouse to Mermaid：The Politcis of Film, Gender, and Culture*一書（Bloomington, Ind.：Indiana University Press, 1995）, p.40。

268. Colin Sparks, "From the Hundred Aker Wood to The Magic Kingdom," Professorial Lecture Series, University of Westminster, 14 Oct.1998.

269. Ariel Dorfman and Armand Mattelart, *How to Read Donald Duck*（New York：International General, 1975）, p.35。

270. Zipes, "Breaking the Disney Spell," p.39。

271. Zipes藉由「靴子中的貓」（*Russ in Boots*）作爲討論迪士尼版本的例子；同上註, pp.31-3。

272. 條列以上八點的基礎，同上註之出處, pp.39-40。

273. 其他作者則強調迪士尼產品在兒童教育中所扮演的角色；例子可參考Henry A. Giroux, *The Mouse that Roard：Disney and the End of Innocence*（Lanham, Md.：Rowman & Littlefield, 1999）；A. R. Ward, "Lion King's Mythic Narrative：Disney as Moral Educator," *Journal of Popular Film and Television*, 23, 4（1996）, pp.171-81；Joel Sisenwine, "Aladdin, The Lion King, and Jewish Values：What is Walt Disney Teaching our Children?," *Jewish Spector*, 59, 3（Winter, 1995）, pp.9-12。

274. Zipes, "Breaking the Disney Spell," p.34。

275. Kay Stone, "Three Transformations of Snow White," 收錄於James M. McGlathery編, *The Brothers Grimm and Folktale*一

書中,（Champaign, Ill.：University of Illinois Press, 1988），pp.52-65。

276. 同上註, p.60。

277. Zipes, "Breaking the Disney Spell," p.39。

278. Terri Martin Wright, "Romancing the Tale：Walt Disney's Adaptation of the Grimm's 'Snow White'," *Journal of Popular Film and Vedio*, 25, 3（1997）, pp.98-109。

279. 參考Sara Halprin, "Beauty as White as Snow," 於*"Look at My Ugly Face!" Myths and Musings on Beauty and Other Perilous Obsessions with Woman's Appearance*（New York：Viking, 1995）, 第二章。

280. Gaye Tuchman, "The Symbolic Annihilation of Women by the Mass Media," 於Jock Young和S. Cohen所編*The Manufacture of News*中（London：Constable, 1981）, pp.134-49。

281. 參考H. Leslie Steeves, "Feminist Theories and Media Studies, "*Critical Studies in Mass Communication*, 4, 2（1987）, pp.95-135；L. Van Zoonen, "Feminist Perspectives on the Media," 於James Curran和Michael Gurevitch編之*Mass Media and Society*中（London：Edward Arnold, 1996）, pp.31-52。

282. 參考Dominic Strinati. *An Introduction to Theories of Popular Culture*（London：Routledge, 1995）, 第五章。

283. 1996年夏季的*Women's Studies in Communication*內全部的議題都圍繞在迪士尼產品的女性主義分析。另外還有其他一些注重女性主義議題的研究並未被特別收錄於此，包括Gayanne Ramsden, "Sleeping Beauty as a Case Study of the

Demonic and the Carnivalesque Grotesque"（博士論文,
Brigham Young University, 1992）；P. Tador Dyke,
"Recurring Images from Past to Present：Feminist
Consciousness and Disney's 'New' Heroine"（unpublished
honors thesis, Arizona State university, 1990）；C. A.
Stanger, "*Winnie the Pooh* through a Feminist Lens," *Lion and
the Unicorn*, 11, 2（1987）, pp.34-50。

284. Kay Stone, "Things Walt Disney Never Told Us," *Journal of
American Folklore*, 88（1975）, pp.42-50於第44, 45頁。

285. Hoerrner, "Gender Roles in Disney Films"。

286. Zipes, "Breaking the Disney Spell," p.40。

287. Giroux, *The Mouse that Roared*, p.99。

288. Roberta Trites, "Disney's Sub/Version of Anderson's *The
Little Mermaid*," *Journal of Popular Films and Television* 18,
4（Winter）, p.150。

289. 同上註, p.152。

290. Laura Sells, "Where do Mermaids Stand?," 收錄於Bell, Haas
和Sells編*From Mouse to Mermaid*書中, pp.176-7。

291. 同上註, p.181, 若想閱讀有關小美人魚的其他討論, 可參
考James Livingston, "What does a Mermaid Want?,"
Cineaste, 18, 1（1990）, pp.17-20；Susan White, "Split
Skins：Female Agency and Bodily Mutilation in *The Little
Mermaid*," in *Film Theory Goes to the Movies*, 由Jim Collins,
Hilary Radner, 和Ava Preacher Collins編（New York：
Routledge, 1993）, pp.182-95；E. Tseelon, "*The Little
Mermaid*：An Icon of Woman's Condition in Patriarchy and

the Human Condition of Castration," *International Journal of Psychoanalysis*, 76（1995）, pp.1017-30。

292. Trites, "Disney's Sub/Version," p.150。

293. Niels and Faith Ingwersen, "Splash!：Six Views of 'The Little Mermaid'：A Folktale/Disney Approach," *Scadinavian Studies*, 62（1990）, pp.403-29。

294. 參考 Tim O'Sullivan等人所著，*Key Concepts in Communication*，能夠獲得這些取徑更為詳盡的討論。

295. Michael Brody, "The Wonderful World of Disney-Its Psychological Appeal," *American Imago* 33（1976）, pp.350-60;Schickel, *Disney Version*; Bruce MacCurdy, "The Child Hero in Walt Disney's *Snow White, Pinocchio*, and the 'Sorcerer's' Apprentice' Sequence of *Fantasia*"，（博士論文, Syracuse Unversity, 1983）。同時還可參考Richard Schickel, "The Films：No Longer for the Jung at Heart," *Time*, 30 July 1973。

296. 對小木偶提出的其他解釋包括Jack Zipes, "Towards a Theory of the Fairy-Tale Film and Carlo Collodi and Walt Disney：The Case of Pinocchio," *Lion and the Unicorn*, 20, 1（1996）, pp.1-24; J. Stone, "Pinocchio and Pinocchiology," *American Imago*, 51, 3（1994）, pp.329-42; J. M. Brandon, "Pinocchio's Progency：Puppers, Marionettes, Automatons, and Robots in Modernist and Avant-Garde Drama," *Theatre Studies*, 42（1997）, pp.99-100。

297. Brody, "Wonderful World of Disney," p.354。

298. David Berland, "Disney and Freud：Walt Meets the ID,"

Journal of Popular Culture, no.22（Spring 1982）, pp.93-
104。

299. 若想得到與種族和媒體相關議題的概要討論，可參考
Clint C. Wilson II and Felix Gutierrez, *Race, Multiculturalism,
and the Media*（Thousand Oaks, Calif.：Sage Publications,
1995）;Gail Dines and Jean M. Humez所編, *Gender, Race
and Class in Media*（Thousand Oaks, Calif.：Sage
Publications, 1995）。

300. Besty Sharkey, "Beyond Teepees and Totem Poles," *New York
Times*, 11 June 1995, sec.2, p.2。

301. Russell Means, 出處同上書。

302. Schickel, Disney *Version*, p.95。

303. Thomas St John, "Walter Elias Disney：The Cartoon as Race
Fantasy," *Ball State University Forum*, June 1981, p.64。

304. Schickel, *Disney Version*, p.176。

305. 參考Peggy A. Russo, "Uncle Walt's Uncle Remus：Disney's
Distortion of Harris's Hero," *Southern Literary Journal*, 25, 1
（1992）, pp.19-33;James Snead, "Trimming Uncle Remus's
Tales：Narrative Revision in Walt Disney's *Song of the
South*," 收錄在Colin MacCabe and Cornel West所編*White
Screens/Black Images：Hollywood from the Dark Side*書中
（New York：Routledge, 1994）;以及Idem, "Everything is
Not Satisfactual," 於Patricia A. Turner編之*Ceramic Uncles
and Celluloid Mammies：Black Images and Their Influence
on Culture*（New York：Anchor, 1994）, pp.5-14。

306. 引述自Sharkey, "Beyond Teepees"。唯一的例外是Margaret

J. King的文章, "The Recycle Hero：Walt Disney's Davy Crockett," 收錄於Michael Lofaro編, *Davy Crockett：The Man, the Legend, the Legacy 1786-1986*（Knoxville, Tenn.：University of Tennessee Press, 1985）, pp.137-57。

307. 引起糾紛的歌詞在開幕的歌曲中，「阿拉伯的夜晚」（Arabian Nights）：「我來自一塊大陸／一個遙遠的地方／在那兒沙漠中的駱駝商隊漫步著。／在那兒他們會割掉你的耳朵/假如他們覺得你的臉不討喜。／或許這聽來有些野蠻，但是，那就是家鄉啊。」

308. Erin Addison, "Saving Other Women from Other Men：Disney's *Aladdin*," *Camera Obscura*, no.31（1993）, pp.4-25。

309. 同上註, p.19。

310. Leslie Felperin Sharman, "New Aladdins for Old," *Sight and Sound*, 3, 11（1993）, pp.12-15。

311. Gary Edgerton and Kathy Merlock Jackson, "Redesigning Pocahontas：Disney, the 'White Man's Indian,' and the Marketing of Dreams," *Journal of Popular Film and Television*, 24, 2（1996）, pp.90-9。

312. 參考Kelle Weinhold, "A Cultural Analysis of *the Lion King*"（尚未出版, University of Oregon, 1997）。

313. Sharkey, "Beyond Teepees."

314. Edgerton and Jackson, "Redesigning Pocahontas," p.90。

315. 這樣的評論被迪士尼公司用來在某些市場推銷這部影片，參考Jacquelyn Kilpatirck, "Disney's 'Politically Correct' Pocahontas," *Cineaste*, 21, 4（1995）, pp.36-8。

316. Edgerton and Jackson, "Redesigning Pocahontas," p.92。

317. Derek T. Buescher, "Civilized Colonialism：'Pocahontas' as Neocolonial Rhetoric," *Women's Studies in Communication*, 19, 2 （1996）, pp.127-54。

318. Kilpatrick, "Disney/s 'Politically Correct' Pocahontas," p.37。

319. 由於《風中奇緣》以寶佳康莉為主角，並且劇中充斥著愛的歌曲，一些年輕男孩表示他們在觀賞這部影片時，都昏昏欲睡。

320. Edgerton and Jackson, "Redesigning Pocahontas," p.99。同時可參考Kathleen Merlock Jackson, "Walt Disney：Its Persuasive Products and Cultural Contexts," *Journal of Popular Film and Television*, 24, 2 （1996）, pp.50-3, 和 Kathi Maio, "*Pocahontas*：Disney Does It（to Us）Again, " *Sojourer*, 20, 12 （Winter 1995）, pp.27-34。

321. Don Lazere, "Mass Culture, Political Consciousness and English Studies," *College English*, 38（April 1977）, p.755。

322. David Kunzle以*How to Read Donald Duck*, 介紹朵夫曼和馬帝拉特, p.12。

323. 在此書的英文版本中，引述了憲法保障中心律師一段保護出版商的談話：「對於此書的種種反應，可說是濫用法律壓制政治的分歧意見與不普遍觀點的經典例證」。同上註，p.1。

324. Kunzle以*How to Read Donald Duck*, 介紹朵夫曼和馬帝拉特, p.14。

325. 可見Julianne Burton-Carvajal, " 'Surprise Package'：Looking Southward with Disney," 收錄於Eric Smoodin所編之*Disney Discourse：Producing the Magic Kingdom*中（New York：Routledge, 1994）, 131-47;Jose Piedra, "Pato Donald's Gender Ducking," 收錄於Eric Smoodin所編之*Disney Discourse：Producing the Magic Kingdom*中, pp.148-68;Mitsuhiro Yoshimoto, "Images of Empire：Tokyo Disneyland and Japanese Cultural Imperialism," 收錄在Smoodin編的*Disney Discourse*中, pp.181-202。

326. Dorfman and Mattelart, *How to Read Donald Duck*, p.48。

327. 同上書, pp.61-4。

328. 同上書, p.66。

329. Kunzle, 對於上書的介紹, p.11。

330. 自1987年起，這些鴨子也成爲迪士尼組織的電視卡通影集——〈唐老鴨故事集〉（*Duck Tales*）。若想要取得關於這些影集的背景資料，可參考〈時代鴨城〉（*Duckburg Times*）雜誌「唐老鴨故事集」特別號，期數爲24/25（1 AUG. 1992）。

331. 支持迪士尼漫畫者包括Frank Reilly, "The Walt Disney Comics Strips," *Cartoon Profiles*, Winter 1969, pp.14-18;Stan Molson, "Disney Comics in the Seventies," *Comic Art News and Reviews*, 1974, pp.4-7;David Kunzle, "Dispossessed by Ducks：The Imperialist Treasure Hunt in Southeast Asia," *Art Journal*, 49（Summer, 1990）, pp.159-66; Dave Wagner, "Donald Duck：An Interview," *Radical America*, 7, 1（1973）, pp.1-19; Mike Barrier, "The Duck Man," 收錄在

Don Thompson and Dick Lupoff的*The Comic-Book Book*中
（New York：Arlington, 1973）, pp.302-21;Mattin Barker,
Comics：Ideology, Power and the Critics（Manchester：
Manchester University Press, 1989）;以及Reinhold
Reitberger and Wolfgang Fuchs, *Comics：The Anatomy of a
Mass Medium*（Boston：Little, Brown, 1972）。

332. 參考William Paul等人所著, "Art, Music and Nature," *Movie*,
24（Spring 1977）, pp.44-52。班比也被A, Waller Hastings
加以討論, "Bambi and the Hunting Ethos," *Journal of
Popular Film and Television*, 24, 2（1996）, pp.53-60;Ralph
H. Lutts, "The Trouble with Bambi：Walt Disney's Bambi
and the American Vision of Nature," *Forest and Conversation
History*, 36（Oct. 1992）, pp.160-71;和Ollie Johnson and
Frank Thomas, *Walt Disney's Bambi：The Story and the Film*
（New York：Stewart, Tobori,and Chang, 1990）。其他以自
然主題的迪士尼動畫為分析焦點的有趣討論還包括Peter
Vujakovic, "The Nature of Fantasy," *Geographical Magazine*,
68, 3（1996）, pp.18-21, 這本書中檢視為什麼觀賞者會對
於迪士尼的景觀有深厚的情感反應。

333. Schickel, *Disney Version*, pp.12-3。迪士尼公司的教育性產
品成長迅速，而迪士尼與教育性機構的互動也持續增加。
迪士尼的網站上頭還為老師與家長們，張貼廣泛教育性產
品和服務的資料。

334. Leonard Maltin, *The Disney Film*（New York：Crown,
1973）, p.276; Bob Thomas, *Walt Disney：An American
Original*（New York：Simon & Schuster, 1976）, p.249。

335. 轉引自Jackson, *Walt Disney：A Bio-Bibliography*, p.81。其他對於《眞實生活中的冒險》教育性潛力的正面評估可見 Robert De Roos, "The Magic Worlds of Walt Disney," *National Geographic*, Aug.1963, pp.159-207。

336. Jack Alexander, "The Amazing Story of Walt Disney, Part II, " *Saturday Evening Post*, 7 Nov.1953, p.26。

337. Margaret J. King, "The Audience in the Wilderness：The Disney Nature Films," *Journal of Popular and Television*, 24, 2（1996）, pp.60-9。

338. Maltin, *Disney Film*, p.19。

339. 轉引自Jackson, *Walt Disney：A Bio-Bibliography*, p.186。若想得到更多迪士尼本身對於這些影片的觀點，可參考他的文章 "Why I Like Making Nature Films," *Women's Home Companion*, May 1954, pp.38-9;以及 "What I've learn from the Animals," *American Magazine*, Feb. 1953, pp.22-3。

340. Jackson, *Walt Disney：A Bio-Biblography*, p.87。

341. Rick Barry, "Lemmings Myth Debunked-The True Story Behind Disney's Not-So True-Life Adventure," *Tampa Times*, 29 Jan. 1978, pp.13-14。

342. Kenneth Brower, "Photography in the Age of Falsification," *Altantic Monthly*, May 1998, p.108。想對相片僞造有更進一步瞭解，可見Tom Wheeler, *Phototruth or Photofiction? Ethnic and Media Imagery in the Digital Age*（New York：NTC/Contemporary, 2001）。

343. Schickel, *Disney Version*, pp.290-1。

344. 轉引同上書, p.245。

345. King, "Audience in the Wilderness," p.64。

346. 同上註, p.60。

347. 同上註, p.63。

348. 感謝Susan Davis和我分享這樣的想法。

349. Herbert I. Schiller, *The Mind Managers*（Boston：Beacon Press, 1973）, p.99。

第六章　解構迪士尼的世界

350. 運動員與球隊有時在贏得比賽或錦標賽後，接受採訪會發出感嘆。迪士尼公司在比賽開始之前，便與選手達成酬勞的數目的安排（大約是六萬美金）。

351. Richard Schickel, *The Disney Version：The Life, Times, Art and Commerce of Walt Disney*（New York：Simon & Schuster, 1968, reprint 1985）, p.13。

352. Alexander Wilson, "The Betrayal of the Future：Walt Disney's EPCOT Center," in *Disney Discourse：Producing the Magic Kingdom, ed. Eric Smoodin*（New York：Routledge, 1994）pp.118-30。

353. Judith A. Adams, *The American Amusement Park Industry：A History of Technology and Thrills*（Boston：Twayne Publishers, 1991）, pp.57-67；Susan G. Davis, *Spectacular Nature：Corporate Culture and the Sea World Experience*（Berkeley：University of California Press, 1997）, pp.20-1。

354. Alan Bryman, "The Disneyization of Society," *Sociological Review*, 47, 1（1999）, pp.25-35。

355. Davis, *Spectacular Nature*, p.25。

356. Schickel, *Disney Version*, p.236；Kanar Ann Marling, "Disneyland, 1955," *American Art*, 5（Winter／Spring 1991），pp.188-92, 包含一個魔法小公園（*magical little park*）的工作室架構，以及迪士尼的樂園計畫的相片。

357. 請參閱Richard J. Barnet與John Cavanaugh的*Global Dreams：Imperial Corporations and the New World Order*（New York：Simon & Schuster, 1994），ch.1；Davis, *Spectacular Nature*；Adams, *The American Amusement Park Industry*.

358. Marling, "Disneyland, 1955," pp.180-5；Davis, *Spectacular Nature*, pp.20-1.

359. Stephen F. Mills, "Disney and the Promotion of Synthetic Worlds," *American Studies International*, 28, 2（1990），pp.66-78。

360. 有許多關於迪士尼樂園的旅遊導覽，例如Stephen Birnbaum編的*Birnbaum's Walt Disney World*（New York：Hyperion and Heart Business Publishing, 1995）。Steven Fjellman的*Vinyl Leaves：Walt Disney World and America*（Boulder, Colo.：Westview Press, 1992），提供詳細的迪士尼樂園介紹，並且分析迪士尼樂園獨特之處；Alan Bryman的*Disney and his Worlds*（London：Routledge, 1995），用一個章節的篇幅描述迪士尼樂園的基本特色。

361. Shelton Waldrep, "Mounments to Walt," in *Inside the Mouse：Work and Play at Disney World*, ed. Project on Disney（Durham, N.C.：Duck University Press, 1995），p.203, 指出迪士尼在外界缺乏主題公園的時候，迅速擴張

遊樂園的設施，他的文章是相關研究不錯的入門。

362. Greil Marcus, in "Forty Years of Overstatement：Criticism and the Disney Theme Parks" in *Designing Disney's Theme Parks*, ed. Karal Ann Marling, pp.201-7，批評迪士尼公園製作「論述」，這些論述"是被爭議的、意識形態的或自我標榜的、像煙霧般的"」。

363. Julian Halevy, "Disneyland and Las Vegas," *The Nation*, 7 June 1958。席柯在他的自傳中稱呼這篇文章為「一份令人討厭，只會擺架子的作品」（*Disney Version*, p.370）。

364. Schickel, *Disney Version*, pp.295-337。

365. Herbert I. Schiller, *The Mind Manager*（Boston：Beacon Press, 1973）；Michael Real, *Mass-Mediated Culture*（Englewood Cliffs, N.J.：Prentice-Hall, 1973）。

366. *Journal of Popular Culture*, Summer 1981；Umberto Eco, *Travels in Hyperreality*（New York：Harvest／HBJ, 1983）；Jean Baudrillard, *Simulations*（Brooklyn, NY：Autonomedia, 1997）。

367. 相關實例可參閱*Inside the Mouse*, ed. Projection Disney；Mills, "Disney and the Promotion"；Fjellman, *Vinyl Leaves*；Alexander Moore, "Walt Disney World：Bounded Ritual Space and the Playful Pilgrimage," *Anthropological Quarterly* 53（1980）, pp.207-18；Mike Wallace, *Mickey Mouse History and Other Essays on American Memory*（Philadelphia：Temple University Press, 1996）；Alexander Wilson, *The Culture of Nature：North American Landscape from Disney to Exxon Valdez*（Toronto：Behind the Lines,

1991）；Sonja and Ann Gill Foss, "Michel Foucault's Theory of Rhetoric as Epiastemic," *Western Journal of Speech Communication*, 51（Fall 1987）, pp.384-401；Arata Isozaki, "Theme Park," *South Atlantic Quarterly* 92, 1（1993）, pp.175-82；Michael Sorkin, "See You in Disneyland," in *Variations on a Theme Park : The New American City and the End of Public Space*, ed. Michael Sorkin（New York：Hill and Wang, 1992）。

368. Bryman, *Disney and his World*, p.82, 同時指出每個主題公園在某些部分並不完全一樣，會隨著時間而改變，但是我們還是可以辨認出每座公園想展現的主軸。

369. 更多有關迪士尼樂園與電視的討論請參閱Marling的 "Disneyland, 1955," pp.204-5。

370. Susan G. Davis, "Theme Park：Global Industry and Cultural Form," *Media、Culture and Society*, 18, 3（1996）, pp.399-422。

371. Fjellman , *Vinyl Leaves*, pp.178-83。

372. Davis, *Spectacular Nature*, p.24。

373. Schickel, *Disney Version*, p.320。

374. Susan Willis, "Disney World：Public Use / Private State," *Southern Atlantic Quarterly*, 92, 1（1993）, p.191。

375. Fjellman , *Vinyl Leaves*, pp.178-83。

376. Alan Bryman, "The Disneyzation of Society," *Sociological Review*, 47, 1（1999）, p.156。

377. 同上註, pp.165-9。

378. Alexander Wilson, "Technological Utopias," *Southern*

Atlantic Quarterly, 92, 1（1993）, pp.157-73。

379. Fjellman , *Vinyl Leaves*, p.181。

380. Wallace, *Mickey Mouse History*, p.140；可同時參閱Fjellman 的*Vinyl Leaves*, pp.80-4。

381. 轉引自Wallace的*Mickey Mouse History*, p.144。

382. Fjellman , *Vinyl Leaves*, p.9。

383. Ann Oldenburg, "Spending a Fortune for Fun：The Cost of Entertainment is Rising," *USA Today*, 2 Apr. 1999, p.1E, 轉引自美國勞工部調查。

384. "Empire of the Sun," *US News & World Report*, 28 May 1990, p.48。

385. Adams, *American Amusement Park Industry*, pp.102-4。

386. Fjellman , *Vinyl Leaves*, p.10。

387. Bryman, *Disney and his World*, pp.95-8, 呈現兩個關於迪士尼作為聖地的不同討論, in M. J. King, "McDonald's and Disney," in *Ronald Revisited：The World of Ronald McDonald*, ed. M. Fishwick（Bowing Green, Oh.：Bowling Green University Press, 1983）, pp.106-19；Moore, "Walt Disney World," pp.207-18；Fjellman , *Vinyl Leaves*；Pauline Hunt and Ronald Frankenberg, "It's a Small World：Disneyland, the Family and Multiple Re-representation of American Childhood," in *Constructing and Reconstructing Childhood：Contemporary Issues in the Sociological Study of Childhood*, ed. Allison James and Alan Prout（London：Falmer Press, 1990）, pp.99-117。

388. Bryman, *Disney and his World*, p.98。

389. Adams, *American Amusement Park Industry*, p.154。

390. 迪士尼現在針對這些設施也設計一套遊程，稱爲「迪士尼王國的鑰匙」或是「魔法的後台」。請參閱Eve Zibart的 *The Unofficial® Disney Companion*（New York：Macmillan, 1997），pp.80-3。

391. 同上註, pp.82-3。

392. Birnbaum,（ed.）, *Birnbaum's Walt Disney World*, p.94。

393. *1999 Open Enrollment Catalog, Business & Management Programs, Disney Institute*。另可參閱Bill Copodagi and Lynn Jackson, *The Disney Way：Harnessing the Management Secret of Disney in Your Company*（New York：McGraw-Hill, 1999）。

394. "Disney Culture Covers the Global," *Arizona Republic*, 23 Apr. 1994, p.A4。

395. Hunt and Frankenberg, "It's a Small World," p.109。

396. Carl Hiassen, *Team Rodent：How Disney Devours the World*,（New York：Ballantine, 1998）, p.49, 或許這就是在報導中，對提供員可能的意外作出警告，同時也解釋迪士尼爲何要掩蓋像海森或其他人所報導的事件的部分原因。

397. Willis, "Disney World," pp.195-6, 與另一個拆解的角色（disassemble character）的例子有關。

398. 請參閱Adams的*American Amusement Park Industry*, p.97；Fjellman, *Vinyl Leaves*, pp.12-3。

399. Bryman, *Disney and His Worlds*, pp.99-117。

400. Zibart, *The Unofficial® Disney Companion*, p.84, 描述幾個迪士尼的固定場景，包含能源世界的火山周圍的硫磺，以及

在大街邊的商店販賣巧克力脆片餅乾。

401. Bryman, *Disney and His Worlds*, p.100。

402. Eco, *Travels in Hyperreality*, p.48。

403. Tom Carson, "To Disneyland," LA *Los Angeles Weekly*, 27 Mar.-2 Apr. 1992, pp.17-26。

404. Hunt and Frankenberg, "It's a Small World," pp.110-11。

405. Steve Nelson, "Reel Life Performance：The Disney-MGM Studios," *TDR：The Drama Review*, 34, 4（1990）, pp.60-78。。

406. Hunt and Frankenberg, "It's a Small World," p.115。

407. Fjellman, *Vinyl Leaves*, p.270。

408. Bryman, *Disney and His Worlds*, p.107。

409. 請參閱Sorkin的 "See You in Disneyland," p.228。

410. Jane Keunz, "Working at the Rat," in *Inside the Mouse*, ed. Project on Disney, p.115：可同時參閱Zibart的 *The Unofficial® Disney Companion*, p.182-3。

411. Keunz, "Working at the Rat," p.115。

412. Bryman, *Disney and His Worlds*, p.113；可同時參閱Adams 的*American Amusement Park Industry*, pp.87-104。

413. 轉引自Hiassen的*Team Rodent*, p.69。

414. 同上註, p.18。

415. 同 上 註 , pp.70-2；Zibart的 *The Unofficial® Disney Companion*, pp.162-5。

416. Hissaen, *Team Rodent*, p.18, 提供幾個有關華德迪士尼世界安全措施的例子。

417. Wilson, "Technological Utopias," p.166。

418. 請參閱Christopher Finch的*The Art of Walt Disney：From Mickey to Magic Kingdom*（New York：Harry N. Abrams, 1975）；Hunt and Frankenberg, "It's a Small World," pp.103-4。

419. Fjellman, *Vinyl Leaves*, p.64。

420. Hunt and Frankenberg, "It's a Small World," p.107。

421. Adams, *American Amusement Park Industry*, p.97。

422. ABC的星期一夜晚美式足球的專訪, 9 Mar., 1997。

423. Hunt and Frankenberg, "It's a Small World," p.111；Bob Thomas, *Walt Disney：An American Original*（New York：Simon & Schuster, 1976）, p.xv。

424. Hunt and Frankenberg, "It's a Small World," p.116。

425. 轉引自Wallace的*Mickey Mouse History*, p.137。

426. Eco, *Travel in Hyperreality*, p.43。

427. Wallace, *Mickey Mouse History*, pp.140-2。

428. Birnbaum, *Birnbaum's Walt Disney World*, p.154。

429. Wallace, *Mickey Mouse History*, pp.152-3。

430. Adams, *American Amusement Park Industry*, p.150。

431. Kuenz, "Working at the Rat," p.78。

432. Bryman, *Disney and his Worlds*, ch.5。

433. Sorkin, "See You in Disneyland," p.215。

434. Marling, "Disneyland, 1955," p.176。

435. Fjellman, *Vinyl Leaves*, pp.400-1。

436. Bryman, *Disney and his Worlds*, ch.5。

437. David Harvey, *The Condition of Postmordernity*（Oxford：Basil Blackwell, 1989）, p.300。

438. 同上註；Baudrillard, *Simulation*, p.23。

439. 請參閱Fjellman的*Vinyl Leaves*, p.401。

440. Bryman, *Disney and his Worlds*, p.173。

441. Baudrillard, *Simulation*, p.25。

442. Bryman, *Disney and his Worlds*, p.174。

443. S. Warren, "Dianeyfication of the Metropolis：Popular Resistance in Seattle," *Journal of Urban Affair*, 16（1994）, pp.89-107。

444. Isozaki, "Theme Park," p.176。

445. Linda Mark, "Themes Like Old Times," *Star Tribune*, 11 Jan. 1998, p.9F.。

446. Bryman, "Disneyization," p.25。

447. Hiassen, *Team Rodent*, p.52。

448. Michael Pollan, "Town-Building is no Mickey Mouse Operation," *New York Times*, 14 Dec. 1997, p.56；另一位慶祝城的參觀者則是Andrew Ross，寫下他在這個社區停留一年的故事，*The Celebration Chronicle：Life, Liberty, and the Pursuit of Property Values in Disney's Celebration*（New York：Ballantine Books, 1999）。

449. Pollan, "Town-Building".

450. 同上註。

451. 同上註。

452. 同上註。

453. Douglas Frantz and Catherine Collins, *Celebration*, U.S.A.（New York：Henry Holt & Co., 1999）, p.119。

454. Pollan, "Town-Building".

455. David Kushner, "The Dog Ate My Hard Drive," *Spin*, Dec. 1998, pp.118-21。

456. Susan G. Davis, "R & D for Social Life：Entertainment-Retail and the City," 電影學術會議（Society for Cinema Studies Conference）的論文, San Diego, 1998。

第七章　迪士尼和世界

457. Karl Marx and Frederick Engels, *The German Ideology, Part One*（New York：International Publishers, 1972）, pp.150-1。

458. Sergei Eisenstein, *Eisenstein on Disney*, 由Jay Leyda編, Alan Upchurch譯（London：Methuen, 1998）。

459. Christopher Finch, *The Art of Walt Disney：From Mickey Mouse to Magic Kingdoms*（New York：Harry N. Abrams, Inc., 1975），位於書皮內頁的附記中。

460. "Side Does Matter," *The Economist*, 23, May 1998, P.57。

461. Vincent Mosco and Lewis Kaye, "Questioning the Concept of the Audience," 收錄於Ingunn Hagen and Janet Wasco編, *Consuming Audiences? Production and Reception in Media Research*中（Cresskill, N.J. Hampton Press, 1999）。

462. Alan Bryman, "The Disneyization of Society," *Sociological Review*, 47, 1（1999）, P.25。

463. T. L. Stanley, "Disney Pitch：'Not Just Mickey Mouse'," *Brandweek*, 13 Feb. 1995, p.18。

464. 欲瞭解迪士尼版本的小熊維尼的發展，請參考Colin Sparks, "From the Hundred Aker Wood to The Magic

Kingdom," Professorial Lecture Series, University of Westminster, 14 Oct, 1998；還可參考A. Thwaite, *The Brilliant Career of Winnie-the-Pooh*（London：Methuen, 1992）。

465. Jerry Hirsch, "Winnie the Pooh Gains Momentum across Disney Product Lines," *Knight-Ridder/Tribune Business News*, 4 Jan.1999。

466. 舉例而言, Shamus Culhane, *Talking Animals and Other People*（New York：St Martin's Press, 1986）, pp.113-4, 以及Leonard Maltin, *Of Mice and Magic：A History of American Animated Cartoons*（New York：New American Library, 1980）, pp.34-5。

467. Susan Ohmer, "Measuring Desire：Walt Disney and Audience Research in Animation," 發表於社會電影研究研討會中, Washington D.C., 1990, 以及*Idem*, "Measuring Desire：George Gallup and Audience Research in Hollywood," *Journal of Film and Video*, 43, 1-1（1991）。

468. Ohmer, "Measuring Desire," p.9。

469. 若想找到針對好萊塢公司們行銷技術的討論，可見Justin Wyatt, *High Concept：Movies and Marketing in Hollywood*（Austin, Tex.：University of Texas Press, 1994）, 。對於影片行銷的另一有趣討論包含在Martine Danan, "Marketing the Hollywood Blockbuster in France," *Journal of Popular Film and Television*, 23, 3（1995）, p.131, 此文指出行銷技術不再只是單純的集中於特定影片，而是「讓大眾接受主題，電影預告片，明信片和其他能夠推銷的產品，並期望

能夠有效的鼓勵那些電影的潛在觀眾們」。Danan也注意到在她的研究中忽略了迪士尼公司的內部合作，因此她引述一位行政人員的談話：「這是關於公司整體的全球策略，無須討論他的行銷決定」。

470. 這些努力中的一個例子，是一位研究者在五分錢電影院所做的問卷， 他對於迪士尼觀眾的學術研究頗有興趣，他解釋他自己「對於學習你所採用的研究法，且能夠在對於迪士尼品牌的研究後得到哪些意義，又觀眾和這些意涵有哪些關連，較有興趣……我們目前正從事一項研究，希望能夠分析我們當下的一些品牌對於父母和孩童觀眾的意義性，而我們總是能夠在當中得到方法學上的新概念。」

471. Marc Fisher, "Mouse Ears on the AM Radio Dial," *Washington Post*, 29 July 1997, p.E07；Rachel X. Weissman, "Mouse in the House," *American Demographic*, Feb. 1999, p.7。

472. 參考Imagineers and C. E. Jones, *Walt Disney Imagineering： A Behind the Dreams Look at Making the Magic Real*（New York：Hyperion, 1998）。

473. Eileen Murphy, "Videos are Good for Children, Says Disney," *Newcastle Chronicle & Journal*, 5 June 1998, p.18。

474. Roger Dickson, Ramaswami Harindranath, and Olga Linne編, *Approaches to Audiences：A Reader*（London：Arnold, 1998）, p.xi。

475. 想得到對於媒體研究傳統的整體概念，可參考Denis McQuail, *Mass Communication Theory*, 第3版（London：Sage Publications, 1994）。

476. Stuart Hall, Dorothy Hobson, Andrew Love, and Paul Willis 編, *Culture, Media, Language：Working Papers in Cultural Studies, 1972-79*（Boston：Unwin Hyman, 1980）。

477. John Hartley and John Fiske, *Reading Television*（London：Methuen, 1978）。

478. Martin Barker and Kate Brooks, "On Looking into Bourdieu's Black Box," 收錄於Dickinson等人所編的*Approaches to Audiences*中, pp.218-32。

479. David Buckingham, "Dissin' Disney：Critical Perspectives on Children's Media Culture," *Media, Culture and Society*, 19, 2（Apr. 1997）, pp.285-93, 在第291頁。Alan Bryman, *Disney and his Worlds*（London：Routledge, 1995），也提到分析迪士尼主題樂園的研究，通常都有一個致命的缺陷，因為都沒有包含樂園訪客的觀點（第184頁）。

480. 舉例而言，可參考Davud Buckingham, *Moving Images：Understanding Children's Emotional Responses to Television*（Manchester：Manchester University Press, 1996）。文章選集中對於這個主題的討論有Henry Jenkins所編的*The Children's Culture Reader*中（New York：New York University Press, 1998）；C. Bazalgette and David Buckingham所編的*In Front of the Children*（London：British Film Institue, 1995）；David Buckingham編, *Reading Audiences：Young People and the Media*（Manchester：Manchester University Press, 1993）。對於這一個研究體系的評論，可參考David Buckingham, "Children and Television：A Critical Overview of the

Research,"，收錄在Dickinson等人編，*Approaches to Audiences*中, pp.131-46。

481. Michael Real, *Mass-Mediated Culture*（Englewood Cliffs, N.J.：Prentice-Hall, 1973）。

482. 同上註, p.84。

483. Kay Stone, "Things Walt Disney Never Told Us," *Journal of American Folklore*, 88（1975）, pp.42-50。

484. Jill May, "Walt Disney's Interpretation of Children's Literature," *Language Arts*, 58, 4（1981）, pp.463-72。

485. 這個尚未發表的研究，是在Mark Phillips的協助下進行。

486. Janet Wasko, Mark Phillips, and Eileen Meehan, *Dazzled by Disney?：The Global Disney Audience Project*（London：University of Leicester Press, 2001）。

487. 這位作者得到學生們的允許，以匿名節錄的方式引用他們作業中的觀點。

488. 在市場研究中，一般認為消費者對於某既予產品的使用高於平均值—是為沈重的二分之一—因此將佔產品販售比例的大部分，像是整本書中的百分之80%到90%，有時我們可以稱之為80/20定律。參考Dik Warren Twedt, "Some Practical Applications of 'Heavy-Half' Theory," 收錄在James F. Engel, Henry F. Fiorillo, and Murray A. Cayley所編的 *Market Segmentation：Concepts and Applications*（New York：Holt, Rinehart, Winston, 1972）。

489. 用來這些類型的例子，是由各種參考來源取得，包括之前曾提到學生的迪士尼告白，在大眾刊物中的文章，網站資料以及作者進行的個人訪談。

490. Reiger曾經以細目清單來呈現這樣的資訊。

491. "Tattoo Enthusiast Takes His Shirt Off to Disney," Associated Press, 16 Feb. 1993.

492. http://disney.go.com/disneyatoz/fan/july.html, 9 July 1999.

493. The Walt Disney Company, *1998 Fact Book*, p.8.

494. 另外一個選擇是阿拉丁的神奇魔毯。先不管迪士尼在行銷中保證迪士尼婚禮能夠讓你的美夢成眞，迪士尼婚禮有一些限制：婚禮不能在樂園營業時舉行；不能穿著你的婚紗於營業時間在樂園裡頭晃；米老鼠，維尼熊和其它的角色不能在靠近更衣室的地方出沒，他們頂多只能在宴會中露面。Kathy and Wilson Craig Kelly, "A Wedding Album from Disney World Vows, Coach and a Castle," *USA Today*, 25 June 1997, p.1E。有趣的是，三分之二在這裡舉辦婚禮者都來自日本。

495. Robert Heide and John Gilman, *Disneyana：Classic Collectibles 1928-1958*（New York：Hyperion, 1995），p.7。

496. 同上註, pp.11-12。

497. Richard deCordova, "The Mickey in Macy's Window：Childhood, Consumerism, and Disney Animation," 收錄在 Eric Smoodin編, *Disney Discourse：Producing the Magic Kingdom*中（New York：Routledge, 1994）, pp.203-13。

498. 「唐老鴨主義」和「唐老鴨主義者」的用法，最早是由 Jon Gisle在*Donaldismen-en muntert-videnskabelig studie over Donald Dick og hans verden*中創造（Oslo：Fakkel, 1973）。想要參考卡爾巴克的有趣目錄，可以參考

http://www/ serisam.com/barks.

499. 搜尋引擎調查，1999年6月29日：標題中含有「迪士尼」
的網站（包括迪士尼公司網站和其他商業網站）-Alta
Vista, 共1,679,820筆；Yahoo, 共22個類別, 999個網頁尋
獲；HotBot, 共266,340；Infoseek, 共9,484,012個。

500. 有關迪士尼迷和觀眾的參與)參考 Eileen Meehan,
"Commodity Audience, Actual Audience：The Blindspot
Debate," 收錄於Janet Wasko, Vincent Mosco, and Manjunath
Pendakur編, *Illuminating the Blindspots：Essays Honoring
Dallas W. Smythe*（Norwood, N.J.：Ablex Publishing,
1993）, pp.378-97。

501. Barker and Brooks, "On Looking," p.225, 提到在分析電影觀
賞者時，那些較無興趣經營的電影經驗者，更不易觀察。

502. "The Mousetrap：Inside Disney;s Dream Machine," *New
Internationalist*, Dec 1998。

503. Safran的錄影帶是由澳大利亞廣播公司節目的前進世界系
列所贊助，目的是希望幫助那些業餘的影片創作者。

504. 參與這項抵制活動的團體包括美國家庭協會，強調家庭面
向以及關心美國女性。另有一些團體則發起支持迪士尼運
動, 包括人權協會。關於抵制活動的讀本是Richard D. Land
and Frank D. Yorker, *Send a Message to Mickey：The ABC's
of Making Your Voice Heard at Disney*（Nashille, Tenn：
Broadman & Holman Publisher, 1998）。

505. 條列這些議題的末了，一個網站這樣說道：「正如你將以
上這些連結起來所知悉的，迪士尼不只是一個推廣同性戀
的公司」（轉引自官方迪士尼抵制網站，www.laker.net/

webpage/Boycott.htm）.

506. 舉例來看，不只一個（左派）聯盟曾經由抵制網站，寄給
作者討論這個議題時可以引用的文獻。

507. Craig Yoe and Janet Morra-Yoe編, *The Art of Mickey Mouse*
（New York：Hyperion, 1991），位於內頁。這本書中包含
了110位知名藝術家對於「全世界最受喜愛老鼠」的詮
釋。

508. Susan Willis, "Disney World：Public Use/Private State,"
Southern Atlantic Quarterly 92, 1（1993），pp.119-37。

509. Karen Klugman, "Reality Revisited," *Southern Atlantic
Quarterly*, 92, 1（1993），pp.7-25。

510. Charlie Christensen, *Arne Anka*（Stockholm：Tago Forlag,
1989）。至少有另外兩本作品以厄尼安卡爲號召：*Bombad
Och Sakt and Arne Anka Del III.*

511. Jamie Malanowski, "When Disney Ran America：A
Speculative History of the Near Future," Spy, June 1991,
pp.36-43；Peter David, "But I Digress," *Comic Buyer's
Guide*, no.998, 1 Jan. 1993。

512. 參考如Henry Jenkins, *Textual Poachers：Television Fans and
Participatory Culture*（New York：Routledge, 1992）。

513. Condit和Barker也指出類似的研究發現（見Bryman, *Disney
and his Worlds*, p.187）。

第八章　從此過著幸福快樂的日子？

514. Kathy Merlock Jackson, Walt Disney：A Bio-Bibliography
（Westport, Conn：Greenwood Press, 1993），p.68, 但未說明

資料來源。

515. 轉引自 *New Internationalist*, Dec. 1998, p.11。

516. Susan Davis, 於私人聯繫中提及。

517. Neil Postman, *The Disappearance of Childhood*（New York：Vintage Books, 1994）。

518. Carl Hiassen's *Team Rodent：How Disney Devours the World*（New York：Ballantine, 1998），是一個相當特殊的好例子，當此書爲迪士尼的失敗感到歡欣時，同時也將迪士尼公司本身的角度和權力包含於研究中。

519. Henry A. Giroux, *The Mouse that Roared：Disney and the End of Innocence*（Lanham, Md.：Rowan & Littlefield, 1999），p.170。

認識迪士尼

原　　著／Janet Wasko

校　　訂／王乾任

譯　　者／林佑聖、葉欣怡

主　　編／張家銘

副 主 編／王乾任、徐偉傑

執行編輯／黃碧釧

出 版 者／弘智文化事業有限公司

登 記 證／局版台業字第 6263 號

郵政劃撥／19467647　　戶名：馮玉蘭

地　　址／台北市大同區民權西路 118 巷 15 弄 3 號 7 樓

電　　話／（02）2557-5685 · 0932321711 · 0921121621

傳　　真／（02）2557-5383

發 行 人／邱一文

書店經銷／旭昇圖書有限公司

地　　址／台北縣中和市中山路 2 段 352 號 2 樓

電　　話／（02）22451480

傳　　真／（02）22451479

製　　版／信利印製有限公司

版　　次／2001 年 11 月初版一刷

定　　價／320 元

弘 智 文 化 出 版 品 進 一 步 資 訊 歡 迎 至 網 站 瀏 覽：
http://www.honz-book.com.tw

國家圖書館出版品預行編目資料

認識迪士尼 / Janet Wasko作；林佑聖, 葉欣
怡譯. -- 初版. -- 臺北市：弘智文化,
2001〔民90〕
　　面：　　公分
譯自：Understanding Disney : the
manufacture of fantasy
　　ISBN 957-0453-45-1（平裝）

1. 華德迪士尼公司（Walt Disney Company）

557.77　　　　　　　　　　90018237

弘智文化價目表

弘智文化出版品進一步資訊歡迎至網站瀏覽：honz-book.com.tw

書　名	定　價	書　名	定　價
社會心理學（第三版）	700	生涯規劃：掙脫人生的三大桎梏	250
教學心理學	600	心靈塑身	200
生涯諮商理論與實務	658	享受退休	150
健康心理學	500	婚姻的轉捩點	150
金錢心理學	500	協助過動兒	150
平衡演出	500	經營第二春	120
追求未來與過去	550	積極人生十撇步	120
夢想的殿堂	400	賭徒的救生圈	150
心理學：適應環境的心靈	700		
兒童發展	出版中	生產與作業管理（精簡版）	600
為孩子做正確的決定	300	生產與作業管理（上）	500
認知心理學	出版中	生產與作業管理（下）	600
照護心理學	390	管理概論：全面品質管理取向	650
老化與心理健康	390	組織行為管理學	800
身體意象	250	國際財務管理	650
人際關係	250	新金融工具	出版中
照護年老的雙親	200	新白領階級	350
諮商概論	600	如何創造影響力	350
兒童遊戲治療法	500	財務管理	出版中
認知治療法概論	500	財務資產評價的數量方法一百問	290
家族治療法概論	出版中	策略管理	390
婚姻治療法	350	策略管理個案集	390
教師的諮商技巧	200	服務管理	400
醫師的諮商技巧	出版中	全球化與企業實務	900
社工實務的諮商技巧	200	國際管理	700
安寧照護的諮商技巧	200	策略性人力資源管理	出版中
		人力資源策略	390

書　名	定價		書　名	定價
管理品質與人力資源	290		社會學：全球性的觀點	650
行動學習法	350		紀登斯的社會學	出版中
全球的金融市場	500		全球化	300
公司治理	350		五種身體	250
人因工程的應用	出版中		認識迪士尼	320
策略性行銷（行銷策略）	400		社會的麥當勞化	350
行銷管理全球觀	600		網際網路與社會	320
服務業的行銷與管理	650		立法者與詮釋者	290
餐旅服務業與觀光行銷	690		國際企業與社會	250
餐飲服務	590		恐怖主義文化	300
旅遊與觀光概論	600		文化人類學	650
休閒與遊憩概論	600		文化基因論	出版中
不確定情況下的決策	390		社會人類學	390
資料分析、迴歸、與預測	350		血拼經驗	350
確定情況下的下決策	390		消費文化與現代性	350
風險管理	400		肥皂劇	350
專案管理師	350		全球化與反全球化	250
顧客調查的觀念與技術	450		身體權力學	320
品質的最新思潮	450			
全球化物流管理	出版中		教育哲學	400
製造策略	出版中		特殊兒童教學法	300
國際通用的行銷量表	出版中		如何拿博士學位	220
組織行為管理學	800		如何寫評論文章	250
許長田著「行銷超限戰」	300		實務社群	出版中
許長田著「企業應變力」	300		現實主義與國際關係	300
許長田著「不做總統，就做廣告企劃」	300		人權與國際關係	300
許長田著「全民拼經濟」	450		國家與國際關係	300
許長田著「國際行銷」	580			
許長田著「策略行銷管理」	680		統計學	400

書　名	定　價		書　名	定　價
類別與受限依變項的迴歸統計模式	400		政策研究方法論	200
機率的樂趣	300		焦點團體	250
			個案研究	300
策略的賽局	550		醫療保健研究法	250
計量經濟學	出版中		解釋性互動論	250
經濟學的伊索寓言	出版中		事件史分析	250
			次級資料研究法	220
電路學（上）	400		企業研究法	出版中
新興的資訊科技	450		抽樣實務	出版中
電路學（下）	350		十年健保回顧	250
電腦網路與網際網路	290			
應用性社會研究的倫理與價值	220		**書僮文化價目表**	
社會研究的後設分析程序	250			
量表的發展	200		台灣五十年來的五十本好書	220
改進調查問題：設計與評估	300		２００２年好書推薦	250
標準化的調查訪問	220		書海拾貝	220
研究文獻之回顧與整合	250		替你讀經典：社會人文篇	250
參與觀察法	200		替你讀經典：讀書心得與寫作範例篇	230
調查研究方法	250			
電話調查方法	320		生命魔法書	220
郵寄問卷調查	250		賽加的魔幻世界	250
生產力之衡量	200			
民族誌學	250			